DES-AMPARO E A MENTE DO ANALISTA

Blucher

DES-AMPARO
E A MENTE
DO ANALISTA

Organizadoras

Rita Andréa Alcântara de Mello

Walkiria Nunez Paulo dos Santos

Des-amparo e a mente do analista
© 2018 Rita Andréa Alcântara de Mello e Walkiria Nunez Paulo dos Santos (organizadoras)
Editora Edgard Blücher Ltda.

Imagem da capa: Wikimedia Commons

Blucher

Rua Pedroso Alvarenga, 1245, 4º andar
04531-934 – São Paulo – SP – Brasil
Tel.: 55 11 3078-5366
contato@blucher.com.br
www.blucher.com.br

Segundo o Novo Acordo Ortográfico, conforme 5. ed. do *Vocabulário Ortográfico da Língua Portuguesa*, Academia Brasileira de Letras, março de 2009.

É proibida a reprodução total ou parcial por quaisquer meios sem autorização escrita da editora.

Todos os direitos reservados pela Editora Edgard Blücher Ltda.

Dados Internacionais de Catalogação na Publicação (CIP)
Angélica Ilacqua CRB-8/7057

Des-amparo e a mente do analista / organizado por Rita Andréa Alcântara de Mello, Walkiria Nunez Paulo dos Santos. – São Paulo : Blucher, 2018.

432 p.

Bibliografia

ISBN 978-85-212-1354-3 (e-book)
ISBN 978-85-212-1353-6 (impresso)

1. Desamparo (Psicologia). 2. Psicanálise. I. Título. II. Mello, Rita Andréa Alcântara de. III. Santos, Walkiria Nunez Paulo dos.

18-1455   CDD 150.1952

Índice para catálogo sistemático:
1. Psicanálise – Desamparo (Psicologia)

Conteúdo

Prefácio 9

Apresentação 13

Introdução 19

1. Sobre desamparo e resiliência 25
Plinio Kouznetz Montagna

2. Falha de continência primária e caminhos da compulsão a re-petir: isolamento, defesa maníaca e atualização na transferência 45
Teresa Rocha Leite Haudenschild

3. *Self* desamparado: acolhimento no *setting* psicanalítico 59
Cristiane Reberte de Marque, Giovanna Albuquerque Maranhão de Lima, Maria Cristina Aoki Sammarco, Maria Cecília Ramos Borges Casas, Maria Cristina Hohl, Maria Teresa Pires Menicucci, Nancy de Carlos Sertorio, Neuci Maria Gallazzi, Rita Andréa Alcântara de Mello, Silvana Bressan de Oliveira, Walkiria Nunez Paulo dos Santos

4. As duas vias do desamparo: uma contribuição clínica 91
Maria Olympia Ferreira França

5. A vivência da verdade na clínica psicanalítica 111
Antonio Muniz de Rezende

6. Desamparo e transicionalidade 135
Marlene Rozenberg

7. A mente do analista, personalidade e teorias. Teorias do analista e transformações em O 155
Célia Fix Korbivcher

8. Solidão e desamparo na adolescência e sua relação com a triangulação edípica 175
Gisèle de Mattos Brito

9. O desamparo catastrófico ante a privação das funções parentais. Na adoção, a esperança ao encontrar o objeto transformador 193
Alicia Beatriz Dorado de Lisondo

10. O desamparo e a mente do analista 233
Carmen C. Mion

11. O desespero de Peter Pan e sua busca por existir: des-amparo e pensamento onírico da dupla analítica 251
Ana Maria Stucchi Vannucchi

12. Sobre o desamparo ante estados de não integração 273
Anne Lise Sandoval Silveira Scappaticci

13. "*La muerte del angel*": o desamparo e a mente
do analista 293
Leda Beolchi Spessoto

14. Desamparo – amparo no pensar 309
Walkiria Nunez Paulo dos Santos

15. Uma psicanalista equilibrista e seu posto
de observação 333
Giovanna Albuquerque Maranhão de Lima

16. A *hybris* e a mente do analista – o excesso na sala
de análise: manejos técnicos 355
Rita Andréa Alcântara de Mello, Raquel Andreucci
Pereira Gomes

17. Uma experiência de des-amparo: *rêverie* com
continência como possibilidade de des-construção
da realidade 379
Walkiria Nunez Paulo dos Santos, Ivan Morão

18. Dor no corpo, dor psíquica: diálogo necessário
na compreensão de um paciente com Crohn 397
Denise Aizemberg Steinwurz

Sobre os autores 419

Prefácio

O livro *Des-amparo e a mente do analista* vem à luz sob a égide da inclusão. As organizadoras, também autoras de capítulos, puseram-se a campo e avocaram à tarefa profissionais qualificados para dialogar a respeito do tema, com inteira liberdade de escolha do ângulo de aproximação.

O desamparo revela-se de importância ímpar para o ser humano, e é abordado por Freud desde logo em sua obra; no *Projeto para uma psicologia científica* (1895), afirma que "o desamparo inicial dos seres humanos é a fonte primordial de todos os motivos morais". Retorna em diversos trabalhos a ele, sob ângulos diversos.

Trata-se de um componente essencial de nossa condição. Causa grande impacto observar sob essa ótica, por exemplo, o magistral (considerado das melhores obras da história do cinema) *2001: uma odisséia no espaço*, filme de 1968, de Stanley Kubrick e Arthur C. Clarke, que apresenta em corte longitudinal a história dos tempos da humanidade, como imaginados por seus diretores.

Nele, acompanhamos fortemente impactados, o descortinar diante de nós do desamparo humano tanto no plano do indivíduo como da espécie. Ele transparece já no princípio da obra, na "aurora da humanidade". Perpassa o enredo, segue na solitária e surpreendente contenda travada pelo personagem com a máquina de inteligência artificial e permanece até o final, quando se mantém presente ainda que hajam outras inteligências no universo.

Culmina com desamparo do humano diante de si mesmo, do envelhecimento e da morte, terminando a obra com citação implícita, na cena do frágil e vulnerável feto a reiniciar o ciclo.

Na filosofia existencial, o desamparo se fundamenta em estarmos sós, nós mesmos diante de nossas escolhas, nada em que nos agarrar. Assim é que buscamos o outro, necessitamos do outro, desde sempre.

O desamparo também se faz presente no analista em seu trabalho, sendo sua tarefa fazer dele seu aliado, utilizando, para tal, seu instrumento primordial, que é a sua própria mente. Atropelado por angústias, eventualmente intensas, vivenciando tensões às vezes de grande intensidade, vem em seu amparo sua experiência de vida, análise, sensibilidade, empatia e seu arsenal teorico-clínico.

Nesse sentido, também grupos de discussão e de estudo têm importância essencial no desenvolvimento de psicanalistas. O grupo de estudos Clínica do Desamparo: Correlações Teórico/Clínicas, criado por Walkiria em 2015 na Sociedade Brasileira de Psicanálise de São Paulo (SBPSP), é fruto de entusiasmo e determinação e amor pela psicanálise. Conta, aos três anos de existência, com uma atividade constante e consistente, situando-se como um grupo de estudos bastante dinâmico na instituição.

Felicito as organizadoras do livro, Walkiria Nunez Paulo dos Santos e Rita Andréa Alcântara de Mello, pela bem-vinda iniciativa e sua competente execução.

Plinio Kouznetz Montagna

Apresentação

Assumir em forma madura uma identidade, baseada numa ideologia progressiva que tende ao conhecimento e permite mudança, pressupõe um luto, porque implica na ruptura de estruturas estabelecidas e identidades prévias, para logo reintegrar-se de uma maneira diferente. Constitui um verdadeiro processo revolucionário interno, porque o indivíduo tem que passar pela experiência caótica de períodos, ainda que transitórios, de desorganização e dissolução de sistemas psíquicos, valores estabelecidos e vínculos objetais, para integra-se numa reorganização que o leva a configurar uma nova identidade. Cremos que tais experiências são verdadeiros momentos criativos, que resgatam o autêntico de cada um e enriquecem a condição de 'ser si mesmo' para si e para os demais.

León e Rebeca Grinberg, *Identidad y cambio*
(Grinberg & Grinberg, 1971, p. 153)[1]

---

1 Grinberg, L., & Grinberg, R. (1971). *Identidad y cambio*.

Para iniciar a apresentação deste livro, escolhi a citação de León e Rebeca Grinberg, pois ela me faz refletir sobre desamparo e amparo. O desamparo original, se "amparado" primariamente por uma mente disponível, continente, amorosa e desejante, facilitará ao bebê se tornar um indivíduo com possibilidades de desenvolver uma mente criativa, capaz de enfrentar suas eventuais catástrofes que pressupõe lutos, e capaz de integrar aspectos ainda não integrados de sua personalidade, favorecendo, assim, o desenvolvimento de sua identidade singular, sua autonomia.

O *insight* para escrever o livro *Des-amparo e a mente do analista* se deve a todo um percurso conquistado anteriormente, pois o livro é fruto de minha ideia inicial de montar um grupo de estudos na Sociedade Brasileira de Psicanálise de São Paulo (SBPSP).

Ao participar do Congresso da International Psychoanalytical Association (IPA), em Boston, em julho de 2015, assisti a uma mesa redonda chamada Clínica do Excesso Contemporâneo, composta por três analistas: Javier García Castiñeiras (Uruguai), Jaime Isaac Szpilka Zacharek (Espanha) e Jorge E. Canteros (Argentina). Eles abordaram "excesso e déficit" e descargas somáticas, temas que permitiram aos participantes debates centrais e atuais em que o corpo, a sexualidade e a cultura voltam a se encontrar em novas formas de tensão em relação aos paradigmas contemporâneos. Falaram também sobre aspectos de suas respectivas clínicas, que fizeram muito sentido quanto às experiências em relação aos pacientes atendidos por mim, desde 1999, que apresentavam afecções somáticas e psicossomatizações, com diagnósticos de retocolite ulcerativa inespecífica e doença de Crohn.

Freud, em *Inibição, sintoma e angústia* (1926[1925]), coloca que:

> *O determinante fundamental da ansiedade automática é a ocorrência de uma situação traumática; e a es-*

sência disto é uma experiência de desamparo por parte do ego em face de um acúmulo de excitação, quer de origem externa quer interna, com que não se pode lidar. (p. 99)

Essas afecções somáticas e psicossomatizações – cabendo uma diferenciação de grau de comprometimento entre elas – estariam sempre relacionadas às angústias, a um excesso de S (estímulos), de excitação, que o aparelho psíquico não dá conta e, quando ameaçado, pode evacuar o afluxo de quantidade/qualidade como descargas no sentido de satisfação alucinatória de desejos. Na experiência clínica, pude notar que o "excesso", sem uma "mente continente", leva o indivíduo a sentir-se desamparado.

Foi então, no congresso da IPA em Boston, que a ideia de montar um grupo de estudos surgiu. Conversei com colegas para convidá-los a participar e, assim, o grupo nasceu com o nome de Clínica do Desamparo: Correlações Teórico/clínicas, da SBPSP.

Em 28 de novembro de 2015, composto por vários membros filiados e membros associados, iniciamos o grupo, no qual muitos dos colegas fizeram a formação juntos, ou seja, o grupo inicial já mantinha laços afetivos construídos anteriormente.

As reuniões começaram a se realizar uma vez por mês, aos sábados, na sede da Sociedade,[2] e continuam até os dias atuais. O grupo conta, desde o seu início, generosamente, com dois padrinhos: Plinio Kouznetz Montagna e Teresa Rocha Leite Haudenschild (queridos supervisores de minha formação como psicanalista), que sempre se prontificaram a nos apoiar, além de aceitarem apresentar seus trabalhos logo nas primeiras reuniões.

---

2 A Sociedade Brasileira de Psicanálise de São Paulo (SBPSP) fica localizada na Av. Dr. Cardoso de Melo, 1450, 9º andar – Vila Olímpia, São Paulo, SP.

Quanto à organização do grupo, ela foi pensada como uma oportunidade de aprofundarmos o estudo sobre o desamparo, tanto em relação à sua condição básica unida à angústia original do ser humano (*Urangst*) – como Freud descreve em *Inibição, sintoma e angústia* (1926[1925]) – quanto às vivências posteriores traumáticas que não se tornaram experiências significativas, levando o indivíduo ao desamparo. Abordamos desde então o desamparo e os danos causados por possíveis *falhas* na relação mãe/pai/bebê e estudamos diversos autores, no quais a correlação teórico-clínica sempre esteve presente, até que a produção de um trabalho de grupo surge e é apresentado no congresso de 2016 da Federação Psicanalítica da América Latina (FEPAL) em Cartagena.

O grupo de estudos conta também com a apresentação de trabalhos de colegas, de membros da nossa Sociedade e de convidados, nos quais o tema desamparo é de grande interesse.

Outros membros efetivos chegaram ao grupo, como a colega Anne Lise Sandoval Silveira Scappaticci, que, ao saber das reuniões, entrou em contato comigo e relatou-me que estuda o desamparo há alguns anos e que um trabalho seu sobre o tema já havia sido publicado. Dessa forma, parcerias foram se solidificando e culminaram em "amparo" teórico-clínico e, principalmente, em compartilhamentos de experiências entre colegas de nossa Sociedade.

Concomitantemente, nossa proposta se estendeu a reflexões sobre a "mente do analista", pois este também enfrenta seus momentos de desamparo e precisa lidar com eles para, assim, poder acolher as experiências emocionais que o campo analítico evoca. Será a *rêverie* do analista, sua continência, sua mente disponível, que poderá se aproximar de *falhas* precoces vividas/sentidas pelo paciente, mas que ainda não foram "experienciadas", ou seja, pensadas por ele. O aproximar-se de *falhas* precoces somente é possível quando acontece o vínculo profundo e empático entre analista e paciente por meio de um campo fértil e criativo.

Consideramos que o desamparo acolhido/experienciado no campo analítico se transforma gradativamente em "amparo", no qual a mente do analista "disponível" é de extrema importância.

O grupo que se desenvolveu dentro da SBPSP se mantém produtivo e investigativo, sendo que o percurso teórico-clínico destes três anos de trabalho levou ao desejo de organizar e registrar as experiências em um primeiro livro. Convidei, então, a colega Rita Andréa Alcântara de Mello para organizarmos estes trabalhos.

Des-amparo e a mente do analista, devido a todo o percurso experienciado, passa a ser o título do livro, como o nome do grupo de estudos da SBPSP. A partir de fevereiro de 2018, o grupo de estudos passou, portanto, a receber o nome de Clínica do Des-amparo e a Mente do Analista.

Aproveito a oportunidade para agradecer a toda a colaboração recebida por parte dos colegas que aceitaram prontamente o convite para apresentarem seus artigos no grupo de estudos, como também para que fizessem parte do livro; à editora Blucher, que nos recebeu com eficiência e estima; aos editores originais por autorizarem a republicação de alguns textos, à Rita Andréa Alcântara de Mello que, junto comigo, se dedicou para que a produção do livro se realizasse; e um agradecimento especial ao Plinio Kouznetz Montagna, por sua disponibilidade, encorajamento e afeto.

Walkiria Nunez Paulo dos Santos

Introdução

Este livro traz 18 artigos selecionados escritos por autores que se apresentaram no grupo de estudos Clínica do Des-amparo e a Mente do Analista da Sociedade Brasileira de Psicanálise de São Paulo (SBPSP) nos anos de 2015 a 2018.

Os artigos presentes referem-se ao tema "desamparo-amparo" e sobre a "mente do analista" que, sob alguns diferentes vértices, envolvem-se em quatro partes que se complementam e interlaçam: o papel do analista e a interação da dupla analítica; o analista como continente para a transformação da experiência emocional e, consequentemente, o instrumento auxiliador no fortalecimento do indivíduo; a importância dos cuidados primários e as possíveis *falhas* da continência primária; e, finalmente, os casos clínicos.

O trabalho de Plinio Kouznetz Montagna destaca a importância da resiliência como um importante elemento frente às adversidades da vida e como instrumento auxiliador no crescimento e fortalecimento do indivíduo frente a situações traumáticas. Montagna ainda traz a ideia de o analista operar como tutor de resiliência. Enriquece-nos com a conhecida passagem da vida de Beethoven. Destaca que "Quando estados de desamparo não podem ser revertidos, isso pode implicar num efetivo *breakdown*".

Teresa Rocha Leite Haudenschild observa como as *falhas* da continência primária levam a uma consequente deficiência na constituição de um "aparelho para pensar pensamentos" e à incapacidade de enfrentamento da realidade. Contribui com a referência ao desamparo do analista, "que precisa dar-se conta de uma área de funcionamento mental onde predominam estados-de-não--integração, no aqui e agora da sessão, momento a momento".

O artigo produzido pelo grupo de estudos da SBPSP, composto por onze membros, aprofunda a investigação sobre o desamparo tanto em sua condição básica quanto como uma *falha* de *rêverie* e continência primária. Essa *falha* provavelmente acarretará a *falha* da integração do psicossoma, podendo ter sua expressão nas doenças psicossomáticas e/ou somatizações, entre outras manifestações. Reverbera sobre a "mente do analista" e sua disponibilidade interna para acolher essas *falhas*.

Maria Olympia Ferreira França faz reflexões a partir de fragmentos clínicos, enfatizando a característica de "*viver fora de si*" como algo proveniente de uma maternagem insuficiente à instalação do conflito psíquico. Salienta também a dificuldade da abordagem desses pacientes e a necessidade de uma percepção sensível do analista no *timing* de sua comunicação.

Antonio Muniz de Rezende, em uma aula ministrada em nosso grupo de estudos da SBPSP, introduziu a questão da verdade como algo corajoso e desafiador tanto para o analista como para o analisando, e traz a questão da verdade experienciada na análise como o próprio processo de simbolização e a "não verdade" como momentos que propiciam o desamparo. Diz ele: "Tudo depende da verdade"; "A verdade não é uma construção nossa, mas nós é que somos construídos por ela".

Marlene Rozenberg aborda a questão do desamparo implícito no estágio da transicionalidade – sentimento presente no processo de vida e de amadurecimento – no qual os estados de ilusão promovidos pela mãe dão início ao processo de separação, proporcionando ao bebê a possibilidade de entrada na vida simbólica. Enfatiza que "É a partir da experiência de desamparo que a condição de conquista de autonomia se faz".

O trabalho de Célia Fix Korbivcher investiga a respeito das especificidades da tarefa analítica, levando em conta que esta é uma tarefa em que o principal instrumento de trabalho do analista é a sua pessoa como um todo – a sua mente envolvendo a sua personalidade, teorias e as experiências que amealhou ao longo da vida. A autora recorre à teoria de transformações como um método de observação dos fenômenos mentais na sessão analítica, detendo-se, em particular, nas transformações em O (sendo ou tornando-se).

Gisèle de Mattos Brito traz como objetivo refletir sobre o sentimento de solidão e desamparo nos adolescentes que estão impossibilitados de elaborar a relação triangular edípica e no qual a análise, nesses casos, entrará como um terceiro elemento que possibilitará a reconstrução dessa triangulação na transferência. Ressalta a importância da terceira posição, pois favorece o analista e o paciente a encontrarem-se mais livres para observar a si mesmos e o outro.

Alicia Beatriz Dorado de Lisondo apresenta um caso clínico que ilustra suas hipóteses em relação às consequências na constituição do desenvolvimento do psiquismo em uma *situação de desamparo (Hilflosigkeit) catastrófico*, e marca as diferenças com a *condição de desamparo estruturante da condição humana*, como diz em sua Introdução, inerente ao desenvolvimento humano. Nomeia também os fatores que constituem esta configuração e as reformulações na *techné*.

Carmen C. Mion enfatiza sobre as turbulências emocionais que são despertadas no encontro entre duas pessoas na sala de análise, e como a personalidade do analista influi e é influenciada durante o trabalho analítico. Salienta e concorda que "... a cada sessão "criamos" um mundo próprio de acontecimentos a cada encontro, jamais visto ou conhecido por nenhum dos dois participantes, de tal forma que ao fim do encontro, cada um sinta-se enriquecido e com maior compreensão do humano".

Ana Maria Stucchi Vannucchi, por meio de um caso clínico, traz as dificuldades no trabalho que envolve a indiferenciação entre mente e corpo e aspectos mentais ainda não nascidos. Enfatiza a "busca desesperada do paciente por sentir-se existindo e como o encontro analítico pode propiciar continência, brotos de pensamento e o desenvolvimento de um sentimento de existência". O artigo expressa a trajetória da dupla em dois momentos diferentes.

O artigo de Anne Lise Sandoval Silveira Scappaticci propõe a reflexão sobre a experiência de desamparo ancorada na possibilidade de o analista anotar e permanecer em estados mentais de não-integração presentes no cotidiano e a força da angústia face a algo que é intuído, mas que, inevitavelmente, é evitado. Escreve que "Estados de não-integração são singulares porque mais próximos de Si-mesmo".

Leda Beolchi Spessoto, em seu artigo, reflete sobre a comunhão de afetos entre analista e analisando, possibilitando o distanciamento dos registros de desamparo, enfatizando a ideia de que o analista possa servir como um continente para a receptação e transformação da experiência emocional, e que também possa viver com o paciente essa experiência sofrendo suas vicissitudes.

O artigo de Walkiria Nunez Paulo dos Santos destaca que momentos de desamparo atuais podem favorecer a aproximação do indivíduo com seu desamparo primário. Propõe que a fuga da realidade leva ao desamparo, mas que é o *processo do pensar* (Bion, 1962) – ancorado no "vínculo" e no prazer criativo – que possibilita o indivíduo a entrar em contato íntimo, tornando-o *autocontinente* e, assim, possibilitando o desenvolvimento de experiências que o ajudam a modificar e transformar a sua realidade.

Em seu artigo, Giovanna Albuquerque Maranhão de Lima nos descreve a *observação* como o principal instrumento na prática da psicanálise, uma espécie de alicerce sobre o qual se ergue e se constrói a identidade do psicanalista. "Apresenta algumas "realizações" através de material clínico de três analisandos, e ressalta o surgimento de imagens oníricas na mente do analista durante a sessão, como expressão da qualidade de observação psicanalítica".

Rita Andréa Alcântara de Mello e Raquel Andreucci Pereira Gomes abordam, por meio de três casos clínicos, o impacto dos excessos dentro do campo analítico e suas repercussões na dupla analítica. Pacientes que têm em comum algo de irrepresentável em seu mundo interno e em que, por meio da contratransferência, as analistas tentam auxiliá-los na ressignificação dos seus objetos internos para que possam ganhar uma dimensão simbólica.

Ivan Morão e Walkiria Nunez Paulo dos Santos, motivados pelo estímulo de uma experiência clínica vivida por Morão, enfrentam o desafio de publicar o artigo em conjunto. Levantou-se a hipótese da ocorrência de uma *transformação* tanto no analista como na paciente quando a dupla se dispôs a enfrentar juntos o desconhecido e a (des)construção da realidade.

Denise Aizemberg Steinwurz, sob a luz de um referencial winnicottiano, detalha e aprofunda a compreensão do processo de adoecimento psíquico envolvendo a doença de Crohn, ilustrando com um caso clínico. Relata que a "Doença de Crohn é uma doença inflamatória crônica do trato gastrointestinal. Contudo, além de um adoecimento do corpo, tal enfermidade remete a pensar teoricamente nas questões emocionais nela implicadas".

Desejamos que os leitores, ao lerem os artigos que compõem este livro, possam aproveitá-los para melhor compreender a vida e para sonhar...

Rita Andréa Alcântara de Mello

Walkiria Nunez Paulo dos Santos

1. Sobre desamparo e resiliência

Plinio Kouznetz Montagna

I.

Ludwig van Beethoven, um dos compositores musicais mais respeitados e mais influentes de todos os tempos, nasceu em Bonn em 1770.

Em 1792, com 21 anos de idade, mudou-se para Viena (apenas um ano após a morte, na cidade, de Mozart), onde, à parte algumas viagens, permaneceu para o resto da vida. Aluno de piano de Haydin, Salieri e outros, tornou-se um pianista virtuose, cultivando admiradores, muitos dos quais pertencentes à aristocracia da época.

Por volta de 1796 surgiram os primeiros sintomas daquilo que veio a constituir sua grande tragédia. Aos 26 anos teve o diagnóstico de uma patologia otológica que evoluiu, paulatinamente, até a surdez, e que o levou a se isolar e influir nas depressões que teve que enfrentar.

No início supôs que se tratava de um mal passageiro, mas, pouco a pouco, sua audição foi minguando. Em 1801 a situação começou a tornar-se alarmante. Escreveu ao médico Franz Wegeler, grande amigo seu: "Durante dois anos procurei evitar a companhia de todos, simplesmente porque não posso dizer que estou surdo. Se eu tivesse outra profissão, tudo seria mais fácil, mas com o meu trabalho esta situação é terrível".

Em maio de 1802, por recomendação médica, Beethoven viajou a Heiligenstadt, um povoado vizinho a Viena, para uma temporada de descanso; no verão esse era seu costume, e o foi ao longo de toda sua vida.

Atormentado pelo aumento da surdez, já tinha a sensação de que se tratava de uma enfermidade que não o abandonaria facilmente; sentia toda sua vida ameaçada. Sua crise existencial era profunda e ele cogitava seriamente o suicídio, uma ideia forte e recorrente.

Lá escreveu o que ficou conhecido como "Testamento de Heiligenstadt", uma carta manuscrita, originalmente destinada aos dois irmãos, Kaspar Anton Carl van Beethoven e Nicolaus Johann van Beethoven, que nunca lhes foi enviada – e que ficou guardada numa gaveta da sua secretária em Viena, encontrada só depois da sua morte –, em que reflete, desesperado, sobre a tragédia da sua surdez:

Testamento de Heiligenstadt

Ó homens que me tendes em conta de rancoroso, insociável e misantropo, como vos enganais. Não conheceis as secretas razões que me forçam a parecer deste modo. Meu coração e meu ânimo sentiam-se desde a infância inclinados para o terno sentimento de carinho e sem-

pre estive disposto a realizar generosas ações; porém considerai que, de seis anos a esta parte, vivo sujeito a triste enfermidade, agravada pela ignorância dos médicos. Iludido constantemente, na esperança de uma melhora, fui forçado a enfrentar a realidade da rebeldia desse mal, cuja cura, se não for de todo impossível, durará talvez anos! Nascido com um temperamento vivo e ardente, sensível mesmo às diversões da sociedade, vi-me obrigado a isolar-me numa vida solitária. Por vezes, quis colocar-me acima de tudo, mas fui então duramente repelido, ao renovar a triste experiência da minha surdez!

Como confessar esse defeito de um sentido que devia ser, em mim, mais perfeito que nos outros, de um sentido que, em tempos atrás, foi tão perfeito como poucos homens dedicados à mesma arte possuíam! Não me era, contudo, possível dizer aos homens: "Falai mais alto, gritai, pois eu estou surdo". Perdoai-me se me vedes afastar-me de vós! Minha desgraça é duplamente penosa, pois além do mais faz com que eu seja mal julgado. Para mim, já não há encanto na reunião dos homens, nem nas palestras elevadas, nem nos desabafos íntimos. Só a mais estrita necessidade me arrasta à sociedade. Devo viver como um exilado. Se me acerco de um grupo, sinto-me preso de uma pungente angústia, pelo receio que descubram meu triste estado. E assim vivi este meio ano em que passei no campo. Mas que humilhação quando ao meu lado alguém percebia o som longínquo de uma flauta e eu nada ouvia! Ou escutava o canto de um pastor e eu nada escutava!

Esses incidentes levaram-me quase ao desespero e pouco faltou para que, por minhas próprias mãos, eu pusesse fim à minha existência. Só a arte me amparou! Pareceu-me impossível deixar o mundo antes de haver produzido tudo o que eu sentia me haver sido confiado, e assim prolonguei esta vida infeliz. Paciência é só o que aspiro até que as parcas inclementes cortem o fio de minha triste vida. Melhorarei, talvez, e talvez não! Mas terei coragem....

Peço-vos, meus irmãos, assim que eu fechar os olhos, se o professor Schmidt ainda for vivo, fazer-lhe em meu nome o pedido de descrever a minha moléstia e juntai a isto que aqui escrevo para que o mundo, depois de minha morte, se reconcilie comigo. Declaro-vos ambos herdeiros de minha pequena fortuna. Reparti-a honestamente e ajudai-vos um ao outro. O que contra mim fizestes, há muito, bem sabeis, já vos perdoei. A ti, Karl, agradeço as provas que me deste ultimamente. Meu desejo é que seja a tua vida menos dura que a minha. Recomendai a vossos filhos a virtude. Só ela poderá dar a felicidade, não o dinheiro, digo-vos por experiência própria. Só a virtude me levantou de minha miséria. Só a ela e à minha arte devo não ter terminado em suicídio os meus pobres dias. Adeus e conservai-me vossa amizade.

Minha gratidão a todos os meus amigos. Sentir-me-ei feliz debaixo da terra se ainda vos puder valer. Recebo com felicidade a morte. Se ela vier antes que realize tudo o que me concede minha capacidade artística, apesar do meu destino, virá cedo demais e eu a desejaria mais tarde. Entretanto, sentir-me-ei contente pois ela me libertará de um tormento sem fim. Venha quando quiser, e eu corajosamente a enfrentarei.

Adeus e não vos esqueçais inteiramente de mim na eternidade. Bem o mereço de vós, pois muitas vezes, em vida, preocupei-me convosco, procurando dar-vos a felicidade.

Sede felizes!

Heiligenstadt, 6 de outubro de 1802.

Ludwig van Beethoven.

Recuperado de https://pt.wikisource.org/wiki/ Testamento_de_Heiligenstadt.

Na carta explicita sua amargura, sua angústia insuportável até o ponto de querer tirar a própria vida.

Porém, após essa viagem até o fundo sombrio de seu ser, algo o resgatou. Ele diz: "Foi a arte, e apenas ela, que me reteve. Ah, parecia-me impossível deixar o mundo antes de ter dado tudo o que ainda germinava em mim!" O desfecho dessa situação veio a se constituir na composição da Sinfonia n° 3, *Eroica* – a sua primeira obra monumental –, que aparece depois da crise fundamental de Heilingenstadt, entregue naquele mesmo ano.

Embora tenha feito muitas tentativas para se tratar, durante os anos seguintes a doença continuou a progredir e em 1816, aos 46 anos de idade, estava praticamente surdo.

Essa conhecida passagem da vida de Beethoven faz notar que, do total desamparo diante da doença, a surdez, brotou sua impressionante resposta resiliente, na iminência última de suas possibilidades (Montagna, 2003). Alicerçada em suas condições pessoais e, de acordo com suas palavras, ancorado em sua arte, Beethoven opera no limite essa outra arte, a de "navegar entre torrentes", que constitui o núcleo da ideia de resiliência, que reúne a antítese entre o infortúnio e seu aproveitamento (Cyrulnik, 1999).

A vida é marcada por estados de desamparo de variados graus, às vezes, intensos, em momentos diversos, intercalados por tempos em que esse desamparo existencial permanece como pano de fundo, aquietado, como participante potencial.

O desamparo de Beethoven chega no momento de um estágio-limite, em que o próprio aniquilamento da vida, o suicídio, passa a ser considerado. A vida vai perdendo a batalha para Tânatos, até o encontro do gênio da música com um "momento axial" no qual sobrevém o ponto de inflexão que o impulsiona de volta à vida com força energia e criatividade extraordinárias.

II.

De fato, a dinâmica dos movimentos genuinamente resilientes mostra que é nas vivências de crescente desamparo, na zona do não suportável, que vamos nos deparar com um ponto de inflexão, reversor de perspectivas, a partir do qual o caminho à vida se reinstala, apoiado em objetos internos protetores.

A rigor, o objeto a ser buscado nas situações-limite quando grassa o desamparo se explicita de modo semelhante a esse caso;

a busca se expande, se propaga a todas as esferas do ser. Objetos bons e vigorosos poderão dar suporte a Eros.

Mas muitas vezes existe a necessidade de se recorrer a objetos externos para que se dê a reversão a Eros. A análise e, particularmente, o analista investido de confiança e de poder suficiente para estancar a agonia e o horror da desproteção, da penúria mental, são mobilizados. O analista opera como um tutor de resiliência.

Essa é uma tarefa do interjogo analítico, quaisquer que sejam as circunstâncias em que ocorra. O movimento do fazer analítico, a rigor, dá-se exatamente dentro da oscilação entre o se deixar levar ao desamparo, com a mente livre, e a recomposição desta numa guinada emotivo-cognitiva que vem a ser o *insight*. É esta a interpretação que auxilia o paciente a recompor-se de seu estado de desorganização. É um movimento de caráter, também estético.

Para Meltzer (1998), a identificação com o objeto combinado, isto é, mãe e pai internamente em harmonia e em diálogo amoroso, é a precondição para o funcionamento mental criativo.

Um paciente relata uma vivência extrema na qual, diz, "atravessou o umbral da vida". Durante um ato cirúrgico a que se submetia percorreu aquilo que se costuma chamar de experiência de quase morte. Nessa vivência, qual as descritas por indivíduos que beiraram esse limiar do viver/morrer, ele se viu entrando num túnel escuro, no fundo do qual via um clarão; nele se contrapõe uma força vinda de uma figura bendita, que ele reconhece como sua mãe e a impulsiona de volta, de volta para a vida. Trata-se de uma dramatização interna de um objeto interno bom, muito bom, protetor, pondo em movimento uma prodigiosa apropriação de elementos de vida, de Eros, operando a favor de uma quase ressuscitação.

Também ele recorre a um objeto interno, bom e protetor, investido, com a força suficiente de alento, motivação e vida.

Numa sessão não seria errôneo pensar numa mimetização do fluxo do jogo transferencial, no qual esse paciente se inseriu após uma vivência extraordinariamente sofrida de também atravessar um limiar quase de morte psíquica, resgatado pelos seus recursos pessoais e, fundamentalmente, pela análise, a ou o analista "mãe", impulsionando-o de volta à vida psíquica e, mais adiante, à capacidade de sofrer e conter seus sentimentos mais penosos.

Para que essa reversão seja possível é sempre fundamental a constituição de bons objetos internos, protetores.[1]

Nos dois casos acima, o encontro e diálogo com objetos internos que impulsionam a resiliência dá-se numa situação-limite de desamparo total, ou quase total; o momento axial é aquele que configura um ponto de inflexão, no qual o sujeito agora busca forças em si mesmo e recorre aos objetos internos de acesso possível, disponíveis para tentar reverter o cenário do desamparo com resposta resiliente. Virginia Bicudo (1986) ressaltava que os mecanismos de defesa cumprem sua função de acordo os determinantes psíquicos, que predominam numa dada configuração. A angústia despertada pelo medo de morrer, por exemplo, dinamiza a defesa em prol da vida.[2]

Fica implícito que Beethoven pôde recorrer a seus objetos internos com força suficiente para reverter seu desamparo. Possivelmente, também contou com os objetos externos/internos, interlocutores a quem dirigiu suas cartas, reais ou imaginários. A inventividade, a capacidade de tolerar frustrações e de se recriar, se reinventar, dentro da crença no valor e no significado da vida, são postas em ação.

---

1 Ocorre que, às vezes, esses se encontram inacessíveis ao sujeito, por questões metapsicológicas de diversas ordens.
2 E, diz ela, a angústia relacionada ao medo de viver mobiliza defesas relacionadas aos fins de morte.

Winnicott mostra como é importante a crença na bondade do mundo, em outras palavras, recorrer a objetos bons. A criatividade psíquica primária, para Winnicott, é essencialmente uma pulsão em direção à saúde e ligada à necessidade da experiência da onipotência infantil nos primeiros tempos do bebê, a habilidade da mãe de responder ao gesto espontâneo da criança facilitando seu senso de *self*, o papel da agressão primária e a necessidade do bebê de que o objeto sobreviva a seu amor impiedoso (Abram, 1996, pp. 115-116).

Trata-se de buscar no desamparo vestígios do bom objeto a impulsionar o indivíduo, mas essa tarefa, por vezes, só é possível com a ajuda vinda do exterior; é preciso se aliar a um objeto externo cuja ação será a de tutor de resiliência, o psicanalista, no âmbito da uma aliança fundamental que é a aliança terapêutica.

O tutor de resiliência opera com a força do próprio sujeito, como um polo catalisador da escalada do ego na direção de sua integridade, ou melhor, de sua integração. Um de seus ofícios é no trabalho de emergência dos significados que vão se dar na interação. Este, aponta Green (1988), "não emerge completo qual Afrodite nas ondas" (p. 296), cabe construí-lo. É um significado potencial que será constituído na e pela relação analítica.

Por meio dessa construção se estabelece o exercício da resiliência que, no âmbito das atividades humanas, se refere não só à restituição ao que era antes do estímulo modificador, ou traumático,[3] mas supõe um crescimento, um fortalecimento com base na experiência dolorosa. Vale notar que o conceito de resiliência se amplia quando transportado de seu hábitat natural, a física e a engenharia, para as ciências humanas, particularmente a sociologia,

---

3 Em sua acepção original, na física dos materiais, resiliência se refere à reversão da deformação causada por uma tensão ou tração no material, o qual retorna à forma original.

a psicologia e a psicanálise. Se a utilização inicial se referia a respostas a estímulos exteriores específicos, em outras palavras, a traumas, posteriormente, vem sido utilizado para designar o fazer diante das adversidades da vida, de modo geral, em todas as suas dimensões, num âmbito que inclui as questões existenciais.

Assim, um fator importante a ser considerado é o trabalho do luto. O luto ocorre diante da perda de objeto e também nos processos que acompanham crescimento mental. Ultrapassar uma etapa da libido e lançar-se a uma nova requer o abandono das gratificações da anterior. Assim é inevitável que o luto também acompanhe a mudança de um estágio da vida para outro. O luto é um processo também ligado a crescimento e desenvolvimento.

Numa situação de desamparo, por vezes excruciante, como na ocorrência de Beethoven, há que se viver o luto pela perda de funções auditivas, de toda uma imagem corporal e posição na vida, pela perda do sentido da audição.

Para haver uma resposta vitalizadora, resiliente, há que se completar esse luto com um esforço maciço de contato com a realidade e se afastar, como aponta Kogan (2007), dos aspectos persecutórios dos objetos perdidos, por meio da assimilação de seus aspectos positivos e bondosos. Estamos apontando para o trabalho com objetos internos, com o apego à bondade interior. É necessário um trabalho de luto interior, abandono ao que não pode ser mantido e fé na possibilidade de sobrevivência e de crescimento. Nesse sentido, faz-se necessário o luto. É nesse contexto que Pollock (1978) afirma o luto como "uma série de operações intrapsíquicas ocorrendo em estágio sucessivos, sequenciais, envolvidas num novo nível de equilíbrio interno e externo relacionado" (p. 162).

Não raro recebemos em nossos consultórios pacientes cujas defesas (às vezes, penosamente sustentadas às custas de muita energia psíquica despendida) desmoronaram inapelavelmente, havendo a necessidade de se recorrer a um objeto externo que inclui uma continência, em seus vértices femininos e masculinos, e que, de algum modo, possa assegurar uma restituição do tecido psíquico esgarçado.

É o caso de Cassio, que me procurou após a irrupção de uma crise de agorafobia e outros elementos semelhantes, cuja análise envolveu o lidar com fenômenos de ordem religiosa, mística, e mágicos de sua personalidade.

Ele vivia com suas defesas razoavelmente assentadas contendo um mundo psicótico e, um dia, numa crise que envolveu questões patrimoniais, as viu ruir; buscou psicanálise, ainda que com muito medo de que a análise pudesse prejudicar sua criatividade (o que não ocorreu, ao contrário).

Seu vasto mundo de idealizações sem fim não conseguiu, ao longo do tempo, dar conta das necessidades que a cada vez surgiam no enfrentamento da vida cotidiana, das frustrações, dos mal-estares das relações em que se colocava. Um dia esse mundo caiu, suas defesas ruíram, dando palco a um espaço abissal povoado por fobias, particularmente as agorafobias. Não conseguia estar em lugares abertos, o que era altamente limitador para seu dia a dia, e a isso aliava-se uma claustrofobia de tal ordem que não podia suportar engarrafamentos de trânsito ou elevadores. O estreitamento de seu campo existencial fez-se insuportável. Constrição *versus* difusão de limites egoicos estava em pauta.

A compreensão dos elementos cindidos que pudessem ser reintrojetados foi valiosa nessa análise, além da expansão das possibilidades egoicas alapadas. A reintrojeção de elementos cindidos e projetados revelou-se um elemento facilitador da resiliência. Segundo Grinberg e Grinberg, a questão passou não somente pela procura da identidade, mas também pela necessidade de consolidação do sentimento de identidade; o enquadramento analítico pôde servir de contentor e limite para as projeções que veiculam pedaços de identidade e, por meio dele, dizem os autores, pode-se aceitar e recuperar "também o desprendimento daquelas partes regressivas que bloqueiam o caminho para o desenvolvimento e estabelecimento de aspectos adultos". A evolução resiliente ultrapassa seu receio e insegurança, redefinindo seu lugar e sua configuração de espaço-tempo (Montagna, 1979).

III.

O desamparo, condição humana primordial, é reeditado durante a vida, e seguramente é temido, naquilo que Winnicott (1974, p. 36) descreve como medos de colapso do indivíduo, para ele um colapso que já terá ocorrido um dia. Dá-se nos eventos emocionais em que o ser humano é incapaz de sustentar, de manejar. Sua força é maior do que a capacidade de fazer face àquilo que ele suporta. As agonias primitivas que o desamparo envelopa podem expressar-se no colapso, da experiência de agonia primordial, eventualmente de um terror sem nome ou, em casos de situações traumáticos, um terror sem fala.

Assim, existem formas não traumáticas e traumáticas de desamparo. As não traumáticas são simplesmente realidades existenciais do desamparo humano, como nascimento e morte. Podem ser dolorosas e causar ansiedade, mas não são em si mesmas traumáticas (Lamothe, 2014). A psicanálise pode auxiliar as pessoas a elaborarem as formas traumáticas, bem como vitalizá-las nas vivências das formas não traumáticas.

Na obra de Freud, encontramos o desamparo referido a situações de perigo (Freud, 1926/1975), portanto, relacionado ao trauma, bem como uma essencial fragilidade do funcionamento psíquico, em suas obras posteriores (Pereira, 2008, p. 36). Assim, desamparo e luto podem ser vistos como fenômenos bifrontes, relacionados ao trauma, mas também às questões essenciais da existência humana.

Pereira (2008) aponta:

> *o criador da psicanálise evolui de uma formulação inicial que concebe o desamparo essencialmente sob a perspectiva de impotência psicomotora do bebê até reencontrá-lo em seus últimos trabalhos, à base do desespero do homem quando confrontado com a precariedade de sua existência, e que o leva à criação de deuses onipotentes, supostamente capazes de controlar de modo benfazejo as potências do universo. (p. 36)*

Winnicott, no conjunto de sua obra, enxerga o desamparo essencial e absoluto, físico e psíquico, relacionado ao início da existência, quando a unidade mãe-bebê ainda não se separou. A psicologia do bebê está vinculada à da mãe e aos cuidados maternos, de modo que a criança, lançada ao mundo sem as ferramentas necessárias para sobreviver, depende integralmente dos cuidados maternos.

Mas ele não crê que nos traços de memória de um nascimento normal haveria o sentimento de desamparo; a demora, algum fracasso na capacidade do ambiente (dos pais) em se adaptar às necessidades do bebê, estaria presente (Winnicott, 1975, p. 37). Assim, como argumenta Lamothe (2014), o estado de dependência absoluta corresponde ao desamparo, mas necessariamente a um sentimento de desamparo ansioso ou percepção rudimentar da dependência absoluta. Para ele é importante experimentar sentimentos de desamparo quando adultos, pois isso traz sentimentos remanescentes das situações vivenciadas primariamente.

Para Winnicott (1953), "a experiência e a crença na onipotência permitem que a criança tenha uma experiência de confiança com a qual começa a construir e integrar criativamente sua própria experiência – criatividade primária".

Nesse sentido faz diferença o lugar em que o analista é posto pelo paciente, a partir do qual se dará, inicialmente, a interação.

Outro paciente, proveniente de outro país, me procurou por um surto psicótico em que fazia grande destruição de seu patrimônio acompanhado por intenso consumo de cocaína, que punha em risco tudo aquilo que havia conseguido até então em sua vida. A primeira tarefa do analista foi o estabelecimento de uma forte aliança terapêutica, sem margem para a não consideração dos elementos destrutivos (auto e hetero) do paciente.

Os estímulos a seus núcleos resilientes incluem a preservação do contato possível do paciente com seus núcleos egoicos hígidos. Com base nisso, a facilitação da simbolização por meio do trabalho diádico em que será privilegiada a observação da experiência emocional transforma-se na questão da maior relevância a ser perseguida.

À dimensão do des-amparo, é claro que algum tipo de contraponto é necessário. Se encaramos a questão do ponto de vista da resiliência, o contraponto se funda a partir desse tutor de resiliência, que apontamos poder ser interno, mas, via de regra, a necessidade é que seja externo.

Beethoven descreve seu desamparo no documento assinalado, observando o esvair de suas defesas, até o ponto de temer/desejar a morte. É numa busca interior, numa tentativa de autossustentação, na busca da força interna, na inventividade e criatividade que se sobressaem em relação à simples capacidade de adaptação, que se dará a reconfiguração de si próprio. Estará em questão a capacidade de resiliência do indivíduo ou, simplesmente, a resiliência? Ele busca dentro de si elementos que resultam em esculpir uma resposta que o resgata do fundo do mais abissal desespero, resposta que invoca o mais profundo de sua genialidade, dando à luz a imortal sinfonia que traz de Heiligenstadt.

Em extremos, as pessoas podem criar dentro de si elementos que dão sentido à vida. Ainda aqui, sob esse aspecto, é fundamental a possibilidade da preservação de objetos internos robustos, vitais, vitalizados, capazes, para se lidar com nosso desamparo quando ele desponta como protagonista sombrio.

Às vezes, um profissional pode ser chamado para situações fora de sua condição natural, de seu ambiente de conforto. Logo no início de minha profissão, recém-terminada minha residência em psiquiatria, fui solicitado a atender, num domingo pela manhã, um rapaz que havia viajado a São Paulo com o intuito de se suicidar, como posteriormente me relatou. Chegando ao apartamento em que ele se encontrava, em área calma da cidade, deparei-me com duas pessoas aflitas na sala de estar olhando temerosas para o terraço, no limiar do qual um rapaz de uns 20 e poucos anos falava, parecendo muito ansioso pelo olhar dos presentes. A pessoa que lá me levou, parente do rapaz, e eu entramos no recinto; num relance, ficou claro para mim que para poder ter alguma voz na conversa precisava me postar entre o paciente e o abismo, ou seja, na borda entre a sala e a varanda. Dirigi-me rapidamente para lá e, ao mesmo tempo, distraía o protagonista com cumprimentos gerais e expressões impessoais.

Quando ele percebeu que eu tinha conseguido ultrapassar o lugar em que estava e havia conseguido de fato me interpor entre ele e o final do terraço, saiu correndo na direção deste e, ao passar por mim, tive que segurá-lo. Outros vieram e pudemos contê-lo. Mas por um tempo. Num átimo de descuido do grupo, ele saiu correndo pelo apartamento, entrou num dos quartos e sentou-se na janela, meio corpo para dentro e meio para fora. Ou seja, refez a condição inicial, ele no controle. Dirigi-me ao quarto, postei-me a uma distância que não o invadisse, comecei a conversar com ele, imaginando que caminho poderia tomar para alguma negociação. Há momentos nos quais o que se pode fazer é olhar para dentro de si. Abandonando qualquer intenção de uma conversa objetiva, senti-me impelido, quase obrigado, a dizer para ele, num movimento de libertação, de minha parte: Sergio, estou com muito medo. Você está me apavorando, e a todos aqui. Olhe bem para mim, estou em pânico, com medo de você pular daí. Surpreendentemente, a resposta foi imediata. Olhou mesmo para mim, desceu da janela vagarosamente, dirigiu-se à sala de estar e permaneceu de pé. Talvez tivesse cedido a um pedido de clemência embutido, de certo modo, em minha fala. Clemência para mim, para os demais e para ele. Talvez (e não excludentemente) tivesse reintegrado, reintrojetado o seu terror, o seu pânico, dos quais havia se livrado projetando-o identificativamente em mim (e nos outros presentes ou imaginariamente presentes). Talvez tivesse sentido uma reverberação de seu ser dentro do meu, o que poderia – sempre pode – diminuir sua sensação de desamparo e desvalimento. O fato é que minha fala carregou consigo uma verdade inexorável, eu estava de fato muito, muito atemorizado com aquela situação, com o corpo do rapaz meio no mundo dos vivos e meio pronto para se lançar ao mundo da morte. Havia que compartilhar com ele meu temor, ou meu terror, cuja solução estava em suas mãos.

Se eu tivesse tido a sensação de estar lidando com um sujeito de características mais psicopáticas, talvez outro tivesse sido o desenrolar do episódio. Mas tratava-se de alguém muito mais imerso num mundo absolutamente persecutório, por aquilo que me indicava minha empatia em relação a ele – a vivência pele a pele mostrava, numa apreensão primitiva, emocional, pré-verbal, na relação pessoa-pessoa.

No final do episódio, com um suspiro profundo de alívio e com um olhar agudo, o paciente me agradeceu, por tê-lo protegido de si mesmo. O desamparo pode estar ligado à vivência de terror. Aqui, apenas um objeto externo pode auxiliar, como aponta Meltzer (1968):

> *o terror é uma ansiedade paranoide cuja qualidade essencial, a paralisia, não deixa nenhum caminho de ação. O objeto do terror, estando em objetos mortos fantasiosos e inconscientes, não pode nem mesmo fugir com sucesso... Quando a dependência da capacidade reparadora dos objetos internos é impedida pelo ciúme edipiano e/ou pela inveja destrutiva, essa restauração não pode ocorrer durante o curso do sono e do sonho. Apenas um objeto na realidade externa, que carrega o significado da transferência do seio da mãe em níveis infantis, pode realizar a tarefa. Isso pode ser feito inumeráveis vezes sem que seja reconhecido, se a dependência infantil for bloqueada pela atividade denegradora da inveja ou pela obstinação nascida da intolerância à separação.*

Trata-se de um colapso, um *breakdown*. Para Ogden (2014) o colapso a que Winnicott se refere teria ocorrido anteriormente, mas não experimentado, não vivenciado. Isso traz um diferencial entre o colapso e o conceito de Freud de *après coup*, que se refere a experiências, traços de memória, impressões que serão revisados para se adequar às novas experiências ou como encontro com um novo estágio de desenvolvimento.

O desamparo fundamental a partir do qual se constituiu o desenvolvimento somático e psíquico do ser humano, cada golpe na vida pode reeditar ou ao menos nos lembrar da existência de nosso desamparo fundamental, que nos acompanha virtualmente até a morte, diante da qual revivemos nosso inexorável desamparo.

Ogden (1997) aponta que o pesadelo difere do terror também porque o indivíduo, ao acordar, tem uma vivência de outra dimensão. No terror o indivíduo não pode sonhar nem estar acordado, ele não acorda.

O gatilho da mudança de atitude de uma passividade para uma atividade na tentativa de manejar condições de alto desamparo, no ponto de inflexão, é por vezes inefável. Mas esse movimento de recuperação do controle necessita contar com uma capacidade íntegra, que é a capacidade lúdica, de brincar, de jogar, como mostra Freud (1920/1975) no Jogo do Carretel, no *fort da*.

Quando estados de desamparo não podem ser revertidos, isso pode implicar um efetivo *breakdown*, com marcas, muitas vezes, irreversíveis no psiquismo humano. Essas rupturas se dão em situações-limite, por exemplo, em situações de terror quase absoluto, ou absoluto, de várias origens externas, uma das quais é a tortura que conduz o eu a um terror pré-lei, pré-civilização (Ferraz, 2014), com as devidas consequências traumáticas.

Outro aspecto relevante é que há indicações de que *a resiliência de uma pessoa é proporcional à sua capacidade de mobilizar o amor pela sua pessoa*. Quando se fala em desamparo e resiliência, a capacidade de amar e ser amado sempre estará em pauta.

Referências

Abram, J. (1996). *The Language of Winnicott*. London: Karnac Books.

Bicudo, V. L. (1986). As múltiplas faces do *self*. Imagens refletidas das identificações projetivas. *Revista Brasileira de Psicanálise, 20*, 9-17.

Cyrulnik, B. (1999). *Un merveilleux malheur*. Paris: Odile Jacob

Ferraz, F. C. (2014). Estado de exceção e desamparo. *Percurso, 26*(52), 89-94.

Freud, S. (1920/1975). Beyond the Pleasure Principle. In S. Freud, *The Standard Edition of The Complete Psychological Works of Sigmund Freud* (Vol. 23, pp. 7-65). London: Hogarth Press.

Freud, S. (1926/1975). Inhibitions, Symptoms and Anxiety. In S. Freud, *The Standard Edition of the Complete Psychological Works of Sigmund Freud* (Vol. 20, pp. 77-178). London: Hogarth Press.

Green, A. (1988). *Sobre a loucura pessoal*. Rio de Janeiro: Imago.

Grinberg, L., & Grinberg, R. (1980). *Identidad y cambio*. Buenos Aires: Paidós.

Kogan, I. (2007). *Escape from Selfhood*. London: The International Psychoanalytical Association.

Lamothe, R. (2014). Winnicott and Helplessness: Developmental Theory, Religion, and Personal Life. *Psychoanalytic Quarterly, 83*(4), 871-896.

Meltzer, D. (1968). Terror, Persecution, Dread – a Dissection of Paranoid Anxieties. *International Journal of Psycho-Analysis, 49*, 396-400.

Meltzer, D. (1998). *The Kleinian Development*. London: Karnac Books.

Montagna, P. (1979). Conversando sobre meu contato com X. Trabalho apresentado à SBPSP, São Paulo.

Montagna, P. (2003). Uma contribuição ao estudo da resiliência. In *Congresso Brasileiro de Psicanálise*. Campo Grande, MS.

Ogden, T. H. (1997). *Reverie and interpretation*. New Jersey: Jason Aronson.

Ogden, T. H. (2014). Fear of Breakdown and the Unlived Life. *Int. J. Psycho-Analysis, 95*(2), 205-223.

Pereira, M. E C. (2008). *Pânico e desamparo*. São Paulo: Escuta.

Pollock, G. H. (1978). Process and Affect; Mourning and Grief. *International Journal of Psychoanalysis, 59*, 255-276.

Testamento de Heiligenstadt. (2018, 17 de julho). In *Wikisource*. Recuperado de https://pt.wikisource.org/wiki/Testamento_de_Heiligenstadt.

Williams, M. H. (2010). *A Meltzer Reader*. London: Karnac Books.

Winnicott, D. W. (1953). Transitional objects and transitional phenomena – studies in the first not-me possession. *International Journal of Psychoanalysis, 34*, 86-97.

Winnicott, D. W. (1974). Fear of breakdown. *International Review of Psycho-Analysis*, 1, 103-107.

Winnicott, D. W. (1975). *Through paediatrics to psycho-analysis*. London: Hogarth Press.

2. Falha de continência primária e caminhos da compulsão a re-petir: isolamento, defesa maníaca e atualização na transferência

Teresa Rocha Leite Haudenschild

Em pacientes em análise há vários anos (de seis a doze) pude observar que falhas de continência primária devido à relação inicial com mães com dificuldades de *rêverie*, e consequente deficiência de constituição de um "aparelho para pensar pensamentos", além da incapacidade para enfrentar a realidade (por não ter meios para isso), os levam a defender-se de seu contato por medo, ou melhor, terror de "enlouquecer".

Se o analista não estiver atento a esse *terror-sem-nome* (Bion, 1962/1991) quando da aproximação de *ansiedades catastróficas* pode cair num conluio com uma "falsa análise", baseada nas mais legítimas teorias, contribuindo com as defesas ferrenhas do paciente para manter-se afastado da dor do contato com sua vida psíquica.

Penso que é uma contribuição ao desamparo do analista dar-se conta dessa área de funcionamento mental em que predominam estados-de-não-integração (Haudenschild, 2015b), para poder ter proximidade psíquica e entrar em *uníssono*[1] com os estados mentais do paciente vividos no aqui e agora da sessão, momento a momento.

Clínica

Apresentarei três casos clínicos em ordem decrescente de intensidade das defesas que num extremo são quase autísticas, como no primeiro, e, em outro, como transferência negativa.

Em seguida a cada caso clínico apresentado, cito trechos em que Bion fala de repetição na análise. O primeiro sobre a repetição de falsa simbolização, ligada a estados mentais psicóticos; o segundo sobre a constante repetição da inverdade para acomodar os desajustes mentais ao ambiente externo e intrapsíquico; o terceiro sobre a tentativa do paciente de fazer o analista ocupar o lugar de uma mãe ou um pai onipotentes. Penso que nos três casos clínicos todas essas formas de repetição aparecem, embora em cada um deles fique mais evidente uma delas.

Isolamento

Tudo o que A. almeja é conseguir a mais perfeita calma de uma estátua num nicho de igreja, ao lado de uma Nossa Senhora também beatífica. Para isso é necessário ser o mais perfeito filho para a mais perfeita mãe. E assim somem o tempo, a sexualidade, as pulsões, o interesse pelos objetos reais. Aliás, interesse (investimento pulsional) é o que mais teme ter: revelaria que ele precisaria de

---

1 *At-one-ment*: experiência que não pode ser descrita, mas vivida (Bion, 1970).

alguém. E de que, ou de quem, pode precisar um filho perfeito de uma mãe perfeita? Ele tem tudo. Ele é tudo.

Na verdade A. tem uma mãe psicótica: sua irmã mais velha suicidou-se, a mais nova vive com a mãe num estado deplorável de submissão despersonalizante, um dos irmãos depende dele para sobreviver e o caçula depende da própria esposa.

A. é a única pessoa da família que procurou análise, tendo conseguido há pouco tempo que sua irmã mais nova também iniciasse uma.

Quando A. não consegue isolar-se, entra em contato com a analista por meio de interpretações de outras análises (está há quase trinta anos em análise, desde que seu pai morreu quando tinha 17 anos). Ele repete interpretações, dizendo, por exemplo, na primeira sessão da semana, que estava com muito medo de a analista criticá-lo pois tinha tido muita raiva dela pela separação e a fragmentado, e agora, sentindo-se culpado, temia a retaliação. Essas interpretações focando ansiedades paranoides, no meu entender (cf. Bonner, 2006), serviam como defesa para não entrar em contato com ansiedades catastróficas (de sentir-se estilhaçado, por exemplo) na ausência da analista. Elas se repetiam compulsivamente, num círculo vicioso e monocórdio, dando-lhe uma "falsa continência", baseada em teorias psicanalíticas, e afastando-o do contato com o "soterrado" (Freud, 1937), com o irrepresentado.

O falso símbolo ou símbolo fantástico

No capítulo 6 de *Attention and interpretation*, Bion (1970/1983) diz que "o símbolo, como é usualmente entendido, representa uma conjunção reconhecida como constante pelo grupo; encontrado em psicose, o símbolo representa uma conjunção entre o paciente e sua deidade, que o paciente sente ser constante" (p. 65). Em análise, essa "falsa simbolização", reminiscências do paciente (ou do analista), serve para negar a qualidade dolorosa da conjuntura difícil de viver o aqui-e-agora na sessão.

No meu entender, assim como A. se isolava, refugiando-se num mundo falso, unido a uma mãe perfeita, uma deidade sem vida como ele, também se defendia do contato comigo com "falsas interpretações" mortas, trazidas de análises anteriores. Como diz o velho ditado: "Falar é fácil, viver é que são elas..."

Defesa maníaca

B., 57 anos, está sempre atrás de uma situação ideal: ganhar na loteria, conseguir a namorada perfeita, os clientes mais ricos, o reconhecimento dos colegas de que é "o melhor".

Para isso B. faz vista grossa para seu orçamento e compra tudo o pensa que irá fazê-lo "feliz para sempre": roupas, livros, discos, presentes para os amigos...

Os objetos de B. são vivos (não estátuas perfeitas como os de A.) e ele mesmo se sente vivo ao relacionar-se com eles. Mas é uma "falsa vida", baseada numa falsa realidade, maníaca. Nela não há tempo (não se dá conta de sua idade almejando sempre namoradas bem mais jovens), não há orçamento (gasta sempre além dos limites financeiros) e, quando consegue algum êxito (intelectual, por exemplo), este se transforma logo numa expressão da sua "genialidade": vai se tornar "o maior" e todos vão reconhecê-lo como tal.

A questão de B. é o reconhecimento: é o terceiro filho de uma mãe que um ano antes de tê-lo havia perdido um filho de 7 anos por erro médico. Esta mãe deprimida não pode viver com ele a *preocupação materna primária* (Winnicott, 1966) e ele não pode nunca viver a *ilusão primária* de ser o único, ao menos nos três meses iniciais de sua vida, como toda criança justamente (Alvarez, 1992) pode algum dia. Assim ele, até hoje, busca vivê-la. Até com a analista, na sessão.

Por trás disso, podemos inferir que há o medo de entrar em contato com ansiedades catastróficas do nunca vivido, nunca representado na relação primária com uma mãe capaz de *rêverie*.

A necessidade de reajustar constantemente os desajustes[2]

Em *Cogitations*, Bion (1992) diz que

> *o indivíduo dominado pela meta de se evadir da frustração tem que ser o que normalmente chamamos de mal-ajustado: ele fica compelido a reajustar constantemente seu desajuste – um ponto que fica cada vez mais claro na análise de psicóticos. Os trabalhos do indivíduo não se restringem aos limites de sua própria personalidade; o indivíduo que está voltado para a evasão da frustração tem que arregimentar – e até mesmo implementar – a ajuda das instituições sociais que o auxiliem na tarefa de negar a realidade.* (pp. 100-101)

As instituições sociais reais (casamento, família, estado) são usadas de modo diferente do usado pela pessoa que enfrenta frustração e a modifica. "O que não é suficientemente percebido é que esse uso é intencional", o que fica óbvio para o analista, que não pode ignorar

---

2 25 de outubro de 1959, em *Cogitations*.

> *a crença do paciente de que ele próprio pode arregimentar a ajuda da família e dos seus outros grupos para produzir condições nas quais a evasão da frustração seja possível. . . . Ele luta para se evadir da percepção de qualquer frustração – uma meta que não pode conseguir pela modificação da frustração. (Bion, 1992)*

Bion nos mostra o trabalho da parte psicótica da personalidade, constantemente voltada para ajustar a realidade a seus desejos.

Penso que o que predomina em B. é essa constante manutenção de um mundo onde não haja frustrações, usando os recursos intrapsíquicos e de seu entorno (família, colegas, instituições a que pertence) para isso.

Reajustar constantemente os desajustes é a tarefa repetida, insana, mortífera, à qual B. se dedica há muitos anos, desperdiçando precioso tempo de vida.

Atualização na transferência

C. reclama muito de sua analista, principalmente na última sessão da semana. Reclama do congestionamento no trânsito e, particularmente, das intervenções da analista, no seu entender, intrusivas (trazendo as próprias associações) e teóricas ("de onde tirou isso?").

Caí muitas vezes no seu circuito defensivo, explicando de onde, a partir de seu material, tirara minhas formulações, até que um dia me dei conta de que era isso mesmo que ela inconscientemente queria que eu fizesse, para dramatizar o que acontecera com ela, primeira filha de uma mãe altamente intelectual.

Contratransferencialmente eu me sentia insultada quando ela, muitas vezes, exigia que eu a escutasse perfeitamente, sendo uma perfeita analista, de acordo com o princípio de "escutar o paciente, não interferir com associações" e dar interpretações desse material, e não do que ia surgindo na inter-relação entre as duas mentes. Eu percebia que, por trás de suas atuações, havia uma dor pungente, e foi essa constatação que me orientou. Disse-lhe que, ao conversarmos conceitualmente, nos distanciávamos de sua dor de não ser ouvida, uma dor profunda, que parecia carregar consigo há muito tempo. E que me parecia que ela estava revivendo comigo uma situação insuportável: de não se sentir ouvida e acompanhada em sua dor...

Ela conta que a mãe não preparara os filhos para sua morte: no fim de semana anterior a sua morte (quando ela tinha 11 anos), antes de ir para o hospital, vai para o sítio da família com os filhos e se diverte com eles.

A raiva, até agora não sentida, dessa mãe irrompe, assim como a dor de perdê-la.

O que se inscreveu na carne da psique rompeu o tecido psíquico e deixou uma cicatriz profunda, que reabre e sangra ante a mais mínima oportunidade. ... Reinvestida, a chaga se reabre porque nunca ficou verdadeiramente cicatrizada, memorizada. E, a cada vez que se reabre, parece repetir o gesto da laceração e obedecer, entretanto, a uma tentativa de exorcismo. (Green, 2000/2002, pp. 117-118)

Subsequentemente, em sessões posteriores, vai ficando mais claro um padrão repetido por ela desde o início da análise: sua enorme sensibilidade à interrupção de ritmos considerados por ela "naturais", "humanos": por "barulhos horríveis" que vinham da rua, pela correção mínima nos honorários, por des-sintonias manifestadas em minhas formulações... Pode então re-cordar que nascera antes do tempo, pois a bolsa amniótica se rompera...

Acredito, baseada em análises de crianças com falhas de continência materna primária, que C. tenha tido uma mãe com dificuldades de escutá-la em suas ansiedades primitivas, básicas, em seus *terrores-sem-nome*, alguns deles ainda não nomeados.

A análise de C. prossegue, assim como as duas anteriores, e de vez em quando esta área do leque mental (Haudenschild, 2015a) do "não integrado" (anterior à posição esquizoparanoide, ao objeto parcial e à predominância de identificação projetiva) aparece, com predominância das identificações adesivas ou pontuais (Bick, 1968; Meltzer, 1975).

A repetida busca de um protetor eterno

Em *A memoir of the future (part II - Past presented)*, Bion (1977/1991) alerta para "o quão poderoso é o impulso do indivíduo para ser conduzido – para acreditar em algum deus ou bom pastor" (p. 266). Assim, C. – com suas críticas ao tipo de análise que eu podia lhe proporcionar (no campo criado pelo funcionamento mental da dupla) exigindo que eu me enquadrasse ao "seu" padrão, que "eu deveria restringir-me a escutá-la, sem dar associações" minhas –, no meu entender, exigia que eu fosse aquele "bom pastor", pai ou mãe, sob a guarda de quem pudesse se sentir eternamente protegida. Amparada em teorias do que deveria ser uma análise, pedia que eu me colocasse no lugar desse analista que escuta perfeitamente e dá interpretações perfeitas, num *setting* perfeito.

Bion (1977/1991) nos traz o seguinte diálogo, esclarecedor, a meu ver, da situação relatada acima:

Paul[3] – *Uma das minhas objeções à psicanálise e aos seus devotos é que eles parecem ser tão dogmáticos, tão certos em sua refutação da verdade religiosa, que...*

P.A.[4] – *Eu não gostaria de substituir um dogma por outro; a edificação de qualquer deus deveria ser objeto de estudo. (p. 267)*

E mais adiante:

Paul – Isto soa muito parecido com uma dificuldade que experimentamos quando o jargão psicanalítico – "figuras paternas" e assim por diante – é substituído pelo olhar dentro da própria mente do paciente para intuir aquilo que o psicanalista está lutando por assinalar: como se fosse um cachorro que olha para a mão do mestre, ao invés de olhar para o objeto que a mão está tentando apontar. (p. 267)

Assim, o convite de C. para que eu olhe apenas para a sua própria mente (sem me dar conta de sua intencionalidade e do que esta aponta e constitui na sua relação atual e vívida comigo) seria o convite para uma "análise morta", decodificadora, inútil, embora talvez tranquilizadora, atendendo ao desejo dele de uma situação de "perfeita" segurança, advinda de interpretações "perfeitas": aquelas que ele deseja que assim o sejam, para se sentir seguro sob a guarda de um "bom" analista...

Se eu não insistisse em manter o meu olhar onde o seu gesto apontava, não conseguiria enxergar-me como esse objeto primário

---

3 Sacerdote.
4 Analista.

que falhou em deixar que ele constituísse "naturalmente" a ilusão primária de ser um com o objeto. Requisição que ele insistentemente fazia, atualizando na transferência a mais antiga e primordial relação humana...

Falhas de continência primária e repetição em análise

Esta comunicação visa chamar a atenção para a escuta dessa área, anterior à verbalização, anterior à fantasia, onde todo ser humano necessita de uma mãe capaz de *rêverie*, uma mãe pós-edípica, que lhe empreste sua continência psíquica, para se tornar aos poucos capaz de ir estabelecendo ligações entre as caóticas percepções de seu mundo interno e externo, capaz de pensar seus próprios pensamentos.

Os recursos técnicos adquiridos pela análise de crianças com falhas iniciais de contenção primária poderiam ser de utilidade para todas as análises que requerem uma escuta dessas áreas iniciais do desenvolvimento do paciente. Uma técnica que privilegia o aspecto apresentativo, expressivo (Haudenschild, 2015a) de uma comunicação (dramatização na transferência, por exemplo). Uma técnica em que o analista tem que emprestar recursos que o paciente ainda não tem, para que ele possa se escutar e, assim, ir adquirindo autocontinência para terrores ainda não tornados "experiência emocional", pois ainda não vividos em parceria com alguém capaz de os acolher...

Green (2000/2002) sustém que as pulsões de vida estão associadas a uma *função objetalizadora*, e as de morte, a uma *função desobjetalizadora*. Acredito que só o fato desses pacientes terem procurado análise fala de alguma *objetalização*, mesmo que às vezes para que não sejam ouvidas suas necessidades primárias "afim de preservar o processo de repetição como único modo de investimento aceitável, posto que salvaguarda e perpetua *sua causa*, às vezes mais valiosa que sua vida" (p. 113). Assim, cabe ao analista sair da armadilha de "um diálogo de surdos", mesmo que o desejo inconsciente do analisando seja o de perpetuar esse diálogo. Pois ele pode querer encenar eternamente uma relação com a não mãe, com o não objeto (*no thing*) pelo terror de cair no vazio, no nada (*nothing*) (Bion, 1965/2004). Enquanto este remete ao sentimento de não existência,

> no thing *tem ainda o recurso de chamar a psique para que proporcione algo com que substituir o que não encontra no lugar onde é esperado. Há já aqui uma matriz de simbolização, porquanto existe uma tentativa (ou tentação) de substituição.* (Green, 2000/2002)

Se a análise vai se constituir num espaço transicional ou um lugar onde formulações fetichistas, interpretações "tampões" (Guignard, 1996/1997) vão ocorrer, vai depender da viva escuta e olhar do analista para onde aponta a dor do analisando. Mesmo quando, como em Michelangelo (afresco da Capela Sistina), seu dedo deseje tocar o de Deus ou da deusa-mãe-intocável do alvorecer da vida...

Agradeço a Paulo Sandler pelas referências de Bion sobre repetição.

Referências

Alvarez, A. (1992). *Live Company*. London: Routledge.

Bion, W. (1962/1991). Uma teoria do pensar. In E. Spillius (Org.), *Melanie Klein hoje* (pp. 185-193, Vol. 1). Rio de Janeiro: Imago.

Bion, W. (1970/1983). *Attention and interpretation* (3a ed.). London: Karnac Books.

Bion, W. (1977/1991). The past presented. In *A memoir of the future – part II*. London: Karnac Books.

Bion, W. (1965/2004). *Transformações*. Rio de Janeiro: Imago.

Bion, W. (1992). *Cogitations*. London: Karnac Books.

Bick, E. (1968). The function of the skin in early object relations. *IJP, 49*(2.3), 484-486.

Bonner, S. (2006). A servant's bargain: perversion as survival. *IJP, 87*(6), 1549.

Freud, S. (1937). Construções em análise. In *Edição Standard Brasileira das Obras Psicológicas Completas de Sigmund Freud* (pp. 289-304, Vol. XXIII). Rio de Janeiro: Imago.

Green, A. (2000/2002). *El tiempo fragmentado*. Buenos Aires: Amorrortu.

Guignard, F. (1996/1997). *O infantile ao vivo*. Rio de Janeiro: Imago.

Haudenschild, T. (2015a). Aquisição gradual da capacidade de autocontinência psíquica e noção da identidade por uma criança autista e comunicação expressiva do analista. In *O primeiro olhar – Desenvolvimento psíquico inicial, déficit e autismo* (pp. 73-103). São Paulo: Escuta.

Haudenschild T. (2015b). Introdução. In *O primeiro olhar – Desenvolvimento psíquico inicial, défict e autismo* (pp. 17-19). São Paulo: Escuta.

Haudenschild T. (2015c). Terror sem nome e estados primitivos da mente. In *O primeiro olhar: desenvolvimento psíquico inicial, déficit e autismo* (pp. 35-42). São Paulo: Escuta.

Meltzer, D. (1975). *Explorations in autism*. Pertshire: Clunie Press.

Winnicott, D. (1966). The splitting of male and female elements to be found in men and women. In *Psycho-analytic explorations* (pp. 169-183). London: Karnac Books.

3. Self[1] desamparado: acolhimento no setting psicanalítico[2]

Cristiane Reberte de Marque, Giovanna Albuquerque Maranhão de Lima, Maria Cristina Aoki Sammarco, Maria Cecília Ramos Borges Casas, Maria Cristina Hohl, Maria Teresa Pires Menicucci, Nancy de Carlos Sertorio, Neuci Maria Gallazzi, Rita Andréa Alcântara de Mello, Silvana Bressan de Oliveira, Walkiria Nunez Paulo dos Santos

Objetivos e investigação psicanalítica

Temos, como grupo, dois objetivos principais. O primeiro é aprofundarmos o estudo sobre o desamparo: a) em sua condição básica, por meio dos vários estudos e reflexões que Freud realizou sobre a angústia, a *Urangst*, constituída no "desamparo original dos seres humanos" (Freud 1926[1925]/1976); b) quanto às vivências, *consciência expressiva*, posteriores ao nascimento, impedidas de se tornarem experiências emocionais significativas, *consciência*

---

1 *Self* (corpo/mente como constituição do *self*). "A integração no ser humano em desenvolvimento assume uma ampla variedade de formas, uma das quais é o desenvolvimento de um arranjo operacional satisfatório entre a psique e o soma. Isto começa anteriormente à época em que é necessário adicionar os conceitos de intelecto e verbalização. A base de um self se forma sobre o fato do corpo, que, sendo vivo, não apenas tem formas, mas também, funções" (Winnicott, 1970/1994, p. 209). *Self* "ser" do indivíduo (Grotstein, 1992).
2 Trabalho original apresentado no XXXI Congresso Latinoamericano de Psicoanálise – Fepal, Cartagena das Índias, de 13 a 17 de setembro de 2016.

representativa (Melsohn, 2001), devido a *falhas* na representação. Essas falhas levam o indivíduo ao desamparo do "organismo como um todo" (*self*), em que essa angústia original não pôde ainda ser elaborada, pois nem sequer foi acolhida e, portanto, experienciada.

Abordamos neste artigo o desamparo (*self* desamparado) como uma *falha* de *rêverie* e continência primária. Essa *falha* provavelmente acarretará a *falha* da integração do psicossoma (Winnicott, 1949), podendo ter sua expressão, manifestação, nas doenças psicossomáticas[3] e ou somatizações,[4] entre outras manifestações.

Entendemos que o não acolhimento inicial leva a uma interrupção no "continuar a ser" do bebê (Winnicott, 1949) que não foi amparado em sua necessidade primordial de "vir a ser". Ou seja, nos referimos a *falhas* precoces[5] que se tornam traumáticas, quando o *self* ainda não é capaz de suportar seu desamparo.

Quanto à falha natural do ambiente, Winnicott (1949) se refere ao "ambiente perfeito" não como aquele que não tem falhas, mas que acolhe amorosamente o bebê e atende suas necessidades na medida do possível. As falhas naturais do ambiente existem e são

---

3 Entendemos as doenças psicossomáticas como afecções somáticas graves e crônicas em que os estados de desmentalização permanecem por muito tempo. Segundo Pierre Marty (2012), se esse estado durar muito tempo, o aparelho psíquico deixa de fazer seu trabalho regulador da vida psicossomática. Ele diz: "a psicossomática propõe a ideia de autodestruição real. Essa ideia implica a fragmentação do corpo e o desaparecimento de sua imagem devido ao próprio indivíduo" (p. 89).
4 Referimo-nos aos pacientes que somatizam (independente da frequência que somatizam) os que apresentam afecções agudas e passageiras. Marília Aisenstein (2006) refere: "Nesses pacientes, a crise somática tem o mesmo valor de *acting in* ou de *acting out*. . . . A via somática é ligada à recusa do corpo do que o sujeito sente, e mesmo, às vezes, a uma relação de ódio" (p. 145).
5 *Falha* na constituição da pele psíquica (Bick, 1967; Winnicott, 1962/1990); *falha* de *rêverie* e continência maternas (Bion, 1962a, 1962b).

até consideradas essenciais, para que o bebê aprenda a lidar com as frustrações. Enfatiza que, além disso, será "a compreensão do bebê" (p. 335) que aceita as falhas naturais da mãe.

Ao contrário, se acontecer de ser um ambiente intrusivo e negligente, o bebê crescerá em desvantagem: o que é para ser um desamparo original e natural passa a ser um desamparo constante, desvitalizante e cruel.

Vinhetas clínicas são apresentadas como oportunidades de reflexões, investigações e correlações teóricas. As experiências com Sofia, Silvia, Geórgia, a nosso ver, evidenciam *falhas* de *rêverie* e continência maternas, com consequentes *falhas* na representação, ocasionando sentimentos de profundo desamparo.

Um ser humano só se torna humano mediante a *escuta* amorosa e *olhar* desejante[6] da mãe – uma mãe com capacidade de *rêverie* (Bion, 1962/1991). Se o bebê pode ter uma mãe que acolhe, que compreende desde o início suas necessidades, e se esse bebê tem a capacidade de internalizar essa contenção da mãe, possivelmente terá mais condições no futuro de enfrentar seus momentos de desamparo.

Ao contrário, se o bebê passar por *vivências*[7] (consciência expressiva) com a mãe de um *não olhar,* de uma *não escuta* amorosa, de uma frieza/distância afetiva, essas vivências deixarão registros de uma "relação de intrusão" entre eles e, possivelmente, uma indiferença afetiva irá se instalar na criança, interrompendo sua continuidade de ser, pois passará a "reagir" a essa intrusão repetidamente. São, portanto, registros de vivências que não tiveram condições

---

6 "Investimento libidinal do corpo do filho, enquanto corpo de outro ser distinto do corpo materno" (Waelhens, 1972, p. 52).
7 A diferenciação entre vivências e experiências é mais bem explanada nos três casos clínicos.

de se tornarem experiências emocionais significativas, experiências vinculares (consciência representativa). Diante da intrusão, o bebê desde o início terá que se defender para poder sobreviver; no futuro essa indiferença afetiva se tornará "encarnada" no próprio organismo e contribuirá para suas dificuldades de aproximar-se de si mesmo, para o não se acolher, e assim não haverá permissão para que o processo do *pensar* aconteça.

Entendemos, portanto, a indiferença afetiva como um modo defensivo de sobrevivência (Roussillon, 2012a) – distância e frieza que pode transformar o que deveria ser um ser humano, no sentido do *tornar-se*, em um "autômato". Quanto a essas defesas, podemos nos lembrar dos trabalhos sobre alexitimia (McDougall, 2000; Pirlot & Corcos, 2014), e também pensar a indiferença afetiva como uma fuga do contato com a realidade, ou melhor, fuga do próprio sentimento de desamparo.

Como segundo objetivo, temos refletido sobre a "mente do analista" e sua disponibilidade interna para acolher *falhas*, favorecendo possíveis transformações. Conjecturamos também sobre como o analista experiencia e elabora não só o desamparo do paciente, mas o próprio desamparo.

Para que transformações aconteçam, o analista precisa construir e manter com o paciente um vínculo vivo, capaz de conter (compreender) e transformar registros possíveis de vivências passadas e/ou atuais em experiências emocionais vinculares no campo analítico.

Enfim, nossa pesquisa se baseia em observar e experienciar na clínica se o "*self* desamparado" pode significar um estado do psicossoma em des-união, estado este em que o indivíduo se encontra temeroso e paralisado – impedido no "entrar em contato" com sua realidade interna e externa. Esse impedimento também pode ser considerando em relação à sua disposição inata que interferiu na introjeção do objeto compreensivo[8] (Bion, 1959).

O impedimento no entrar em contato pode ser também devido a *falhas* no ambiente original.

Investigamos os fatores desencadeantes de um *self* desamparado, no sentido de que, quando o indivíduo se sente ameaçado por estímulos da "realidade", ou melhor, ameaçado por excesso de estímulos, ele reagirá defensivamente. Neste artigo abordamos dois processos pelos quais o indivíduo, ao reagir, se "apega": processos evacuativos e processos regressivos.

Consideramos o termo "apego" do indivíduo o apego a um modo de funcionamento mental; o indivíduo "reage" exatamente da mesma forma que registrou suas vivências, até que haja expansão da mente no contato com um objeto continente e ocorram transformações. A teoria do apego de Gaddini (1987) nos mostra claramente: "Ao mesmo tempo, o desapego requer da mente passar de uma fase para outra funcional, especificamente de não integração a autonomia efetiva" (p. 323).

Correlações teórico/clínicas

Para embasarmos este trabalho, nos apoiamos nas teorias de autores que fazem referências aos primórdios do desenvolvimento

---

8   Em seu trabalho "Continência psíquica", Haudenschild (2006) refere: "O objeto compreensivo seria a mãe/analista com capacidade de *rêverie*: um objeto disposto a acolher, abrigar, metabolizar, nomear, dar sentido emocional, e devolver desintoxicadas as identificações primitivas de seu bebê/paciente, para que este possa ir explorando seus possíveis significados. É na introjeção da relação com um Objeto Compreensivo que o sujeito vai se tornando autocontinente de suas experiências emocionais, podendo expandir sua capacidade de pensar e sua personalidade" (p. 1).

(Freud, Klein, Winnicott, Bion, Bick e outros) e sua importância na constituição do corpo/mente (*self*) e as *falhas* surgidas pela não integração do psicossoma (Winnicott, 1949) devido às interferências inatas e/ou do ambiente.

A psicanálise entende que o bebê depende de um objeto humano para se constituir e atender suas necessidades básicas e existenciais devido à sua imaturidade constitucional, a não autonomia. A importância da mãe como "objeto psíquico" é fundamental, pois é ela que terá que prover não só um bom seio (Klein, 1930/1996), mas um seio pensante. Será a mãe também objeto de desejo do bebê, modelo e objeto estético (Bion 1962/1991; Meltzer, 1988).

O objeto primário que não pode amar seu bebê e atua de forma perversa para com ele (Freud, 1905/1976), incluindo a não compreensão de sua linguagem "complexa", o desampara; o priva de poder encontrar internamente seu lugar e, consequentemente, seu lugar no mundo externo, contribuindo assim para um estado de desamparo constante.

Um bebê que não pôde ter seu psicossoma minimamente organizado por *falha* de *rêverie* e continência maternas[9] intensificará mais tarde o temor no contato com sua realidade, ou seja, carecerá de contenção, compreensão (Segal, 1972/1998). Esses temores, que teriam que ser contidos pelo psiquismo e não o são, podem se manifestar nas doenças psicossomáticas e/ou somatizações, ou seja, retornam ao corpo, inominados. Aida Ungier (2011) fala sobre o retorno ao corpo em seu artigo "Acontecimentos do corpo, notícias da alma": "O que sai do corpo como demanda de trabalho

---

9 Anne Alvarez (1994) fala sobre o conceito de contenção de Bion: "Sua ideia parece ser de que se a mãe é capaz de algo que ele chama de *rêverie*, o bebê pode projetar suas frustrações, raivas e medos dentro dela e recebê-los de volta em uma maneira modificada (1962). A segunda parte do processo – o receber de volta – ele posteriormente chamou de transformação (1965)" (p 3).

psíquico retorna ao corpo como uma espantosa satisfação que causa estranheza aos menos avisados em virtude do sofrimento que a acompanha, pois o gozo que aí se manifesta é mortífero" (p. 98).

Nas doenças psicossomáticas e/ou somatizações, talvez a mente busque a continência que não pôde ter desse objeto primário que *falhou*. Ao mesmo tempo, para não entrar em contato com o desamparo causado pela *falha* de continência primária, usa e se apega a processos evacuativos e regressivos. Na verdade, precisa de uma "companhia viva" (Alvarez, 1992) para não sucumbir ao desamparo devido à privação e ao abandono.

Desamparo e apego a processos: evacuativos e regressivos

Consideramos que o desamparo é um estado corporal/mental em des-união, desarmonia (Bion, 1988), diante de um contato mais próximo com a realidade de si mesmo, como aparece nos casos de Sofia, Silvia e Geórgia. O *self*, quando desamparado, se expressa e se manifesta em graus de complexidade, e se apega a diferentes processos de funcionamento mental:

1. No funcionamento evacuativo/liquefação, caracteriza-se a desintegração, que é considerada uma *defesa* sofisticada (Winnicott, 1962/1990). Essa desintegração pode aparecer nas doenças psicossomáticas (infecção urinária crônica, no caso de Sofia; vaginismo, no caso de Silvia; bronquite asmática, no caso de Geórgia) como uma defesa onipotente por ser uma produção ativa do caos contra a "integração" de aspectos da personalidade ainda não integrados, uma vez que o indivíduo não "suporta" entrar em contato com sua não integração. Embora seja ruim essa produção, em relação somente a descargas (excesso de estímulos) nos órgãos físicos,

como uma reação evacuativa, esse modo de reação ainda é melhor do que as angústias inimagináveis que vêm da realidade interna, por serem vividas como terroríficas pelo indivíduo, o paralisando. Desse modo, os afetos não podem ser sentidos e percebidos, e tornados conscientes (consciência representativa), portanto, não podem ser pensados. Há apenas a possibilidade de descargas em forma de evacuação/liquefação, significando que essas reações de descargas são devidas a intrusões insuportáveis ao organismo (Winnicott, 1949).

No entanto, há um paradoxo nas doenças psicossomáticas: pode ser uma tentativa de unir a psique com o soma, como Winnicott coloca, mas o entrar em contato com essa *não* união (união que *falhou*) levaria o indivíduo à despersonalização (Winnicott, 1970/1994), em que este não se sente pertencente ao seu próprio corpo e, não suportando esse contato, há o vazamento/liquefação ou a evacuação, e a reação.

2. No funcionamento defensivo referente a conflitos psíquicos, característico de momentos de não integração, há "regressão" (Winnicott, 1954b), ou seja, um funcionamento que aparece nas somatizações, pois são momentos em que o indivíduo suporta a angústia de não estar integrado, apenas não sabe o que fazer com a realidade atual e rejeita sua percepção para se defender, e proteger o eu. Aqui as descargas são referentes a conflitos psíquicos. Sobre a regressão, Winnicott (1954a) coloca:

> *A vantagem da regressão é que ela traz consigo a oportunidade de corrigir a adaptação inadequada à necessidade, na história anterior do paciente, ou seja, no manejo da primeira infância do paciente. Em contrapartida, o estado de retraimento não é proveitoso e,*

quando o paciente se recupera do estado de retraimento, não houve mudança. (p. 261)

De qualquer forma, a reação e "apego" aos dois funcionamentos mentais, que selecionamos para abordarmos neste artigo, evidencia que o desamparo reverbera paralisia momentânea ou crônica, indicando que a vida psíquica está sendo vivida *fora de si*, na desesperada abertura para o outro que não responde (André, 2001; França, 2013).

Clínica

Sofia, Silvia, Geórgia: acolhimento no *setting* (mente do analista)

Ester Bick (1967) afirma que "Somente uma análise que persevere na elaboração meticulosa da dependência primordial do objeto materno pode fortalecer esta fragilidade subjacente. Devemos enfatizar que o aspecto continente da situação analítica reside especialmente no *setting*" (p. 198).

Baseando-nos no trabalho analítico com Sofia, Silvia e Geórgia,[10] entendemos que elas experienciaram um profundo desamparo junto às analistas; percebemos também nelas uma necessidade de estabelecer "a relação vincular" que não pôde acontecer inicialmente com a mãe – de *rêverie* e continência maternas. Precisaram experienciar a dependência que lhes foi "negada" e reviver a fragilidade. Por meio da *rêverie*, que inclui identificação empática, foi possível às analistas receber, metabolizar, conter – compreender as

---

10 Sofia: paciente de Walkiria Nunez Paulo dos Santos; Silvia: paciente de Rita Andréa Alcântara de Mello; Geórgia: paciente de Neuci Maria Gallazzi.

comunicações e manifestações ocorridas no campo, principalmente as não verbais, pelas sensações corporais, imagens ideográficas, incluindo os sentimentos do próprio analista. O paciente pode sentir seus afetos por meio da disponibilidade do analista como pessoa real, percebendo-os e transformando-os em experiências emocionais significativas pelo vínculo analítico.

Em outras palavras, salientamos a importância da função α do analista para sonhar o estado de desamparo do paciente, o qual está emergindo naquele momento da sessão (Lima, 2012).

Sofia

No início de seu processo de análise, Sofia não tem a percepção do que sente; só reage. Apresenta um quadro de infecção urinária crônica, e só sabe da "existência" de sua doença pelas altas taxas de infecção constatadas nos exames de laboratório; apresenta também várias somatizações esporádicas. A indiferença afetiva se fez presente por muito tempo em sua análise, sugerindo um *self* desamparado por *falha* de *rêverie* e continência primária.

Sofia, muitas vezes, trouxe para a sessão que precisava tomar conta da mãe em momentos em que a mãe se encontrava muito deprimida, ficando impedida por alguns dias de ir à escola. Podemos intuir, portanto, que não teve uma mãe em condições psíquicas para recebê-la com disponibilidade, mas provavelmente essa mãe não pôde se doar por carência de cuidados maternos também em sua infância. O pai de Sofia era considerado por ela um pai ausente. Diz que o relacionamento entre os pais era "esquisito e frio". Várias vezes ela disse: "*meu pai não dá conta de minha mãe, ele só cuida da parte financeira*". Parece-me que internalizou um casal parental sem vitalidade e amor.

Sofia, por alguns anos, ora apresentava nas sessões um silêncio demasiado, que chama tempos depois de "silêncio assombroso", ora faltava e mandava "mensagens" pelo celular explicando sua falta.

O desamparo de Sofia aparece marcado no corpo. Sua fisionomia triste, pálida e suas olheiras chamam atenção, e o que vem como imagem na mente da analista é a de um *"zumbi"*, vagando pelo mundo.

Os sinais e sintomas que Sofia apresentava despertam na analista a necessidade de observação e escuta de níveis psíquicos muito primitivos. Na transferência observo-os como manifestações e retorno de possíveis vivências arcaicas não integradas na personalidade. Essas vivências teriam ocorrido antes da linguagem verbal; segundo Roussillon (2012b), "precedem a aparição da linguagem verbal, elas retornam na linguagem da época de seu registro, linguagem do afeto, linguagem da sensório-motricidade, do ato, linguagem do corpo, contemplados como linguagem narrativas" (p. 16).

Diz ele que a escuta psicanalítica é a que poderá integrar as formas de linguagem pré e não verbais às cadeias associativas verbais: "associações advindas das diferentes formas primárias de expressão apoiando-se no corpo, considerada como primeiras linguagens" (p. 17).

Sofia em várias sessões parece "evacuar" tudo o que pode receber de nosso contato, mostrando-se "liquefeita", "esparramada" – momentos de desintegração, provavelmente pela ameaça ao "entrar" em contato com estímulos internos e externos que clamam para se tornarem conscientes e serem contidos. Sua defesa parece-me o "apegar-se" às suas doenças enquanto não se adapta à realidade que no momento é insuportável. O apego, de certa forma, também funciona como um regulador biológico. Existe apego entre o que acreditamos e de que forma nosso corpo funciona com essas crenças (Hofer, 1996; Schore, 1994).

Parece-nos que Sofia se sente em um estado desconectado, desplugado, desamparado, não percebendo nem as próprias mensagens internas que o corpo lhe transmite. Em algumas sessões, repete sobre o que acontece entre ela e o namorado: "Em meu celular recebo os 'avisos' de mensagens que Fernando recebe, porque ele teve que comprar o celular dele no meu nome, mas não recebo o conteúdo das mensagens, não sei do que se trata".

Sofia tem muita dificuldade em guardar na memória (lembranças) experiências emocionais, somente registros de vivências passadas são possíveis. Nossa "comunicação" por muito tempo permaneceu prejudicada.

Na época em que Sofia completa um ano e meio de análise, a mãe pede para falar comigo, reclamando que a filha está ficando diferente, e ela (a mãe) não está gostando. Por surpresa minha, as duas entram na sala no horário marcado, combinado apenas com a mãe. Sofia não conseguiu ter "voz", facilitando que a mãe não lhe permitisse se expressar falando sem parar "de Sofia", como se ela não estivesse presente.

Vinheta clínica após dois anos: assim que Sofia desponta na sala de espera do consultório, a analista a vê, sua aparência lhe provoca uma sensação estranha. Está pálida e as profundas olheiras, que se fazem presentes como nunca antes, parecem denunciar que algo aconteceu.

Enquanto a analista a vê caminhar até a sala a sensação estranha continua – é como se a analista fosse "murchando": percebe seus ombros caírem e uma sensação de fragilidade no corpo, que não consegue discriminar o que seja.

Após sentar-se e alguns minutos de silêncio, Sofia diz:

Não tenho conseguido dormir direito, minha infecção urinária voltou com tudo, só soube que estava alta através do exame de laboratório; estou à base de antibióticos e a infecção está difícil de ceder desta vez. Não transo com o Fernando já há algum tempo. Parece que tenho medo que ele me machuque e é exatamente isso que acontece: quando não ligo para ele (telefonar) ele vem atrás de mim, mas quando dou atenção ele judia de mim.

Surge na mente da analista uma imagem de um desmoronamento acontecendo. Diz a Sofia que ela está lhe pedindo que compreenda um sentimento que "não passa" e que está insuportável: o sentimento de não ter importância para o namorado, para a analista. Mas que teme ser machucada mais ainda se não acontecer essa compreensão. (A analista percebe o quanto necessita ter uma escuta e comunicação acurada para não intensificar ainda mais a ferida narcísica de Sofia.)

A analista então pode relacionar a sensação de estar murchando com o temor de não compreensão de sua dor, na necessidade de ter alguém que esteja disponível para compreendê-la, alguém que lhe diga algo que seja como uma "rega" para uma planta que quer viver, crescer...

Sofia aceita a penetração psíquica e diz à analista: "como você conseguiu falar tão simples assim? Como me percebeu e falou? Hoje acho que estava triste, pensava em não vir para a sessão; acho que estava desanimada, duvidando que me entendesse".

A analista responde: "Conseguimos com a sua ajuda...".

Comentários: a analista se disponibiliza a "sentir" Sofia desde que desponta na sala de espera e a observa caminhar. Sente a si própria, observa-se "escutando" seus próprios pensamentos, percebendo seu corpo físico. Todas essas sensações produzem em sua mente confusão, desorganização, desamparo. Aceita se vincular na relação com Sofia, na medida em que, com paciência, "espera" Sofia se comunicar, tentando compreendê-la da maneira que consegue. Suporta também o não saber sobre o que se passa internamente com Sofia, para que juntas possam sentir e descobrir, na esperança de transformar alguma vivência dolorosa que ainda não se tornou uma experiência emocional significativa.

Quando Sofia diz:

Não transo com o Fernando já há algum tempo. Parece que tenho medo que ele me machuque e é exatamente isso que acontece: quando não ligo para ele (telefonar) ele vem atrás de mim, mas quando dou atenção ele judia de mim.

Neste momento, surge na mente da analista uma pergunta: que mensagens não estão conseguindo tomar forma e não alcançam seu conteúdo, tanto em Sofia quanto do nosso encontro? Sofia nos aponta uma *falha* de comunicação, de vinculação! Ela demonstra "estar em" relação dual intrapsíquica, sadomasoquista. No campo a dupla experiencia o desamparo, encarnado na dúvida se a analista seria ou não capaz de continência: receber, transformar as mensagens que Sofia trazia, desintoxicando-as. Ao mesmo tempo, experienciando juntas o desamparo, Sofia pode "usar" a analista para se expressar e ganhar compreensão de seu temor.

Muitas vezes a analista era sentida na transferência como a mãe-analista-fria que não a compreendia, outras vezes a analista era sentida como intrusiva: quando Sofia não conseguia ainda perceber o que sentia e acolher; ou quando não conseguia compartilhar algo de si. Podia sentir então que a analista estava judiando dela (como Fernando) com tentativas de penetração simbólica.

O desmoronamento sentido pela analista que aparece em imagem e a sensação dos ombros caídos podem ser devidos ao descongelamento da *falha*, ocorrendo e sendo revivida – dessa vez experienciada em um vínculo continente.

Sofia parece sentir a disponibilidade da analista, parece ter a esperança de que a analista não repita esse padrão *falho* de funcionamento com ela, em que não há o direito a sua existência. Com a continência recebida, por meio da função α da analista, acontece a transformação para uma realidade tridimensional: Sofia se sente acolhida e respeitada e, assim, pode reconhecer a si própria e reconhecer a presença da analista em seu mundo mental.

Podemos nos referir aos "registros" que Sofia sentia como marcas mnêmicas que persistiam, que temia não existir para a analista como sentia não existir para a mãe; eram vivências à espera de experiências emocionais significativas. Sofia se "espanta" de ser enxergada.

As vivências fazem parte da consciência expressiva, em que a função α ainda não exerceu seu trabalho no processo do *pensar*, enquanto as experiências emocionais significativas referem-se à consciência representativa (Melsohn, 2001, p. 274). A consciência representativa requer o trabalho da função α, e o *pensar* atual possibilita ao indivíduo organizar a experiência presente.

Aos poucos Sofia vai percebendo-se discriminada de sua analista e começa a guardar na memória as experiências entre elas.

> *Formando uma dupla com seu paciente, o analista deverá também se dispor a aprender com a experiência entre eles e a investigar aspectos ainda desconhecidos dentro de si. Além da equipagem teórica, é preciso estar suficientemente crescido psiquicamente para dar conta de seu trabalho com seus analisandos.* (Nunez, 2011, p. 3)

Com acolhimento no *setting*,[11] Sofia enfrenta e experiencia seu sentimento de desamparo, podendo nomeá-lo, explorar seus significados, representando-os e internalizando-os com transformações.

Sofia pôde experienciar o sentimento de dependência no vínculo com a analista, por se sentir "amparada", e assim pôde aproximar-se de si, construiu privacidade e intimidade, distinguindo-se da frieza/distância afetiva de seus pais.

Seu processo de análise durou nove anos, podendo agora perceber o que sente, conter e sonhar.

Silvia

Entre idas e vindas, a analista acompanha Silvia há quatro anos. Nos primeiros anos desse período, a paciente interrompeu o processo por curtos períodos – rompimentos que se justificavam por viagens relacionadas ao seu trabalho – que coincidiram com momentos de maior proximidade da dupla. Sua demanda para um

---

11 Anne Alvarez (1994) sugere que o processo de contenção se constitui de quatro fases: "o estágio receptivo ou continente em que o material provoca seu impacto; o trabalho de transformação que se passa dentro do terapeuta; a terceira fase que seria o trabalho interpretativo; e a quarta que seria o efeito da interpretação sobre o paciente, ou seja, como ele a ouve. O efeito pode ser diferente daquele que o terapeuta pretendia" (p. 4).

trabalho analítico estava relacionada a sintomas de vaginismo e ao diagnóstico de uma grave endometriose.

Seus retornos ocorriam em fases em que a dupla nomeou de *"momentos pronto-socorro"*. Por várias vezes, durante o trabalho analítico, conversaram sobre essa dinâmica de proximidade-afastamento, mas a possibilidade de uma vivência emocional mais íntima e intensa era tão angustiante para Silvia que ela rejeitava qualquer aproximação.

A analista, por muitas vezes, sentia-se impotente para ajudá-la, pois quando tentava se aproximar Silvia tornava-se arisca, independente e autossuficiente. Abrir um campo de continência capaz de descobrir seus medos e sua vulnerabilidade era uma tarefa muito difícil para a dupla.

Vinheta clínica: após uma semana de ausência, Silvia entra na sala apressadamente. Senta-se na poltrona e pede desculpa por não me avisar em relação a suas faltas. Afobada, diz que prolongou sua permanência no exterior para poder cuidar de sua mãe.

A analista percebe um estado de emergência em Silvia. Em silêncio, ela se emociona, mas recolhe o choro. Pede desculpas e sente-se envergonhada por chorar na sessão. Sua atitude causa certo incômodo na analista, pois sugere formalidade, impessoalidade e distanciamento.

Aos poucos, tranquiliza-se e começa a descrever os motivos de sua ausência:

> *Tive que resolver alguns assuntos da empresa que surgiram repentinamente e fui para Santiago, mas pretendia retornar no fim de semana. Normalmente quando vou para o Chile, não me hospedo na casa de*

minha mãe. Achei melhor me instalar em um hotel da cidade. Estava com um pressentimento ruim em relação a ela. Necessitava vê-la e resolvi ir visitá-la depois do jantar.

Por meio da transferência, Silvia demonstra desconfiança em relação à continência psíquica que podia obter com a analista. Sua narrativa também conserva os mesmos sentimentos de afastamento, impessoalidade e distanciamento em relação a sua mãe e à casa onde morou até metade da sua adolescência. Fica claro o quanto procura se esquivar da situação traumática, e como torna-se difícil o contato com pessoas, lugares e situações que a remete ao seu passado. Nesse instante, vem à mente da analista a recordação dos períodos em que Silvia se afastava da análise. Períodos de idas e vindas, em que a relação é colocada à prova pela paciente; a minha "aceitação" (por meio dos seus retornos) abria espaço para o desenvolvimento de uma possível confiança, assim como uma pequena semente que aos poucos enraíza e se estrutura. Era a maneira como Silvia testava a resistência da relação e da analista.

Silvia continua: "Cheguei em casa e encontrei os empregados jantando. Através da troca de olhares entre eles, percebi que havia alguma coisa errada. Formou-se um grande mal-estar com a minha chegada e o silêncio que se estabeleceu parecia dizer muitas coisas".

A analista compreende que Silvia está falando sobre alguma coisa "errada" presente na análise, um mal-estar que poderia se estabelecer entre elas naquele momento caso a analista não acolhesse de maneira satisfatória o que a paciente estava trazendo.

A opção escolhida pela analista é aguardar, silenciar e abrir espaço para interpretar o silêncio que se instaura – como se fosse outro tipo de comunicação que se estabelecia entre a dupla. A sensibilidade da analista tem que estar sincronizada com o *timing* de Silvia, e, assim como o atendimento das necessidades de um bebê, as intervenções precisam de exatidão, tolerância, delicadeza e muita compreensão.

Com um tom de voz diferente, mais intimista, Silvia relata que foi até o quarto de sua mãe e descreve uma cena de horror:

> *Encontrei minha mãe seminua, completamente bêbada, e desacordada sobre a cama, acompanhada por garrafas de bebidas espalhadas pelo quarto e um cheiro muito forte de urina e vômito que tomava conta do ambiente. Levei-a para o hospital. Ela estava desidratada e muito debilitada. Fiquei com ela por cinco dias e então resolvi trazê-la para o Brasil para um tratamento de desintoxicação.*

Silvia descreve o misto de sentimentos que viveu nesses dias: da raiva e revolta à dor de encontrar sua mãe em um total estado de abandono e desamparo.

A analista associa os "desligamentos" da mãe aos "afastamentos de Silvia". Encenação que ocorre dentro do campo analítico que reproduz e traduz o distanciamento e o desamparo que a paciente viveu em sua infância. Neste momento, Silvia solicita um "tratamento de desintoxicação"; pois se mostra desidratada, entorpecida e despersonalizada por carência de continência e amor. Com a possibilidade de a analista viver o seu desamparo e resgatar a sua disponibilidade e contenção, a dupla consegue experienciar um sentimento de profunda dor e solidão.

Passado esse momento, a paciente traz uma terna lembrança infantil: "Lembro-me com saudades de minha babá; ela sempre tinha um colo acolhedor para meus momentos de maior sofrimento. Hoje, apesar do nosso distanciamento, os nossos reencontros ainda são sempre esperados e muito calorosos". Torna-se claro para a analista que, por meio da *rêverie*, a experiência emocional pôde acontecer e fez surgir em Silvia a lembrança calorosa de um "colo acolhedor".

A analista diz à paciente o quanto é difícil para ela se aproximar de uma maneira confiável, sem ser ambivalente: anseia pelo encontro, mas receia a aproximação. Silvia concorda e diz que muito já foi perdido, e que não há mais espaço para outras perdas. A analista intervém: "Hoje conseguimos passar por uma tormenta, e você nos permitiu uma experiência nova: de desconfiança a princípio, mas depois uma aproximação calorosa". Emocionada, Silvia fica em silêncio e, pela primeira vez, procura o divã e chora copiosamente com espontaneidade e liberdade.

Comentários: na história de Silvia, faltou um acolhimento que atendesse suas necessidades primárias. Ela busca na análise acolhimento para a situação de desamparo que foi, e ainda lhe é, muito familiar; mas, como defesa, foge do contato com si mesma e da aproximação com a analista.

Na contratransferência, a analista sentia-se como se estivesse em eterno débito com a paciente. Frequentemente, tentativas de aproximação foram percebidas como violentas e intrusivas, levando Silvia a buscar o isolamento. A analista acredita que a sensação e o medo da intrusão não ocorriam somente por meio das palavras, mas principalmente pelo sintoma manifesto, o vaginismo. Existe uma necessidade de aproximação que Silvia evita, mas que deseja intensamente – atitude que leva a analista fazer um paralelo com o jogo do carretel descrito por Freud (1917/1920), no qual o menino procura dominar seus sentimentos sobre a ausência da mãe, um teste para o relacionamento do menino com sua mãe interna. A perda da mãe interna, que em algum momento serviu como fonte de amor e proteção, reforça enormemente a ameaça da perda da mãe real.

A vinheta apresenta o receio da paciente de reviver a experiência de desamparo com a analista, mas a associação do colo acolhedor, a vivência do choro espontâneo e a aceitação do divã trouxeram para a dupla uma real possibilidade de confiança e aproximação.

O trabalho com Silvia necessitou de muita tolerância e tranquilidade para que uma nova comunicação fosse codificada, e esta não poderia ser ameaçadora, ou mesmo negligente; deveria ser transmitida e assimilada como segura e confiável para a dupla.

Geórgia

Geórgia queixa-se de estar deprimida por não conseguir aceitar a morte de uma tia muito querida. Diz que, depois que isso aconteceu, está sempre muito triste e que tem perdido o interesse por tudo. Sofre de bronquite desde pequena e vive tendo crises. Suas dores na coluna a levam para várias fisioterapias e licenças de trabalho e, muitas vezes, fica impedida de se locomover. Não tem amigos. Passa várias horas no trabalho perdendo a noção do tempo a ponto de esquecer de se alimentar.

Vinheta clínica: Geórgia chega muito abatida e diz à analista:

Nossa! Preciso te contar um sonho. Acordei toda dolorida, fiquei muito tensa. Eu estava fugindo de alguma coisa e entrava num túnel subterrâneo. De repente tudo parecia ficar muito escuro e sombrio. Parecia ser um esgoto. Eu tinha que andar rápido porque estava sendo perseguida por alguém. Tinham outras pessoas comigo e era eu que deveria saber o caminho. Mas, quando olho para o chão, vejo aquela água escura, suja, e não sei o que fazer, para onde ir, mas sinto que preciso decidir rápido. Há um perigo no ar. Penso que aquela água está suja, contaminada e terei que seguir por ela. De repente, começo a escutar um forte barulho de água que vai aumentando e entendo que a água vai chegar naqueles túneis e vai inundar tudo. Percebo que chove muito e a água está vindo. Não sei o que fazer, mas pego nas mãos de minha mãe e meus irmãos e digo para que venham comigo e, à medida que vamos entrando naquela água, ela começa a subir e eu tenho a impressão de que vamos morrer. Apresso o passo e a água começa a subir muito depressa, tento correr sem saber pra onde ir e a água continua subindo e subindo, e ela vai chegando ao meu pescoço e penso que vamos nos afogar e acordo muito assustada e com dificuldade de respirar pelo desespero.

À medida que a paciente descreve o local do sonho, a analista começa a ter uma sensação de aperto no peito, o que lhe causa estranheza, se ajeita melhor na cadeira, nota que está com certa dificuldade de respirar, como se o ar não pudesse sair de seu peito, como se estivesse sufocada, com um grito de socorro que não sai. Percebe a paciente também ofegante....

Contratransferencialmente, a fragilidade de Geórgia traz para a analista uma imagem de uma criança abandonada diante de um cenário em ruínas, uma solidão paralisante que leva a analista a pensar se Geórgia irá encontrar "uma saída" para não sucumbir. É provável que o "perigo no ar", "o perigo do túnel do esgoto transbordar", se relacione a um conflito psíquico: em aceitar ou não o amparo da analista – Geórgia "sente ter que decidir rápido".

A analista diz a Geórgia que compreende seu sufocamento como representando seu temor de entrar em contato com sua realidade triste (esgoto, água contaminada) e temor de que a analista não fosse capaz de estar junto dela, tendo que, mais uma vez, "ensinar o caminho". Paradoxalmente, teme ver-se só, desamparada, mas faz a tentativa esperançosa de encontrar uma saída psíquica, um pensar. A contratransferência foi percebida como uma comunicação empática: como se Geórgia precisasse saber se poderia contar desta vez com alguém que pudesse ampará-la de forma confiante e cuidadosa.

Geórgia responde com seu relato que, provavelmente, a dupla experienciara um "esgoto" no campo, registros dolorosos, terroríficos, e continua: "Nossa que sufoco! Costumava ter sempre esses sonhos. Havia um tempo que sumiram... Não que eu me lembre, mas minha mãe me disse que quando pequena fui parar no hospital por causa da falta de ar". Numa mistura de tristeza e angústia, Geórgia parecia atualizar vivências que, até então, não haviam se tornado significativas, compartilhando com a analista algumas situações em que sentia que antes não havia "ar" que pudesse ser respirado com tranquilidade (em que buscava palavras-sonhos que lhe trouxessem sentido, parecia contar com esse recurso para compreender agora o irrepresentável). Durante esse período, as crises de bronquite se alternaram até que desapareceram.

Comentários: a analista revisita uma citação de Winnicott (1954b), comparando-a com a experiência da dupla, descrita nesta vinheta:

> *É preciso incluir na teoria do desenvolvimento de um ser humano a ideia de que é normal e saudável que o indivíduo seja capaz de defender o eu contra falhas ambientais específicas através do congelamento da situação da falha. Ao mesmo tempo há a concepção inconsciente (que pode transformar-se numa esperança consciente) de que em algum momento futuro haverá oportunidade para uma nova experiência, na qual a situação da falha poderá ser descongelada e revivida, com o indivíduo num estado de regressão dentro de um ambiente capaz de prover a adaptação adequada. (p. 378)*

Comentários sobre os três casos clínicos

Podemos observar que, quanto menor a capacidade do paciente de simbolizar, mais o analista será provocado a participar com suas próprias emoções e nível corporal. Muitas vezes o sentir se sobrepõe ao escutar. Mas somente se o analista tiver essa condição de disponibilidade. Para isso é necessário ao analista se deixar desorganizar, no sentido em que Bion coloca: sem memória e sem desejo, e experienciando o aqui e agora da sessão, ao receber tanto as vivências brutas do paciente quanto as que podem surgir de si mesmo, que o campo pode provocar. Ao mesmo tempo que se dispõe à "desorganização" é de suma importância que mantenha a capacidade de se reorganizar, quando capta o "fato selecionado" e constrói a interpretação. Ao analista cabe observar-se, discriminar-se e perceber suas manifestações corpóreas, imagens pictóricas, seus sentimentos, continuando seu desenvolvimento como pessoa real, inclusive.

Com o acolhimento no *setting* mesmo com pacientes psicossomáticos e/ou os que muito somatizam, há gradativamente o surgimento de imagens oníricas no campo analítico tanto para o analista como para o paciente, ou seja, desconstruções vão acontecendo e construções vão se constituindo.

Entendemos que os sinais e/ou sintomas estejam em busca não só de palavras significativas-representação, mas principalmente em busca de compreensão e acolhimento-conhecimento (K); que "verdades" sejam desveladas para que sejam transformadas em experiências vinculares pelo analista e pelo próprio paciente. Nesse sentido o *self* de desamparado passa a conter o sentimento de desamparo.

É no campo analítico que se manifesta a "linguagem" do *self* (corpo/mente), tanto do paciente quanto do analista. E é essa linguagem que terá que ser decifrada. A questão é decifrar o código pelo qual se expressa (Montagna, 1996).

Em nossa experiência, o decifrar o código da "linguagem" do *self* (corpo/mente), não se trata de decifrar se estamos presenciando uma "doença psicossomática" ou se o paciente está somatizando, pois muitas vezes há até uma superposição. Trata-se de nos disponibilizar para "captar" algum sentido que o corpo físico está nos transmitindo e que precisa de acolhimento psíquico. Ou seja, é imprescindível estarmos "presentes" com nossa experiência analítica e como pessoas reais, para o contato com o desamparo que possivelmente o paciente viveu, mas que não foi experienciado e, assim, não pôde ser elaborado.

As interpretações construídas no campo, ou as intervenções do analista, muitas vezes poderão ser sentidas como invasão, "um corpo estranho" (Montagna, 2001) que surge perante um mecanismo automatizado e desatualizado, até que a própria pessoa possa conter suas angústias. Enquanto não existir essa possibilidade, haverá apenas descargas (evacuativas, regressivas) que muitas vezes só encontram contenção em um órgão somático, como no caso das infecções urinárias de Sofia, da bronquite de Geórgia, do vaginismo de Silvia, como uma "reação" perante algo insuportável.

A disponibilidade do analista abarca o oferecer-se como objeto de uso, oferece seu modo de pensar e sentir como modelo de funcionamento psíquico inclusive, e dessa forma, facilita ao paciente se ver distinto, mas somente após ter conseguido experienciar primeiro uma dependência que outrora lhe foi negada. Ao analista cabe associar livremente, sonhar ligando possíveis registros marcados "no corpo", a lembrança a um fato antes carente de ligação afetiva. O sonho gerado no campo (encontro paciente-analista) possibilita acesso a novas construções e outras cadeias associativas podem surgir. Na concepção contemporânea, o analista passa a ser também agente do que se desenrola no *setting* (Aisenstein, 2004).

Pacientes com doenças psicossomáticas ou os que muito somatizam têm graus de dificuldades no contato afetivo com o analista e consigo mesmo, por isso geram sentimentos contratransferenciais muitas vezes penosos e perturbadores: confusão, sensações, dores, desorganização, regressão etc... cabendo ao analista sentir e fazer "conexões afetivas" e chegar a uma organização em bases mais reais e atuais.

Nesse sentido é que a mente do analista e o analista como pessoa real interferirão diretamente no campo analítico. São valorizados aspectos do analista como sua qualificação mental e ética, sua postura e atitude analítica (não só no campo analítico, mas também no de suas relações pessoais).

Assim como a *rêverie* materna, a *rêverie* do analista envolve um estado de mente ativo, presente, que se deixa tocar pelo paciente, recebendo e permitindo que vivências emocionais brutas se transformem em experiências vinculares.

Conclusão

Bion (1962/1991) diz que os sintomas hipocondríacos podem constituir sinais da tentativa de estabelecer contato com a qualidade psíquica, substituindo os dados sensoriais que faltam da qualidade psíquica pela sensação física (p. 70).

Concluímos, portanto, que as evacuações e regressões, assim como outras defesas, são tentativas de "soluções" não simbólicas, instauradas para tentar bloquear o retorno do desamparo (Roussillon, 2012a). Desamparo que é visto por Roussillon, e pelo grupo, como um desamparo primário, devido a um grande sofrimento psíquico que o acompanha, tornando a vivência traumática não integrável na subjetividade "até poder ser experienciada", por uma mente que acolha e dê continência.

Com essas questões e reflexões foi-nos possível pensar a ideia do desamparo ancorada na possibilidade de o analista observar também seus próprios estados de desamparo, que podem surgir na intimidade com seu analisando e que deverão ser acolhidos – amparados. "Desamparo? Solidão? No crepúsculo da alma a mente do analista está sujeita a seu próprio safári, ou ao 'zoológico psicanalítico' (Memória do Futuro). É preciso atentar-se correndo o risco de naufragar no desamparo ou permanecer muito explicativo" (Scappaticci, 2016, p. 3).

O desamparo original e natural faz parte da estrutura do psiquismo humano, de ser dependente, incompleto, e do sentimento de se estar só (Bion, 1958). Já o desamparo acrescido por *falhas* vai tendo continência quando angústias inomináveis vão sendo nomeadas, dentro de uma relação emocionalmente significativa, viva. À medida que a angústia pode ser acolhida, esta move o indivíduo a se tornar sujeito de sua própria história. É um estado em que o estrangeiro e o familiar (Freud, 1919/1976) põem em questão todas as dimensões de certeza. A angústia que busca contenção (compreensão) é o que move o sentido de uma análise (França, 2013).

Neste trabalho experienciamos juntas um *pensar*: que o *self* (corpo/mente) amparado inicialmente suporta seus momentos de desamparo e, assim, pode conter a sua dor, se oferece, se doa, sofre, e se liberta; caminha dentro de si e busca uma unidade, desde que tome também emprestada outra mente que, disponível emocionalmente, possa lhe acompanhar; e se sente incentivado em sua singularidade, pois também promove desenvolvimento no outro.

Referências

Aisenstein, M. (2004). O enigma da dor. *Revista de Psicanálise da SPPA, 11*(2), 237-249.

Aisenstein, M. (2006, novembro). O antipensamento e a psicossomática. *IDE, 29*(43), 142-145.

André, J. (2001). Entre angústia e desamparo. *Ágora: Estudos em Teoria Psicanalítica, 4*(2), 8.

Alvarez, A. (1992). *Live company*. London: Tavistock.

Alvarez, A. (1994). Problemas técnicos no uso da contratransferência com pacientes borderline. In *Conferência realizada em 07 de abril 1994 na Sociedade Brasileira de Psicanálise de São Paulo*. São Paulo, SP.

Bick, E. (1967). A experiência da pele em relações de objeto arcaicas. In 25º *Congresso Psicanalítico Internacional*. Copenhague, julho de 1967 (publicado pela primeira vez em: *Int. Journal*, 49, 484-486).

Bion, W. R. (1958). On hallucination. *International Journal of Psychoanalysis*, 39(5).

Bion, W. R. (1959). Ataques ao elo de ligação. *International Journal*, 40(5-6), 87-100.

Bion, W. R. (1962/1991). *Uma teoria do pensar. Melanie Klein hoje* (Vol. 1). Rio de Janeiro: Imago.

Bion, W. R. (1962a). A theory of thinking. *International Journal of Psychoanalysis*, 43.

Bion, W. R (1962b). *Learning from experience*. London: William Heinemann.

Bion, W. R. (1965). *Transformações*. Rio de Janeiro: Imago, 2004.

Bion, W. R. (1988). Supervisão II. *Revista IDE*, 15, 1988.

França, M. O. (2013). As duas vias do desamparo: uma contribuição clínica. *Revista da SPPA*, 19(2), 415-430 (trabalho apresentado em Reunião Científica da SBPSP, em 2013, e no grupo de estudos Clínica do Desamparo: Correlações Teórico/Clínicas da SBPSP).

Freud, S. (1905/1976). Três ensaios sobre a teoria da sexualidade. In *Edição Standard brasileira das obras psicológicas completas de Sigmund Freud* (pp. 123-238, Vol. 7). Rio de Janeiro: Imago.

Freud, S. (1917-1920/2010). Além do princípio do prazer II. In *História de uma neurose infantil ("O homem dos lobos"), Além do princípio do prazer e outros textos* (pp. 168-176, Vol. 14, P. C. de Souza, trad.). São Paulo: Companhia das Letras.

Freud, S. (1919/1976). O estranho. In *Edição Standard brasileira das obras psicológicas completas de Sigmund Freud* (pp. 273-315, Vol. 17). Rio de Janeiro: Imago.

Freud, S. (1926[1925]/1976). Inibição, sintoma e angústia. In *Edição Standard brasileira das obras psicológicas completas de Sigmund Freud* (pp. 95-201, Vol. 20). Rio de Janeiro: Imago.

Gaddini, E. (1987). Notes on the mind-body question. *Int. J. Psychoanal*, 68, 315-329.

Grotstein, J. S. (1992). The enigmatic relationship of creativity mental health and psychopathology. *American Journal of Psychotherapy*, 53(3), 405-421.

Haudenschild, T. R. L. (2006). Continência psíquica. Aula dada na Sociedad Peruana de Psicoanálisis em junho de 2006, no intercâmbio Fepal.

Hofer, M. (1996). On the nature and consequences of early loss. *Psychosomatic Medicine*, 58, 570-581.

Klein, M. (1930/1996). A importância da formação de símbolos no desenvolvimento do ego. In *Obras completas de Melanie Klein* (pp. 249-264, Vol. 1). Rio de Janeiro: Imago.

Lima, G. A. M. (2012). Uma psicanalista equilibrista e seu ponto de observação. *Revista da SBPPA*, 14(1), 245-263 (apresentado no grupo de estudos Clínica do Desamparo: Correlações Teórico/Clínicas da SBPSP, em 2010).

Marty, P. (2012). As dificuldades narcísicas do observador diante do problema psicossomático. In *Livro anual de psicanálise* (Tomo 26, pp. 79-93).

McDougall, J. (2000). *Teatros do corpo: o psicossoma em psicanálise*. São Paulo: Martins Fontes.

Melsohn, I. (2001). *Psicanálise em nova chave*. São Paulo: Perspectiva.

Meltzer, D., & Willians, M. H. (1988). *The apprehension of beauty*. London: The Roland Harris Educational Trust.

Montagna, P. (1996). Algumas reflexões sobre função mente-corpo e a função do analista. *Revista Brasileira de Psicanálise, 30*(2), 463-480.

Montagna, P. (2001). Afeto, somatização, simbolização e a situação analítica. *Revista Brasileira de Psicanálise, 35*(1), 77-88.

Nunez, W. P. S. (2011). Analisabilidade: limites do analisando, do analista e do método. In *Congresso Brasileiro de Psicanálise: Limites, Prazer e Realidade*. Ribeirão Preto, SP.

Pirlot, G., & Corcos, M. (2014). Compreensão da alexitimia na abordagem psicanalítica. In *Livro anual de Psicanálise* (Tomo 27). São Paulo: Escuta.

Roussillon, R. (2012a). O desamparo e as tentativas de solução para o traumatismo primário. *Revista de Psicanálise da SPPA, 19*(2).

Roussillon, R. (2012b). As condições da exploração psicanalítica das problemáticas narcísico-identificatórias. *Alter: Revista de Estudos Psicanalíticos, 30*(1), 7-32.

Schore, A. N. (1994). *Affect regulation and the origin of the self: the neurobiology of emotional development*. Mahwah, NJ: Erlbaum.

Segal, H. (1972/1998). *Uso e abusos da contratransferência em psicanálise, literatura e guerra*. Rio de Janeiro: Imago.

Scappaticci, A. (2016). Sobre o desamparo frente a estados de não integração. *Rev. Bergasse, 19*(2), 17-31 (trabalho baseado no texto apresentado em reunião científica da SBPSP, em 25 de agosto de 2012, e no grupo de estudos Clínica do Desamparo: Correlações Teórico/Clínicas da SBPSP, em 27 de agosto de 2016).

Ungier, A. (2011). Acontecimentos do corpo, notícias da alma. *Rev. Brasileira de Psicanálise*, 45(4).

Waelhens, A. (1972). *La psicosis*. Madrid: Ediciones Morata.

Winnicott, D. W. (1949). A mente e sua relação com o psicossoma. In *Da pediatria à psicanálise: obras escolhidas por D. W. Winnicott* (pp. 332-346). Rio de Janeiro: Imago.

Winnicott, D. W. (1954a). Withdrawal and regression. In *Through Pediatrics to Psychoanalysis. Collected papers* (pp. 255-261). London: Hogarth.

Winnicott, D. W. (1954b). Aspectos clínicos e metapsicológicos da regressão no contexto analítico. In *Da pediatria à psicanálise: obras escolhidas por D. W. Winnicott* (pp. 374-392). Rio de Janeiro: Imago.

Winnicott, D. W. (1956). A tendência antissocial. In *Da pediatria à psicanálise: obras escolhidas por D. W. Winnicott* (pp. 406-416). Rio de Janeiro: Imago.

Winnicott, D. W. (1962/1990). *A integração do ego no desenvolvimento da criança. O ambiente e os processos de maturação*. Porto Alegre, 1990.

Winnicott, D. W. (1970/1994). Sobre as bases para o self no corpo. In *Explorações psicanalíticas*. Porto Alegre: Artes Médicas.

4. As duas vias do desamparo: uma contribuição clínica

Maria Olympia Ferreira França

> *E agora, José?*
> *A festa acabou,*
> *a luz apagou,*
> *o povo sumiu,*
> *a noite esfriou,*
> *e agora, José?*
> *e agora, você?*
> *Você que é sem nome,*
> *que zomba dos outros,*
> *Você que faz versos,*
> *que ama, protesta?*
> *e agora, José?*
> *[...]*
> *Sozinho no escuro*
> *qual bicho-do-mato,*
> *sem teogonia,*
> *sem parede nua*
> *para se encostar,*
> *sem cavalo preto*

> que fuja a galope,
> você marcha, José!
> José, para onde?
>
> Carlos Drummond de Andrade (2011, p. 30)

Subjacentemente às situações angustiantes de desamparo vividas em nosso cotidiano está a dor daquele *sem nome*, daquele que vive fora de si. Refiro-me à *condição* de desamparo unida à angústia originária (*Urangst*)[1] postulada por Freud, quando esta não tiver sido suficientemente acolhida e, então, experienciada e elaborada. Para nosso trabalho clínico é importante diferenciarmos condição (existencial) e situação (acidental) de desamparo.

> O que no meu modo de ver aponta para a originalidade do desamparo em relação à angústia, naturalmente sem cristalizar aquilo que os distingue, é que a angústia indica que a vida psíquica permaneceu, que continua a ser vivida embora muitas vezes fora de si, na abertura sobre o outro, para o outro. Um outro que não responde ou responde mal. (André, 2001, p. 8)

A angústia mobiliza, o desamparo paralisa.

Ao repensar a natureza da angústia em *Inibição, sintoma e angústia*, Freud (1925-1926/1969) descobre no desamparo primordial do nascimento a angústia em sua forma originária, a *Urangst*. Ela será o protótipo das angústias posteriores, ao mesmo tempo

---

1 "E de que a mais antiga ansiedade – a ansiedade primeva do nascimento – ocorre por ocasião do nascimento. '*Urangst*': '*ansiedade primeva*'" (Freud, 1925-1926/1969, p. 161). A palavra "*Urangst*" tem tido vários termos sinônimos em sua tradução: angústia primordial, originária e primeva.

que a experiência de desamparo se revela como experiência estruturante da subjetividade e da condição humana por estar intimamente articulada aos conceitos fundamentais do inconsciente e da angústia. Embora não haja em sua obra um estudo sistemático da noção de desamparo, percebe-se que essa noção a atravessa toda. Não deve ser considerada como uma fatalidade intransponível, e sim um desafio a vencer.

Para Freud, o inconsciente é o Outro ao mesmo tempo que se constitui nessa relação primária com o Outro (Rocha, 1999).[2] Ninguém nasce humano; torna-se humano na interação afetiva com o Outro, uma mãe que o acolhe (França, 2009). É o olhar amoroso, desejante e erotizante da mãe que nomeará o bebê, atraindo-o e convidando-o primeiramente para o seu próprio interior, onde ela elabora suas angústias e depois o deixa partir para a aventura de retornar a si mesmo. Desse olhar também nascerá a *convicção de existir* (ser) (Costa Pereira, 2008),[3] ao se reconhecer como objeto erótico do desejo do Outro, no caso a mãe. Estas ideias relativas à convicção de ser/existir advinda de ser reconhecido como objeto erótico para o Outro, se, por um lado, permeiam a obra de Lacan quanto à constituição do sujeito e à aquisição da subjetividade, por outro, também podemos encontrá-las com bastante semelhança na obra de Winnicott, embora com enfoques teóricos diferentes. Para esse autor, *o precursor do espelho é o rosto da mãe*, recaindo então a ênfase no olhar amoroso da mãe, no qual *o que o bebê vê é ele mesmo* (Winnicott, 1975). O ponto de encontro entre os dois

---

2 Este termo, o Outro com letra maiúscula, foi introduzido em 1955 por Lacan, que desenvolveu muito a ideia aí contida. Talvez por isso seja sempre lembrada como de J. Lacan. No entanto, auxilio-me de Zeferino Rocha (1999): "como quer que seja, apesar dessas alternâncias, é inegável que, para Freud, o Inconsciente é o Outro. Assim ele o apresenta, quando define seu estatuto metapsicológico no artigo de 1915 – *Das Unbewusste*" (p. 333).
3 Comunicação pessoal: expressão usada por Costa Pereira em aulas ministradas na Casa do Saber, São Paulo, em junho de 1912.

pensadores situa-se na concepção de que a estruturação do ser, com a correspondente noção de existir, está na mútua interação física e psíquica do bebê com o objeto mãe (na leitura desses autores encontramos o reconhecimento de ambos quanto à colaboração mútua para suas ideias). Se houver desencontro nessa parceria, sempre de duas vias, *self* ↔ objeto, permanecerá a condição de desamparo relativa à angústia originária quanto à desvalia de ser. Freud (1950[1895]/1995) diz no *Projeto de uma psicologia* que

> *O organismo humano é no início incapaz de levar a cabo a ação específica. Ela se efetua por ajuda alheia, na medida em que, através da eliminação pelo caminho da alteração interna, um indivíduo experiente atenta para o estado da criança. Esta via de eliminação passa a ter, assim, a função secundária da mais alta importância, de comunicação, e o desamparo inicial do ser humano é a fonte originária de todos os motivos morais. (p. 32)*

Nela haverá uma dor sem condição de palavras: apenas do berro à mudez impedindo um grito de revolta e permanecendo o silêncio do pedido de socorro, de ajuda, de proteção e de amparo. Uma paciente (paciente 1) me conta (França, 1999) um sonho recorrente há muitos anos: "Do que você se queixa?", dizia-lhe *uma figura negra e estática*. "Eu acordava com uma bolha de cuspe na boca", impedindo-a de gritar e retirando sua respiração. Outras vezes acordava enrolada em seu lençol, imobilizada. Pessoa de alto nível social, chegou a sair de casa nua, de madrugada. "Eu procurava alguma coisa, não sei o que eu queria", disse-me mais tarde. Como um paradoxo, essa paciente alternava entre socorrer muitos, dada sua boa condição financeira, e uma indiferença afetiva sem angústia alguma em situações em que se esperava que ela aparecesse (falar da morte de seu bebê ou de amigos "queridos"). Parecia também não se dar conta de suas inúmeras faltas à análise. "Há quanto tempo eu não venho? Ah, eu queria tanto vir." Por vezes sua ausência chegava a um mês.

O encontro-desencontro permanecerá como um vácuo de afeto, uma angústia sem conteúdo, mas em constante espera passiva ou procura alucinada do Outro como apoio, para se acomodar dentro de si mesmo a fim de satisfazer suas necessidades vitais de sobrevivência física e psíquica. Para Freud, tendo como seguidor Lacan, que muito desenvolveu esta questão que percorre quase toda sua obra, é na relação primária com o Outro que se encontra a situação primordial do desamparo (*Hilflosigkeit*) quando esta não puder ser experienciada exitosamente. Desse ponto de vista, a condição humana de desamparo não é só biológica, mas significa também uma situação de desamparo diante do desejo do Outro. Inegavelmente foi Lacan quem teve o merecimento de ressaltar essa dimensão do desamparo do ser humano em geral e da criança em particular, constituída pelo enigma do desejo do Outro: "Na presença primária do desejo do Outro como opaco, como obscuro, o sujeito está sem recursos. É um *hilflos*" (Rocha, 1999, p. 335).

Em minha experiência, a ação, ou o desejo do Outro, quando não amorosos e erotizantes e, assim, não sintônicos com as necessidades do bebê, deixarão marcas de intrusão apontando apenas para o desejo de posse ou/e de poder da alteridade. Se essa situação for profunda e constante, instala-se como contrapartida o modelo defensivo da indiferença afetiva contra a dor em face da vivência de desamparo (França, 2007/2010). O viver em constante indiferença afetiva anula a possibilidade fundamental de acesso ao inconsciente para a instalação da subjetividade, ao mesmo tempo que retira a esperança e o significado da vida. Essas pessoas talvez deixem de sofrer, mas perdem a característica que as torna humanas, isto é, a criatividade em seus vínculos afetivos.

Observamos que a indiferença afetiva, quando em grau defensivo extremo, associada à angústia originária, faz com que as vivências do sujeito não sejam percebidas nem dentro de si mesmo, nem dentro do Outro. Faz dele mero zumbi ou marionete do desejo do Outro e/ou do Social. Alguns, apesar do malsucedido primário, encontram um *modus vivendi* em seu cotidiano. Este será, no entanto, mero arremedo estereotipado sem significado profundo para eles, mas adaptativo aos modelos de vida que lhes foram impostos. Essas observações da autora aproximam-se muito dos conceitos de *falso self* de Winnicott (1975) e de *as if* de Helene Deutsch (1991/1992), embora esses autores não se refiram propriamente à indiferença afetiva. Para o observador, no caso o analista, transparecem neles o anonimato e a mediocridade da qualidade de vida.

Paciente 1

Esta paciente ficou em análise por cerca de quinze anos e dizia: "Terei que ir a essa festa; se me sentir insegura, farei como uma rainha faz: levanto a cabeça e atravesso sem olhar para ninguém". Note-se que a paciente se refere ao fazer e não ao ser. Ela utiliza-se da ideia do ser uma rainha, mas não da experiência. O externo substitui o interno, permanecendo o desamparo.[4] Nesta festa, como em muitas ocasiões, a paciente recorreu à bebida em excesso,

---

4 Esta abordagem é muito próxima da postulação de Winnicott (1975) sobre o falso *self*: "pode-se afirmar que existem pessoas tão firmemente ancoradas na realidade objetivamente percebida que estão doentes no sentido oposto (do não contato com a realidade externa), dada a sua perda de contato com o mundo subjetivo e com a abordagem criativa dos fatos" (p. 97).

ficando de fato fora de si como alívio para sua angústia subjacente e a decorrente insegurança (França, 1999).

É interessante notar que, paradoxalmente, muitas vezes a queixa de *vida sem sentido, sem satisfações e sem sentimentos*, ainda que levemente percebidos a angústia ou o desamparo subjacentes, é muitas vezes a porta para procurar a análise. Algo me dava alento para trabalhar com a paciente 1: em nosso primeiro encontro, depois de falar atropeladamente e com pouco nexo sobre fatos de sua história, que já fizera quatro análises (dois analistas tinham morrido durante o processo), com quem era casada, que dinheiro não era problema, poderia pagar-me o que eu pedisse, disse-me, atravessando-me com os olhos, mas sem fixar-se em mim e após um silêncio: "Eu não sinto mais nada... isto não pode estar certo, ... você me aceita?"

> *No meio do caminho tinha uma pedra/ tinha uma pedra no meio do caminho/ tinha uma pedra/ no meio do caminho tinha uma pedra.* Nunca me esquecerei *desse acontecimento/ na vida de minhas retinas tão fatigadas. / Nunca me esquecerei que no meio do caminho/ tinha uma pedra/ tinha uma pedra no meio do caminho/ no meio do caminho tinha uma pedra.*
> (Drummond de Andrade, 2011, p. 267)

Volto novamente a Drummond, supondo que, ao *recordar-se* da pedra no meio do caminho, ele se referia a uma aprendizagem pela experiência vivida, agora desafio e sustento para suportar outras tantas.

O desafio analítico

Desde que a condição de desamparo é uma marca no psíquico humano, na relação com pacientes sempre encontramos, em maior ou menor intensidade, as marcas de desamparo deles e nossas. Como no modelo do caleidoscópio, inúmeras são as figuras que se formam. Nessas figuras de desamparo, mais do que em outros vínculos analíticos, é importante a leitura diferenciada entre a semente de desamparo do analista e o que vem do paciente. Justifico: a vivência de desamparo, por ser por demais sofrida e, na maioria das vezes, submersa ou mascarada, quando apontada para o paciente *fora do timming*, traz geralmente desorganização, um misto de humilhação e arrogância, repetindo-se uma vez mais a vivência ou sentimento de não ter apoio e alívio para seu sofrimento. Jacques André (2001) aponta a dificuldade transferencial dessa situação quando alude ao lidar com pacientes sem ou com pouca noção de si mesmo: "Como apontar para a falta de algo que não existe?" (p. 8). Percebo que este autor e outros – Winnicott, Bion, Ogden – colocam a paciência como atributo primordial do analista para lidar com tais situações.

Paciente 2

Chegou adolescente, com 14 anos. Nosso trabalho teve a frequência de cinco sessões semanais, sendo atendida por vezes também aos sábados. Esta seria a última chance de tratamento que seus pais lhe davam. Já tinham em vista uma clínica interna para pacientes autistas. Segundo eles, seu diagnóstico era de autismo secundário, pois, no período dos 2 aos 5 anos, chegou a ter uma linguagem bastante compreensível e comportamentos que revelavam um desenvolvimento razoável (*sic*), tendo, inclusive, sido matriculada em escola normal, porém dispensada. Bem cedo (com 4 anos?), sua mãe, necessitando trabalhar, trancava-a sozinha em casa por não ter com quem deixá-la. Seus pais, muito de passagem, relacionaram esse fato às dificuldades posteriores. Quando a conheci, poucas eram suas frases completas e com o sentido usual. Inicialmente se sentava na poltrona virada para o lado oposto ao meu. Sem dúvida havia intencionalidade em suas atitudes mais ou menos conscientes. Quase não olhava diretamente para as pessoas, cobrindo o rosto com os cabelos, ou conseguia, não sei como, deixar apenas o branco de seus olhos à vista. Quando me encarava, o olhar denunciava rancor e desconfiança. Andava desmontada, com os ombros caídos e a cabeça baixa. Por vezes esse desmonte era substituído por uma postura muito rígida, de general, plena de arrogância. Depreendia-se daí uma mensagem sua: não vem que não tem. Paradoxalmente, essa arrogância assim como o olhar rancoroso eram sem dúvida as expressões mais vivas de apresentação e de verdade consigo mesma.

Permanecemos mais de seis meses quase em silêncio ou com poucos diálogos, alternados por pequenas histórias que eu ia lhe contando. Depois de um curto período de oposição ao tratamento, tornou-se muito assídua e, após alguma falta minha, chegava com a fisionomia raivosa. Negava ter sentido falta de nosso encontro, sacudindo indiferentemente os ombros. Fui aos poucos decifrando a linguagem sensorial de sua fisionomia e gestos. Também aprendi sua expressão verbal, na qual parte de suas palavras eram comidas, outras inventadas, mas sempre com forte acento concreto. Familiarizei-me, sobretudo, com a sonoridade de sua voz. Esta era bastante variada e muito expressiva. Fui percebendo que a adolescente tinha uma inteligência razoável, ao mesmo tempo que ficava evidente a intensidade de suas defesas denunciadoras de muita raiva pela desvalia que sofria. Raiva e desespero em face de frustrações ela podia e sabia expressar, embora com palavras soltas e, por vezes, com episódios de quebrar tudo que tivesse pela frente. Também havia o oposto: encolher-se e paralisar-se, parecendo diminuir até de tamanho físico. Nestas situações sua linguagem verbal se fracionava por inteiro.

A *paciência* e a espera não significam mudez de nossa parte, mesmo quando não houver nada a *interpretar*. Temos que descobrir um caminho para manifestar nossa presença como parceiros, pois algo vivo do paciente, regido ou não por algum significado, estará presente ainda que seja pelo fato *corpóreo* de ter vindo ao nosso encontro. Em graus mais intensos de *obnubilação* de si mesmo, realmente a tarefa se torna mais difícil ou impossível com pacientes autistas severos e/ou com defesas rígidas e instransponíveis.

Procurar nos mantermos vivos junto ao paciente que percebemos *dentro de nós* parece ser o caminho possível para captarmos sua vida vivida fora dele. Arrisco-me a dizer que provavelmente estaremos prenhes de suas identificações projetivas (fantasias, angústias e defesas), pois nossas sensações e angústias se alternam constante e rapidamente nesses casos.

Talvez um dos momentos profissionais mais significativos para mim, cuja lembrança permanece viva após tantos anos, foi o que vivi com a paciente número 2. Chegou transtornada e repetindo muitas vezes: "*mi peto, mi peto*". Não consegui decifrar o que ela dizia, mas outras palavras confusas indicavam referir-se a algo de sua mãe. Do encontro desse dia guardo a lembrança de seu clima angustiante e a luta para não deixar que a aflição me contaminasse levando a me desligar de Cristina. Senti-me muito angustiada e, estranha percepção, meus seios reagiram como quando estavam cheios de leite. À tarde me telefonaram informando que a mãe da paciente tinha ido às pressas para a Suécia submeter-se a uma cirurgia de câncer de mama. Veio-me à mente: *mi peto, comi o peito*. O mistério se desfazia. Ao recebê-la no dia seguinte, senti novamente contrações em meu peito. Cristina não chegou agitada, mas apática: o corpo caído, a cabeça baixa e poucas palavras. Conversei com ela sobre a informação que recebera e procurei de alguma maneira explicitar que sintonizava com seu desespero:

> Que ontem ela talvez tivesse achado que eu não tinha ouvido nada, mesmo ela tendo falado tão alto; que sua mãe e eu éramos estragadas, não adiantava falar nada, a gente a deixava sozinha; se era verdade e o que era isso de tirarem o peito da mãe como ela tinha ouvido dizer (expressão usada pela irmã ao me comunicar).

Procurei não falar de raiva, e sim de seu medo, pois a paciente tinha o estigma de *raivosa* e sua irritação aparecia ser antes expressão de desespero que de raiva. Também enfoquei primeiramente a falha do objeto para depois referir-me ao seu ressentimento. Aos poucos ela foi virando para o meu lado ao mesmo tempo que ganhava mais postura. Não sei o que mais lhe disse, mas recordo minha sensibilização, acolhimento e a responsabilidade que sentia por ela.

Apresento esta paciente primeiramente por ter percebido por meio dela o que são situações intensas de desamparo; é óbvio que o episódio relatado foi apenas expressão acentuada do que ela me transmitia todos os dias. Sua história apontava falhas profundas seja quanto ao amparo físico, seja quanto à continência de suas emoções, o que a mantinha em um estado de pouca integração. Talvez, na incompreensão de suas demandas, a mais significativa tenha sido a de os pais não perceberem o significado de seu negativismo assim como de suas explosões de ódio. "*Não aguentamos mais essa menina, ela é uma raivosa*", disseram-me eles na entrevista inicial. Minha hipótese é de que Cristina foi bastante privada do olhar erotizante da mãe (lembrei-me neste momento que esta era aflitivamente estrábica. Teria este fato também influído na interação entre as duas?). De todo jeito, considero que o andamento da análise se deveu antes de tudo à dinâmica instalada entre nós referente ao suporte e à construção da mãe-continente. Vejo-me neste trabalho com muita disponibilidade para Cristina, provavelmente por sintonizar com seu *jeitão* e respeitar-lhe o modo de expressar sua demanda e seu desgosto, o qual na verdade eu admirava pela insistência e pelo que ainda lhe era possível de dignidade contida nessas defesas. Provavelmente minha *admiração e respeito* tenha sido a via pela qual eu suportei com paciência sua indiferença e desprezo iniciais por mim. Nas últimas notícias que tive de Cristina, soube que ela, com a ajuda dos sogros, casou-se com um colega de uma escola para excepcionais, cuidava bem de dois filhos e era ótima dona de casa. Esse namoro iniciou-se durante o nosso trabalho e ela me fazia confidente dele.

Sei que, nos meus comentários, referi-me a alguns supostos teóricos que colecionei em meus estudos de Freud, Klein, Bion, Winnicott, Lacan, Ogden e tantos outros, porém, quando me dirijo ao quadro vivo da clínica, me é impossível enquadrá-lo dentro de qualquer um deles, por mais que haja semelhanças. Depreendo disso que um trabalho clínico em sua essência é impossível de ser plenamente teorizado por ter características únicas e contar com a intuição e a sensibilidade do analista para a captação do fato psíquico, principalmente com pacientes sem palavras para expressarem seu sofrimento, o que não é demonstrável ou passível de validação. A teoria exercita e desenvolve nosso espaço potencial psíquico, mas não o cria.

A paciência necessária para o ofício analítico se refere a esperarmos que algo mais delineado se configure; por vezes são meras associações livres com fugazes fantasias ou imagens, mas que geralmente têm valor analítico. Os gestos, expressões fisionômicas, cheiros, o som do silêncio, atos falhos serão bons aliados. Os sonhos, ou seu relato, em geral menosprezados e mesmo escondidos de início, surgirão com o tempo. Os silêncios e as falas do analista irão se alternando constantemente. É interessante notar que nem sempre esses pacientes com déficit da noção de si mesmos são pacientes que não "falam". Muitos são máquinas de expor fatos e emitir *ideias* dissociadas da angústia subjacente, o que os leva à não sintonização com o que lhes falamos. Com o tempo essas situações de defesa irão se tornando mais familiares por meio do conhecimento de sinais inconscientes: ritmo e tonalidade de voz, atos falhos repetidos ou gestos e expressões que os acompanham. Mesmo assim, temos que ter presente o *timming* de nossas comunicações, posto que nessas defesas está contida toda a luta pela qual o paciente manteve uma estrutura psiconeurótica que o fez sobreviver. Muitas vezes o fruto ainda não está maduro para ser colhido.

A base para adquirir e manter a paciência está diretamente ligada ao grau de desenvolvimento da intuição, percepção e observação do analista, as quais favorecem a condição do estado de atenção flutuante. Refiro-me principalmente à intuição da mãe (França, 1999), que, mesmo às escuras, sabe onde encontrar seu bebê. É do senso comum que a intuição é talvez a melhor ferramenta que o analista possui para seu trabalho. Considero haver diferença entre as pessoas quanto ao potencial genético de intuir, o que não impede que todos possam desenvolvê-la, sobretudo pelos trabalhos da própria análise e na relação com nossos pacientes.

Paciente 3

Esta paciente encontra-se há quatorze anos em análise. Cresceu excepcionalmente em sua profissão. Casou-se cinco vezes, sem quase nenhuma reflexão sobre o parceiro. Parecia que o importante era estar *casada*. Extremamente fechada para relações afetivas profundas e estáveis, não falava em sofrimento e conseguia apresentar uma vida de somente sucesso. Sua dor psíquica não me parecia estar ausente, como indicavam as muitas somatizações, mas a deixava de lado e não admitia que se tocasse nela. Faltava às sessões quando nos aproximávamos do tema. Durante anos, ainda que *en passant*, foram essas somatizações os únicos desconfortos verbalizados, mas em seguida dissolvidos, quando aprofundados pela analista.

Olhando retrospectivamente, lembro-me que os primeiros apontamentos transferenciais aceitos pela paciente quanto às suas queixas do analista também foram em relação às suas dores físicas, interpretações do tipo: "acho que falei muito e com isso invadi sua cabeça, deixando-a doida, como você disse que esteve. Ontem devo ter te dado indigestão de informações desagradáveis... essa diarreia de hoje". A paciente respondia com um sorriso e um "talvez". Suponho que esses apontamentos eram aceitos por se referirem ao seu corpo concreto, tornando-se assim possível para ela conferir o estrago causado por mim e, ao mesmo tempo, manter seu controle com a temida invasão psíquica. Esta, sem dúvida, iria desembocar na desvalia e na solidão presentes, porém soterradas em seu mundo psíquico. Assim, queixas referentes ao desconforto psíquico, quando tratadas transferencialmente, eram refutadas de imediato: "se eu desconfiar de você, então em quem mais eu poderei confiar? Se eu te visse autoritária, eu já estaria longe daqui, pois foi essa coisa que estragou minha vida".

A leitura que eu fazia dessas suas respostas era a de que caminhávamos, pois pelo menos ela me dava alguma resposta. Minha interpretação ativara a verbalização de suas defesas, como se pode ver em sua resposta espontânea, embora não devessem ser apontadas de imediato, mantendo as dissociações ainda necessárias para não romper o tecido idealizado da analista como um objeto de confiança e de amor. Assim sendo, somente após muitos anos de trabalho analítico suas defesas profundas foram sendo trabalhadas e parcialmente percebidas pela paciente.

Estas dissociações profundas em sua vida emocional e afetiva que a levavam a viver parcialmente "fora de si" tiveram consequências penosas para a paciente. Alheia às dificuldades de sua empresa, por duas vezes foi traída por altos funcionários nos quais confiava, chegando quase a perdê-la. Na segunda vez, já podendo perceber o espaço (destrutivo?) que lhe cabia nessas situações, pôde utilizar sua força para enfrentá-las, quando anteriormente esta era usada apenas para o sucesso imediato, encobridor de seu desamparo. A descida ao inferno solitário e temido tinha chegado, ao mesmo tempo que adquiria a suficiente confiança de poder aproximar-se da desconfiança em si e na analista. Primeiramente pesadelos, demonstrativos de suas negações ao sofrimento e desamparo, acompanhados de falas e choros ainda dormindo. Casas demolidas, desertos, invasões de água e de fogo, perdida, atacada, hotéis perigosos. Nunca pessoas, parentes ou amigos. "Outra vez não há casa para mim.... Será que eu nunca vou sonhar que estou em uma casa ou segura?" Sonhos também indicavam o viver fora de si: "não sei bem, eu estava dormindo ou trepando no corredor pegado à minha sala de presidência... eu só via a placa indicadora da presidência, mas não me mexia". Este sonho foi usado por ela por muito tempo como referencial de suas negações e dissociações. Atravessamos períodos de muita melancolia, isolamento, descrédito em si mesma. Muito medo. E foi necessário o recurso a medicações. Com o decorrer do tempo, sempre espantada por lembrar-se, foi me contando situações da infância sobre as quais "tinha posto uma pedra". "Eu, por um tempo, dormi com minha avó, no chão, para dar espaço a ela, e ela nunca dirigiu uma palavra para mim".

"Minha casa vivia às escuras e cada um de nós em seus quartos. Não tínhamos nenhum diálogo. Era cada um por si."

Talvez "esse cada um por si", filho dileto de um superego severo, seja mesmo difícil para o analista suportar sem apontá-lo. A tendência do analista é de não acolher simplesmente a queixa como tal e passar diretamente à situação do desamparo subjacente e impeditivo de uma integração mais consistente, sobretudo pelo fato de que a dor do desamparo aparece geralmente recoberta de distância arrogante. A vivência de desamparo, seja ela existencial ou acidental, dependendo de seu grau, mobiliza e desestabiliza a estrutura ou a dinâmica narcísica primária ou secundária (ativando a humilhação, por exemplo), tornando-se fonte para todas as defesas posteriores. Infelizmente, quando nos dirigimos às situações de desvalia, nem sempre estamos atentos a essa dinâmica e mobilizamos em tempo inadequado aspectos ligados ao narcisismo primário, como humilhação, arrogância, indiferença afetiva, ódio, ou desconfiança, levando o paciente a um choro copioso e desesperado por tangermos sua desvalia, quando ainda lhe faltam recursos de continência interna para lidar com ela. "Não, não é isso. ... Eu sei cuidar da minha vida." Rompemos assim nossa compaixão talvez pelo fato frequente do desamparo profundo do paciente mobilizar o nosso. Aprendi também que minha honestidade deve ser cuidadosamente medida quando digo ao paciente que não sei do que se trata o que ele me diz. Em estados ou situações mentais nos quais a vida ainda se encontra *fora de si mesmo*, a necessidade e a exigência do paciente de onipotência do analista é intensa, para que ele também possa sentir-se suficientemente poderoso como autor da mãe e de si. Tomando emprestadas ideias de Winnicott (1975), "A adaptação da mãe às necessidades do bebê, quando suficientemente boa, dá a este a ilusão de que existe uma realidade externa correspondente à sua própria capacidade de criar" (p. 27). Assim, é apenas a partir dessa ilusão de onipotência da mãe que o bebê poderá construir a sua própria – *eu sou o seio, eu sou* –, alicerce básico para aceitar-se como autor de sua própria vida, passando de agente do desejo do Outro para sujeito de si.

> *O vislumbre do bebê e da criança, ao verem o eu (self) no rosto da mãe e, posteriormente, num espelho, proporciona um modo de olhar a análise e a tarefa psicoterapêutica. Psicoterapia não é fazer interpretações argutas e apropriadas; em geral, trata-se de devolver ao paciente, em longo prazo, aquilo que ele já traz. É um derivado complexo do rosto que reflete o que há para ser visto. Essa é a forma pela qual me apraz pensar em meu trabalho, tendo em mente que, se o fizer suficientemente bem, o paciente descobrirá seu próprio eu (self) e será capaz de existir e sentir-se real. Sentir-se real é mais do que existir; é descobrir um modo de existir como si mesmo, relacionar-se aos objetos como si mesmo e ter um eu (self) para o qual retirar-se para relaxamento. (Winnicott, 1975, p. 161)*

Muito resumidamente, apresentei fragmentos do trabalho com três pacientes para as quais a noção e vivência de si eram bastante falhas e que, ao iniciarem suas análises, pareciam ter vivido até então sem noção autêntica de si, o que trazia sérios prejuízos para seus vínculos afetivos e condução de suas vidas. Eu as escolhi por apresentarem sintomas diferenciados em suas expressividades, mas tendo em comum o tormento do sentirem-se sós e sem apoio, embora quase nunca isso tivesse sido expressado verbalmente e mesmo registrado por elas. As três pacientes tinham atingido uma estrutura psiconeurótica, porém bastante diferenciada em seus graus de integração. Considero que as três tinham força de vida, sendo este talvez o principal elemento para chegarmos às bases de seu *self*, conseguindo transformações fundamentais para viverem melhor. Faço então algumas conjecturas: nas três encontramos déficits bastante acentuados no que se refere à qualidade afetiva dos vínculos maternos. A mãe da paciente 1 parecia, evidentemente, ter vergonha das dificuldades da filha, pois ela não respondia a nenhum desejo do casal, desde o fato de que desejavam um filho homem. Negavam as necessidades e dificuldades básicas da menina, como podemos ver no fato de deixá-la sozinha e/ou na matrícula em escola normal. A mãe da paciente 2 parecia ter uma estrutura narcísica acentuada, tendo a paciente relatado episódios surpreendentes de indiferença afetiva em relação ao sofrimento da filha, por exemplo, fazer o enterro de seu primeiro filho e levando três dias para comunicá-lo à paciente, justificando que não era necessário que outros soubessem desse insucesso. A paciente tinha então 17 anos. A terceira paciente apresentava uma integração de personalidade bastante razoável no que tangia à vida profissional. No entanto, aos poucos foi deixando transparecer a dificuldade profunda de estabelecer vínculos afetivos estáveis. Depois de bom tempo de análise, pôde me dizer: "de fato, meus braços terminam no cotovelo, não tenho braços para abraçar". Disse-me há pouco: "acho que minha mãe nunca me olhou como filha". Ela é muito responsável e cuidadora de sua mãe, mas comentou: "não sei se algum dia eu poderei ser vista como tal". Essa mãe conseguiu lhe proporcionar estudo e cultura, mas por certo chegou à filha o trancamento defensivo de quem foi expulsa de sua terra e veio escondida para o Brasil. Provavelmente o silêncio que reinava em sua casa era o silêncio do segredo sobre a origem de sua mãe, da qual somente há pouco tempo a paciente se inteirou.

Todas essas conjecturas foram dirigidas para a qualidade do ambiente, mãe-continente, mas obviamente são recortes de um todo muito maior no qual contam bastante as características do mundo interno de cada uma delas. No entanto, nesta seleção, quis retratar a fundamental importância do acolhimento materno para que sejam metabolizadas e assim simbolizadas as angústias mais primitivas, responsáveis em grande parte pela manutenção da desvalia que paralisa a mente e reduz a criatividade e a qualidade de vida.

De tudo aprendi um pouco:

- A paciência, a espera;
- A esperança, a fé – antídotos da desesperança, impotência cruel do desamparo;
- A perda, a falta, como caminhos para o encontro possível;
- A sinalização desse chão pelas vivências de amor;
- As ilusões-alimentos nada são, quando retêm os desafios da vida;
- Os direitos humanos são ficções; apenas um é verdadeiro e universal: sabermos o nome, como autores, do corpo e do espírito que nos pertence.

Referências

André, J. (2001). Entre angústia e desamparo. *Ágora: Estudos em Teoria Psicanalítica*, 4(2), 8. Recuperado de http://dx.doi.org/10.1590/S1516-14982001000200008.

Deutsch, H. (1991/1992). *The therapeutic process, the self, and female psychology*. New Brunswick, NJ: Transaction Publishers.

Drummond de Andrade, C. (2001). *Antologia poética*. Rio de Janeiro: Record.

França, M. O. (1999). O inexorável da dor humana junto ao processo analítico. *Revista Brasileira de Psicanálise, 33*(3), 555-572.

França, M. O. (2007/2010). Expressões fenomenológicas da indiferença afetiva. In *O afeto vincular primário como fundante psíquico*. In *Reflexões Psicanalíticas 2009* (p. 55). São Paulo: Artes Médicas (apresentado no Congresso Brasileiro de Psicanálise em 2009).

França, M. O. (2009). *Desafios clínicos nos tempos atuais*. In Congresso Interno da SBPSP. Araçatuba, SP.

Freud, S. (1925-1926/1969). Inibição, sintoma e angústia. In *Edição standard brasileira das obras psicológicas completas de Sigmund Freud* (pp. 107-201, Vol. 20). Rio de Janeiro: Imago.

Freud, S. (1950[1895]/1995). *Projeto de uma psicologia* (O. F. Gabbi Jr., trad.). Rio de Janeiro: Imago.

Freud, S. (1914-1916/1996). Sobre o narcisismo. In *Edição standard brasileira de obras completas de Sigmund Freud* (Vol. 14, pp. 77-108). Rio de Janeiro: Imago.

Rocha, Z. (1999). Desamparo e metapsicologia – para situar o conceito de desamparo no contexto da metapsicologia freudiana. *Síntese Revista de Filosofia, 26*(86), 331-344.

Winnicott, D. W. (1975). *O brincar e a realidade*. Rio de Janeiro: Imago.

5. A vivência da verdade na clínica psicanalítica[1]

Antonio Muniz de Rezende

Quero começar agradecendo o convite que me foi feito pelo grupo de estudos Clínica do Desamparo: Correlações Teórico/Clínicas da Sociedade Brasileira de Psicanálise de São Paulo (SBPSP). Lembrando que o *desamparo* costuma vir associado à *solidão*, quero desde logo declarar-me *solidário* a vocês, não apenas no sentido de dar alguma contribuição, mas colhendo os frutos do que foi semeado ao longo dos anos.

1. Introdução

Hoje o convite foi para discutirmos o capítulo 10º de meu livro *Bion e o futuro da psicanálise*, com o título "Das teorias psicanalíticas à verdade vivenciada".

---

1 Artigo baseado em aula ministrada pelo autor e gravada no grupo de estudos Clínica do Desamparo: Correlações Teórico/Clínicas, na sede da SBPSP, sala F, no dia 30 de setembro de 2017.

1.1. Vou começar enfatizando o *contexto bioniano*. Uma das maneiras como Bion introduz a questão da verdade é falando do analista que é, real, de *verdade*.

Semelhante expressão, além de corajosa, apresenta-se também como um belo desafio. Até porque, aos poucos, a gente vai percebendo como seu correlato inevitável é a mesma frase a respeito do paciente: um paciente "que é, real, de verdade".

Noutras palavras: para haver real "vivência da verdade em contexto psicanalítico", a hipótese é que estejamos lidando com um paciente de verdade tratado por um analista de verdade.

A expressão "de verdade" é corajosa e desafiadora, principalmente quando posta em relação com seu contrário: o *pseudoanalista*, reconhecido como *falso* ou mesmo de *mentira*. Uma coisa o analista de verdade... outra o *pseudo*analista. Uma coisa o paciente de verdade, outra o *pseudo*paciente.

1.2. Uma segunda distinção feita por Bion é entre os *três modelos epistemológicos* de que a psicanálise se serve: o modelo filosófico-científico; o modelo estético-artístico; o modelo místico-religioso.

Segundo o modelo *filosófico-científico*, nós temos a verdade como "*coerência*" nas ciências formais, do tipo da matemática (cf. p. 183 de meu livro). Uma "coerência", da maneira mais evidente possível, por meio dos sinais, como na frase matemática 2 + 2 = 4.

Levando em conta os números e os sinais, a verdade aparece na própria formulação do problema. A tal ponto que chegamos a afirmar que não há erro em matemática... a não ser como erro de leitura. Se fizer do jeitinho que foi mandado, você vai sempre acertar.

Nesse sentido a verdade é *coerência*. E alguém já poderia perguntar se isso ocorre também em psicanálise. A resposta é não! A verdade em psicanálise não é unívoca, mas simbólica.

No caso das ciências chamadas empírico-formais, cujo modelo é a física, a verdade é "correspondência ao real". Se eu disser que a água ferve a 100° centígrados e alguém perguntar se é verdade, eu posso convidá-lo a pôr água no fogo. Chegando a 100°, ela ferve.

A verdade, no nível das ciências empírico-formais, depende de uma comprovação por meio da experiência. Uma comprovação que, por isso mesmo, recebe o nome de "verificação".

E, de novo, alguém poderia perguntar se a psicanálise faz uma verificação desse tipo. Aqui também a resposta é não. A psicanálise não é uma ciência empírico-formal, nesse sentido. Ela se "aprende com uma experiência de outra natureza".

Em seguida, temos as *ciências humanas* para as quais a verdade é experimentada como "consenso simbólico", na conjunção de vários sentidos, por meio de vários sinais.

E assim vamos nos aproximando da psicanálise. Também ela trabalha com o *consenso*, levando em conta a situação psíquica da sessão de análise. Este assunto vai ser elaborado mais a fundo, com a ajuda de André Green, especialmente num livro cujo título é *O Discurso Vivo*, e num artigo em que fala sobre *representação* e *afeto*.

À pergunta sobre a psicanálise poder ser considerada uma ciência humana, a resposta é sim, mas não do mesmo tipo que as outras. E aos poucos vamos descobrindo semelhanças e diferenças, relativamente aos sentidos e aos sinais.

1.3. Por ora, vamos ver mais uma contribuição de Bion, ao falar do indivíduo *bem-dotado*. "O gênio, com ideias novas; o messias com ideias promissoras; o místico com ideias *verdadeiras*."

E agora posso juntar as três contribuições de Bion a respeito da verdade: 1) a propósito do analista que é real, de verdade; 2) a propósito do consenso simbólico nas ciências humanas; 3) a propósito do gênio como indivíduo bem-dotado.

Com essa pequena introdução, já dá para perceber como Bion é um analista diferente, em aspectos importantes. Como analista, e como *formador* de analistas... como gostava de dizer minha analista, dona Judith. Tudo isso... para entrar no assunto!

2.

Vou agora continuar mencionando alguns livros meus, já publicados, a respeito de nosso tema.

2.1. Vejam o título deste livro: *A questão da verdade na investigação psicanalítica*. E mais dois sobre o mesmo tema: *A metapsicanálise de Bion, além dos modelos* e *A psicanálise atual, na interface das novas ciências*.

2.2. Mais à frente, vou dizer quais as novas ciências com que a psicanálise *atual* entra em diálogo (por exemplo, as neurociências, a genética, a informática), a tal ponto que, noutro livro, não deixo de apontar "O paradoxo da psicanálise... uma ciência pós-paradigmática".

À pergunta sobre a psicanálise ser científica, nós respondemos: "não como as outras ciências". E com isso introduzimos uma problemática nova, a respeito da própria prática científica. A tal ponto que Foucault e Derrida não hesitam em falar de uma "filosofia depois da psicanálise".

2.3. E agora eu pergunto: por que usar a expressão "pós-paradigmática" a respeito da psicanálise? Porque, de acordo com os epistemólogos, as ciências são *paradigmáticas* ou *pré-paradigmáticas*. E eu, com outros comentadores, acrescento: a psicanálise não é paradigmática nem pré-paradigmática, mas *pós-paradigmática*! E, como tal, questiona as outras ciências... a partir do inconsciente. As outras ciências trabalham com o consciente... a psicanálise, com o Inconsciente.

2.4. E, para terminar, tenho mais este livro: *Bion, uma psicanálise do pensamento*, um de meus temas preferidos.

A título de comparação... Lacan privilegia a linguagem... a *fala* e a *escuta*. Bion trabalha não apenas com a linguagem... mas com o pensamento, antes da linguagem.

3.

Agora lhes pergunto: por que é que estão interessados na questão da verdade? Como é que ela surgiu no grupo de vocês?

Plateia (P): Eu pensei em uma coisa bem simples. A não verdade leva a momentos de *desamparo*!

Rezende (R): Para ajudar vocês nessa formulação, eu retomaria a frase de Bion e Melanie Klein a propósito de *Solidão* e *Desamparo*. E, aos pouquinhos, vocês vão ver a correlação de ambos com o *Símbolo*, a *Personalidade*, a *Verdade*.

E para não perder a oportunidade: na sua frase, pela primeira vez, aparece a "PEP" (posição esquizoparanoide) como espaço propício ao *desamparo*. Um *desamparo* que é resultado da *solidão*! Muito importante isso!

P: Eu estava começando a pensar: a verdade é "ampla" e é tudo de que a gente precisa... É difícil... mas é básica.

R: Muito bem dito: "difícil, mas básica". E, numa linguagem mais filosófica: "tudo depende da verdade". A tal ponto que, com os gregos, nós distinguimos cinco propriedades transcendentais: o *Ser*, o *Verdadeiro*, o *Bom*, o *Belo*, o *Uno*". Em todo caso, o que não é "verdadeiro" é falso e não merece atenção.

P: E, para alcançar a verdade, nós precisamos de "momentos" propícios, como a *retirada da máscara*...

R: Atenção: isto vai ser dito na continuação. Por enquanto, eu estava querendo saber a motivação de vocês... nos vários contextos. A gente pode inclusive dar o exemplo dos amigos: amigos *de verdade*, amigos para sempre!

P: Eu pensei na verdade... e em como nortear uma existência. A partir daí, pensei na "construção". A construção de um ser que procura chegar à verdade. Não sei como "chegar"... mas sei da construção.

R: Bion nasceu na Índia e você disse algo que me fez pensar no *oriente*. A verdade não é uma construção nossa, mas nós é que somos construídos por ela.

Entre os hindus principalmente, há uma frase ousada a respeito do *todo* e das *partes*: "Nós fazemos parte do Todo, de tal sorte que é melhor não sermos nada fora do Todo, para que ele possa ser Tudo em nós". De novo, não somos nós que criamos o Todo, mas o Todo que nos cria".

Por outro lado, Bion fala de "O". Nós pronunciamos Ó, mas em inglês é "Ô", com acento circunflexo. "Ô" que tanto pode ser símbolo do Infinito como de zero. E há uma correspondência entre ambos: o Infinito não deixa nada de fora! Donde a expressão de "K para O", inseparável de "O para K".

Na linguagem cristã, trata-se do criador antes da criatura. E a verdade nos leva a reconhecer a anterioridade do criador relativamente à criatura. E daqui a pouco vou falar sobre o Nome do Pai como instância de nomeação.

P: Eu sou da terceira geração de uma família de japoneses.

R: Pessoalmente tenho muita admiração pelo pensamento oriental. Se der tempo, vou pelo menos tocar nesse assunto daqui a pouco. Até porque a civilização ocidental-cristã nasceu e se desenvolveu no Mediterrâneo: do Egito para Israel; de Israel para a Turquia e a Grécia; da Grécia para a Itália, França, Espanha, Portugal... Mas e o outro lado do mundo? Uma civilização judaico-greco-romana ... é geograficamente muito restrita...

Donde o papel dos navegadores, a cujo respeito Camões escreveu sua célebre frase: "Eles navegavam... dilatando a fé e o Império".

Mas o contrário também aconteceu, e nós nos referimos às línguas indo-europeias, como prova inequívoca da influência do oriente sobre o ocidente.

4.

Por favor, vamos voltar ao capítulo de meu livro, a partir da p. 185. Minha primeira hipótese é que vocês já o tenham lido. A segunda é que possam relê-lo com a ajuda de Bion e Melanie Klein.

4.1. Começo com a concepção *clássica* de símbolo, usada por Melanie Klein, depois de Homero (cf. *Dicionário do grego* de Bailly*)*:

> *O símbolo era um objeto primitivamente uno, que duas ou mais pessoas repartiam entre si, no momento em que iam separar-se por um longo tempo. Cada qual conservava seu fragmento como prova de identidade. Mais tarde, ao se reencontrarem, elas se serviam de seu fragmento para fazerem-se reconhecer. Nesse reconhecimento, recebiam um nome novo, como sinal da experiência vivida em separado. Com ele, passavam a ocupar um lugar também novo, no todo novamente restabelecido.*

Se entrarem no site da Febrapsi, vocês vão encontrar um livro meu com o título *A Odisseia de todos nós*. Nesse livro, apresento a concepção homérica de símbolo (retomada por Melanie Klein em seu artigo sobre "a importância da formação de símbolos no desenvolvimento do ego").

Essa definição é um resumo da *Odisseia* de Homero. Ulisses e Penélope estavam juntos. Separaram-se, mas cada qual conservou seu fragmento. Embora separados durante vinte anos, eles permaneceram fiéis um ao outro.

No caso de Penélope, qual o sinal de fidelidade? Ela "fiava"... durante o dia e desmanchava à noite. E por que fazia assim? Porque os pretendentes queriam ficar no lugar de Ulisses... na cama e no trono. Mas ela lhe permanecia "fiel"... *fiando*.

Do lado dele... no Estreito das Sereias... para não se deixar seduzir, ele se fez amarrar com uma corda no mastro do navio.

Na volta se reencontraram... e puderam reatar os vínculos que nunca se desfizeram. Vocês conhecem a história.

Esta, a noção primitiva de símbolo, valorizando o vínculo e o fio da união.

E a metáfora é bastante valorizada por Lacan, ao manifestar a correspondência semântica entre o *fio* e o *texto*. Penélope... tecia, e o particípio passado do verbo tecer, *texere* em latim, é *textus*! O "*texto*" é escrito com um "fio"... que também é "sopro"!

Do ponto de vista de Melanie Klein, é também o *vínculo* que *liga* um sujeito ao outro. Tudo isso é muito bonito, e corresponde à noção clássica de símbolo. Mas nós temos também uma noção atual, levando em conta a contribuição da linguística, da semântica e da semiótica.

4.2. Qual a definição *atual*?

"O símbolo é uma polissemia encarnada estruturando-se dinamicamente na dialética da imanência com a transcendência."

Cada uma dessas palavras mereceria mais um curso! Em todo caso, a primeira é ponto de partida, no reconhecimento da *polissemia*. Há símbolo quando há vários sentidos. E, quando há um sentido só, nós temos a *univocidade*, como mais uma característica do psicótico.

A seu respeito, Bion fala claramente de um "dogmatismo, moralista, psicótico". O não simbólico é também dogmático e, como tal, costuma ser também moralista. E é muito sério.

Daí Melanie Klein insistir na "importância da formação de símbolos no desenvolvimento do ego". É o famoso caso Dick, a cujo respeito ela continua: "O tratamento dessa criança tinha que começar pelo estabelecimento de contato e vínculo".

Esse título e esse artigo podem ser considerados capítulos indispensáveis num estudo sobre "a vivência da verdade em situação psicanalítica". Dito de maneira sintética: também a verdade é polissêmica, proporcionando uma vivência extremamente rica. Isso é lindo, e é o que vou tentar trazer para vocês a partir de agora, mostrando como a vivência da verdade pode acontecer de diversas formas.

4.3. Aliás, tendo falado da semântica e da *polissemia*, devemos falar também da semiótica e da *polissemiótica*.

Sema, em grego, é sentido; *semeion* é sinal. E a pergunta é: quais são os sinais de que sentido(s)?

Dito de maneira talvez simplificada demais: em que consiste uma boa sessão de análise? Em estarmos atentos aos "sinais" de "sentido", da maneira como o paciente consegue "sinalizar". E Bion nos convida a "manter os terminais abertos, para captar os sinais da realidade última venham eles de onde vierem".

Lacan também nos ajuda, ao lembrar que "o inconsciente estrutura-se como linguagem", a cujo respeito precisamos recorrer tanto à semântica como à semiótica do inconsciente.

5.

P. 186. Vamos agora vivenciar o lado *negativo* da experiência da verdade (à p. 189 veremos o lado positivo).

5.1. Começo lembrando que a palavra *verdade* em grego se diz *alétheia*, com o sentido de "não esquecimento", a começar pela identidade de cada um: "não te esqueças de quem tu és".

Num sentido *dinâmico*, podemos evocar imediatamente as defesas *encobridoras*, a cujo respeito Melanie Klein tem esta frase surpreendente: *"sem as defesas o bebê não sobreviveria".*

Dessa forma, ela nos mostra como a questão da verdade é mais importante e mais antiga do que muita gente pensa. Não são defesas quaisquer, usadas aleatoriamente. Ao contrário, são defesas usadas em situação de vida e morte!

5.1.2. Qual a primeira experiência da verdade, na ordem existencial em que aparecem? A primeira experiência é da verdade como *desnudamento* (relativamente às defesas encobridoras!)

Esta frase é extremamente simples... e de fato nos refere à experiência da verdade do *nascimento*. Todos nós nascemos nus! E, dependendo das culturas, ao nascer, o bebê já encontra um *enxoval* preparado para ele.

Isso do ponto de vista concreto. Mas Melanie Klein fala também do ponto de vista psicológico, assim como Freud falava de defesas encobridoras a propósito da sexualidade, especialmente no caso da histérica.

E, ao dizer essa frase, também ele está sugerindo como o tratamento da histérica vai consistir numa tentativa de recuperar a verdade da situação! O que a histérica faz é um jogo de *ocultamento*, em função do qual ela sofre de um sintoma *visível*, por uma causa *invisível*.

O tratamento da histérica vai consistir na recuperação da verdade da situação, além dos outros motivos que possa ter para ocultar a causa. O tratamento da histérica se faz com a busca da verdade, uma verdade vivenciada primeiramente na forma do *desnudamento*.

5.1.3. A segunda forma é *desmascaramento*. A esse propósito, relembro a definição de personalidade, a não ser confundida com personagem.

A personalidade é uma estrutura de relações marcantes, de natureza emocional-afetiva, que desde o início a caracterizam, diferenciando-a de outras personalidades assim igualmente constituídas.

E eu quero chamar a atenção para as duas primeiras palavras: *estrutura* de *relações*. Uma estrutura de relações humanas, que se vai formando desde muito cedo, a começar pela situação edípica.

E, levando em conta a contribuição do próprio Einstein, reconhecemos a importância da "teoria da relatividade generalizada" até mesmo em relação ao corpo. Dito de maneira chocante: "Não é o corpo bruto que nos interessa, mas o corpo de uma pessoa em relação com outras pessoas".

Atenção, pois estou dizendo uma coisa importante que vai ser retomada a propósito do ego-corporal e do corpo-sujeito. Em outras palavras: o próprio corpo entra na constituição da personalidade, levando em conta o relacionamento interpessoal.

E agora eu poderia trazer um assunto que está na ordem do dia: a diferença de gênero. E começaria mostrando como a questão principal coloca-se no nível simbólico, e não apenas biológico. Noutros termos: a questão começa a ser colocada no nível das palavras. E nós poderíamos citar Wittgenstein ao dizer que "as palavras têm seu sentido determinado pelo uso". Por outro lado, o uso das palavras acaba influenciando o comportamento das pessoas. A coisa é mais séria do que muitos pensam, em função da relação entre o significante e os significados. Na linguagem de Lacan: significante, *barra* significado... E essa barra pode ser entendida como intervenção na própria *referência*. Eu digo uma coisa e você entende outra. Eu *queria* dizer uma coisa e você *queria* ouvir outra!

Vejam como, sem querer, acabei dando um exemplo da ordem do dia. De que estamos falando? De como as pessoas se relacionam, a começar pela diferença de gênero!

5.1.4. E eu quero valorizar ao máximo essa intuição a respeito de *símbolo* e *personalidade*, a começar pelo desmascaramento, como retirada da máscara.

E por que essa palavra é tão importante? Porque, vinda do etrusco, ela significa a *cara do personagem* no teatro.

A questão mais séria é saber se podemos identificar personalidade e personagem!

Evidentemente, não! Mas toda personalidade também tem também um papel no teatro da vida. Vou exagerar com a ajuda de Freud: "O que é sonho? Uma peça de teatro na cena do inconsciente". No sonho, nós desempenhamos um papel "com a máscara" correspondente.

Dei uma palestra em Brasília sobre Personalidade e Personagem. Uma das questões mais importantes é a respeito da verdade em cada caso. Em que medida consigo assumir o papel do personagem que estou representando? Por exemplo: neste exato momento estou desempenhando o "papel" de professor. Em que medida eu assumo este papel de maneira "verdadeira"?

Quando falamos de "desmascaramento" é reconhecendo que, no entanto, não sou apenas o personagem que represento. Posso desempenhar aquele papel... mas outros também.

E chega o momento em que não consigo desempenhar um determinado papel, seja no lugar, seja na hora errada. Por exemplo: no consultório... não sou professor!

Há sempre outros papéis possíveis, mas nós reconhecemos a personalidade como suporte e, mais precisamente, como *sujeito* dos vários personagens.

E posso ir um pouco mais longe, reconhecendo que não sou capaz de desempenhar todos os papéis indiscriminadamente. Há papéis que sei desempenhar... mas há outros que eu não saberia. E assim por diante.

Por todos esses motivos, a retirada da máscara... é um dos grandes desafios da vivência da verdade da personalidade. Não é que deva ficar "sem máscara"... mas ela não pode reduzir-se a "este papel".

Vou fazer uma colocação desagradável. Lá em Brasília, há muitos *mascarados* no poder. E eles não têm coragem de retirar as máscaras. Me desculpem. Às 18 horas eu ligo a Globo News... daí um minuto eu desligo! São notícias de mascarados... e ninguém aguenta.

5.1.5. A retirada do espelho de Narciso.

Este é um aspecto extremamente delicado. Mas é também um dos estudos mais bonitos. A esse respeito, André Green escreveu *Narcisismo de vida. Narcisismo de morte*.

Não estou de acordo com esse título. Ele chama de narcisismo de vida o que outros chamam de *autoestima e amor de si*. O amor de si não é narcisista.

O "verdadeiro" narcisismo é de morte. E minha analista, dona Judith, acrescentava: "Narciso morre sozinho diante do espelho".

Eu mesmo fiz um quadro sobre a "Estrutura do Mito de Narciso", e começo mostrando o "posicionamento". Narciso se *posiciona* diante do espelho. E, ao fazer isso, o que acontece? Ele *projeta* sua imagem no espelho. E o que o espelho faz? O espelho devolve *refletindo*. Mais ainda, o reflexo do espelho não para em Narciso... mas vai para trás *regressivamente*. O espelho mostra o que está atrás de Narciso, e se não houver nenhum obstáculo... ele regride até o "começo" *arqueologicamente*. Por isso mesmo falamos de uma regressão "arqueológico". Todo narcisista, digamos assim, está de costas para seu passado! Por outro lado, seu passado aparece à frente dele no espelho. Todo narcisista é ao mesmo tempo regredido *arqueologicamente* (cf. *arque*), e projetivo *teleologicamente* (cf. telos).

Para saber a verdade... Narciso tem que tirar o espelho. E com a retirada do espelho... o que acontece? Uma coisa preciosa... o aparecimento da Ninfa.

Atrás do espelho, a Ninfa é percebida e nomeada como *eco*. Mas ela só é "eco" porque o espelho está na frente dela. Se Narciso tirar o espelho, ela vai aparecer como "outra" e não apenas como "eco". Ela vai ser *outra* pessoa, e vai olhar Narciso com os olhos dela... E ele vai poder ser visto, não com seus olhos no espelho, mas com os olhos dela, como outra pessoa, sujeito de relações.

P: Será que ele aguenta?

R: Em todo caso, poderá deixar de ser narcisista. Por isso é que dona Judith gostava de insistir: "Narciso morre sozinho diante do espelho". Olhando-se no espelho das águas... ele morre afogado... de braços dados com sua própria imagem...

E no mito de Narciso, na versão de Ovídio, há esta frase fúnebre: "E, até hoje, ecoa nas montanhas a voz da ninfa frustrada".

Vejam como é importante a questão do narcisismo como obstáculo à vivência da verdade. Todo narcisista é *dependente* da imagem que tem de si mesmo. E a palavra que melhor diz isso é "em-si-mesmado". Todo narcisista é prisioneiro de si-mesmo. Ele não sai de si.

5.1.6. A verdade sobre si mesmo e o enigma da Esfinge.

Este item é muito delicado. Aliás, o mito de Édipo é riquíssimo e comporta vários aspectos.

O primeiro, sabem qual é? A pergunta da Esfinge: "Quem é você? De verdade? De manhã anda de quatro, ao meio-dia de dois, de tarde de três".

No mito, Édipo aponta para si mesmo... como se estivesse dando a resposta. Mas ele não sabia... Por isso Renato Mezan não deixa de ter razão ao falar sobre a "Vingança da Esfinge". Até porque, de fato, Édipo cometeu um "erro de pessoa"... enganando a Esfinge e, principalmente, se enganando.

Erro de pessoa é uma expressão do direito, quando você pensa que é uma pessoa, e é outra... E foi assim que Édipo cometeu uma série de equívocos, a começar quando assumiu o lugar de Rei de Tebas. E, em relação à peste, declarou sua própria condenação: "O culpado será punido"... Com isso decretou sua própria condenação... ignorando a verdade a seus pés. Ele não sabia quem era o culpado. Édipo, chegou lá, tomou posse como Rei e disse: "O culpado vai ser punido" etc... e ele não sabia que era ele próprio! Ele decretou sua própria condenação com um erro de pessoa.

Aqui, neste 4º item, a boa pergunta é: "qual é a verdade da pessoa?" Quem é mesmo você? Aliás eu gosto de dizer de maneira condensada: quem é que, com quem, para quem? São três perguntas que correspondem à verdade da "pessoa" como estrutura de relações.

Estou ainda dando os aspectos negativos da experiência da verdade. 1º) desnudamento; 2º) desmascaramento; 3º) retirada do espelho; 4º) queda dos deuses e dos ídolos; e 5º) *mudança catastrófica*.

Eu gosto de explicar de um ponto de vista etimológico: cata-estrofe. Essa palavra era usada pelos gregos em relação ao teatro, e à mudança de cena. E Bion fala da cesura. As grandes mudanças que ocorrem ao longo da vida.

Mas você disse uma coisa que merece comentário: "uma coisa terrível". É que a gente falava também de "tragédia", dependendo da peça que era levada. Tragédia vem de "tragos", que em grego significa "bode". Mais precisamente "bode expiatório". Chegava uma hora em que a plateia subia no palco e "descia a lenha no bode". Porque ele representava aquele que devia morrer... no lugar dele.

P: Aí depende mesmo da experiência que se está vivendo.

R: Por isso é que eu disse que o teatro na civilização grega tinha um papel pedagógico muito importante.

P: E servia também como catarse.

R: E era permitido. A tal ponto que os atores no palco estavam vestidos com uma roupa que aguentava receber paulada! Eles se vestiam de tal maneira que podiam receber pauladas. É muito interessante estudar a história do teatro grego.

Com isso terminei uma primeira parte: a experiência da verdade em termos negativos... Agora vamos ver o *positivo*.

E agora, até do ponto de vista psicológico, me alonguei mais na parte negativo. Vamos ver agora a parte positiva, e vamos considerá-la como uma espécie de desafio para todos nós.

A começar pelo seguinte: nós queremos mesmo? Ser mais verdadeiros... Vocês querem? Eu quero?

Vamos lá.

P. 189 – O reconhecimento. Caso do Édipo... mas levando em conta aquela outra definição de símbolo... lembrando as marcas da história. Não só a história da humanidade... mas a história de cada um de nós. Vejam: "reconhecimento das marcas que a história deixou em mim".

Vou dar uma palestra em Fortaleza. Eu estou com 90 anos. Vou morrer... Falando com um paciente da minha idade, ele me fez a seguinte pergunta: "Rezende, será possível elaborar em vida o luto de minha própria morte?"

Este vai ser o assunto lá em Fortaleza. E eu vou dizer a resposta que estou dando com três palavras maiores: Testamento, Testemunho, Acabamento.

Todo "ancião" da minha idade deveria fazer seu testamento. Testamento de coisas materiais... mas também a respeito do sentido da vida. Exemplo: na Bíblia nós encontramos o Novo e o Antigo Testamento. Freud era judeu.

Na história "judaico-cristã" nós temos os dois testamentos.

Nº 1 – O testemunho. E nesse sentido, eu diria, cada um de nós não só pode, mas deveria escrever sua autobiografia.

Para os filhos, para os netos, para a posteridade. E aí eu dou alguns exemplos. Exemplo recente: Pablo Neruda. Escreveu *Confesso que vivi*. Darcy Ribeiro escreveu *Confissões de Darcy Ribeiro*. Santo Agostinho.

E lá em Campinas um amigo meu, Rogério César da Cerqueira Leite, acaba de publicar sua autobiografia, com o título *Aprendiz de Quixote*. E ele é um pouco quixotesco...

Muito interessante a história do Rogério, porque ele aproveita e conta a história da Unicamp etc.

Eu até tenho dito a todos os meus pacientes, principalmente se são pais: escreva sua autobiografia. E, no contexto, toda autobiografia acaba sendo um exercício de autoanálise.

Ou então: toda análise não deixa de ter alguns traços autobiográficos.

Por último o *acabamento*. Acabamento com o festo do artista de que dá uma pincelada final... no quadro antes de expor. Um dos últimos gestos do artista é o acabamento.

Atenção: isso é muito delicado e muito importante. E a respeito das marcas da história eu vou introduzir a palavra "reconhecimento". E, significativamente, este é um dos sinônimos de Gratidão. Daí essa frase que costumo repetir: "Só se reconhece quem é reconhecido". De ambos os lados. E eu me lembro de ter dito num de nossos encontros "Walkíria, eu te reconheço porque te sou reconhecido". Essa frase vai fundo.

E a Melanie Klein escreveu *Inveja e gratidão*. É um dos melhores textos dela.

Nº 2 – Nome próprio. Atenção. Eu posso perguntar qual é o seu nome de batismo. Mas se eu perguntar qual o seu nome no fim da vida? É outro. Por quê?

E aqui eu costumo citar um poeta francês chamado Mallarmé. Ele tinha um grande amigo que se chamava Edgar Allan Poe. E, quando Allan Poe morreu, Mallarmé escreveu um poema que começa com o seguinte verso: "Tel qu'en lui-même enfin l'éternité le change". Tal como nele mesmo enfim, a eternidade o transforma. Nós só vamos saber o nosso verdadeiro nome... no fim! Antes do fim eu ainda posso mudar.

Dito de maneira pejorativa: antes do fim eu ainda posso fazer uma estrepolia! Posso fazer uma loucura!

E o contrário também. Antes do fim eu ainda posso fazer um gesto magnânimo! Posso salvar a pátria! etc.

Vejam: "Nome Próprio. Nome Novo" levando em conta o caminho. "Odos" em grego é caminho.

Ulisses só soube quem ele era, de verdade, no fim.

Daí um aspecto que é lacaniano, mas é profundamente espiritual: o nome... dado no batismo... em nome do *pai*. Jacques (Lacan) eu te batizo em nome do pai.

E há um detalhe que nem todo mundo sabe. Ele era de família católica. Tinha um irmão beneditino, "Marc Lacan". E eu imagino os dois conversando.

E Lacan fala do "nome do pai" como instância de nomeação... Nosso nome, no batismo, nos é dado em nome do Pai.

Do ponto de vista da família... o pai é o pai de família. Meu pai se chamava Áureo. E lá no interior de Minas os amigos chegavam a dizer: "o Antonio do Áureo".

Mas, do ponto de vista transcendental, é Deus-Pai que dá nome a todos nós. Este aspecto é belíssimo: levando em conta a história... nosso nome nos é dado... no final... em nome do Pai. Esta é a verdade! Meu nome verdadeiro é o último.

N° 3 – Reconhecimento pelo outro. Vínculos... e atenção: "Ruptura das falsas alianças".

Com quem eu fiz? Com quem eu faço? De que natureza são essas alianças? Para valer?

E aqui tanto a Melanie Klein como Bion vão valorizar muito a natureza do vínculo. "Quem, com quem, para quem?"

Dito de outra forma, talvez um pouco trágica: "Por quem você seria capaz de dar a vida?"

Ou então: quem é aquele cuja perda seria mais significativa para você?

Essa questão do vínculo e do reconhecimento pelo outro é um dos trabalhos mais delicados no tratamento do esquizoparanoide.

O esquizoparanoide ataca o vínculo.

N° 4 – Criatividade... mútua: eu e o outro. Cada um desempenhando o seu papel... Este é um aspecto delicado, também em função do vínculo. E, sempre que falo do vínculo, eu mostro minha aliança.

É um símbolo que supõe a aliança de Sonia aqui ao lado. Elas podem ficar "encostadas" uma na outra. Encostar não é uma verdadeira aliança. Para haver alguma aliança é quando uma está "sobre" a outra "com um espaço no meio". Um espaço comum aos dois lados. Isso é visível.

Se eu ponho uma sobre a outra, com um buraquinho só... o espaço comum é muito pequeno.

A verdadeira aliança é quando o espaço comum-vital é pleno. Sem atentado à identidade do outro. Ela é ela, eu sou eu... mas nós temos todo esse espaço em comum. Mais do que isso: com criatividade. Esta aliança é fecunda. O exemplo mais fácil é a "cópula simbólica fecunda". Do casal nasce um filho.

A criatividade é um dos sinais da verdade dessa aliança. Uma aliança estéril... a gente se pergunta em que medida ela é verdadeira.

De novo vem a questão da sexualidade, da heterossexualidade etc., em que medida essa criatividade pode ser de natureza espiritual. Pode, sim! Não é só biológica... e um dos incômodos que sinto... quando se discute a questão do hétero... ficar num nível muito orgânico e biológico. O assunto não é este, a tal ponto que eu vou um pouco mais longe dizendo o seguinte: "a questão está sendo mal colocada do ponto de vista linguístico. Quando se fala de "casamento" eu pergunto qual o sentido dessa palavra. "As palavras estão mudando de sentido". Este é outro fenômeno cultural. Quem fala sobre isso é Wittgenstein. Ele tem esta frase magistral: "As palavras têm o seu sentido determinado pelo uso".

Se o uso muda... o sentido muda. O que está acontecendo hoje, de mais sério, é essa mudança de sentido das palavras. É muito sério. E de novo a questão da simbolização: se as palavras mudam de sentido... o comportamento também muda etc.

E aí vem a questão da globalização.

Nº 5 – Reconstrução do todo simbólico. Na linguagem de Homero, a respeito de Ulisses na *Odisseia*. "Quando ele volta, eles reconstroem um todo novo." E isso é muito importante também em relação aos pais e aos filhos.

Daqui a doze dias vai ser "dia da criança". E os meus netos virão de Goiânia, para comemorarmos aqui. Há um detalhe que eu gosto de apontar: hoje o pai de meus netos tem a metade da minha idade. 90/2 = 45. "Quando se reencontram... restabelecem um todo novo." Ao nos encontramos hoje, somos três gerações! Os meus netos, o meu filho, eu e Sonia.

Entendam o que quero dizer: eu, na minha idade... vou celebrar a festa de meus netos... com uma experiência de verdade... noutro momento.

Uma coisa foi quando meu filho nasceu. Nós morávamos no Canadá.

(Esta é outra história. E eu ainda vou contar minha história. Como é que fui parar no Canadá.)

Aqui no Brasil aconteceu a Revolução Militar... E eu devia ter sido preso. Fui embora. E fui parar no Canadá... E lá no Canadá... a revolução se chamou Revolução Tranquila. Uma revolução cultural, pelo voto, cujo objetivo era preparar a população para um plebiscito a favor da independência do Quebec. Olhem que diferença: em vez de uma Revolução Militar pela força, no Brasil... uma revolução "cultural" pelo voto, no Quebec!

Sabem qual era minha disciplina lá? Filosofia da Cultura. E eu combinei com os alunos: "eu dou a parte teórica... e vocês dão os exemplos".

Que beleza! O desejo de liberdade. O desejo de independência! Ainda hoje fico comovido. Eu pergunto qual o sentido dessa palavra.

Quando se reencontram... restabelecem um todo novo... com um nome novo.

E na Bíblia, no Apocalipse... se fala de um "Nome Novo" que só Deus conhece. E Deus nos revelará no último dia.

No fim é que saberemos a verdade de nosso nome.

Vamos terminar. E isso aqui eu faço questão que vocês ouçam com toda atenção.

"A verdade é vivida na análise como o próprio processo de simbolização no questionamento constante de nossa univocidade, de nosso dogmatismo, de nossa sublimação narcísica."

A verdade nos salva, inclusive da sublimação narcísica... Narciso encanta-se consigo mesmo. Diante do espelho... não percebe a presença do outro... e continua num narcisismo mimético!

6. Desamparo e transicionalidade

Marlene Rozenberg

> *O canto qualifica esta disposição da linguagem de maneira a fazer convergirem, adequadamente, a representação e o afeto, a figura e sua energia, o sentido e sua emoção. É ele que escutamos na fala associativa; é ele que nos emociona na fala poética. Ele diz e conecta, em sua emergência, a representação inconsciente e a pulsão que a ela está associada; e o que faz brotar na língua, e passar de um estado desconhecido ou reprimido, ao estado de conceito por mediação do enigma.*
>
> Rolland (2006)

Parte I

Em artigo anterior (Rozenberg, 2002), abordei a questão do desamparo relacionado ao estágio de *concern* (Winnicott, 1963/1990) apontando o aspecto do desamparo implícito no processo de integração e no alcance da capacidade de se preocupar. É a partir da experiência de desamparo que a condição de conquista de autonomia se faz.

Quero, neste artigo, abordar o sentimento de desamparo implícito no estágio da transicionalidade (Winnicott, 1971). Este sentimento está presente no processo de vida e, dependendo do grau de amadurecimento, o ser humano viverá e usará recursos diferentes para dar continuidade às suas experiências. A importância dos objetos se faz presente.

Não descreverei aqui toda a teoria já desenvolvida pelo autor, considerando que os conceitos já foram excessivamente descritos pelo autor e por outros autores (Winnicott, 1971). O espaço potencial conquistado e criado pela dupla é um espaço sem fim. Em função disto, o ser humano precisa de objetos ou de experiências culturais que não o joguem no abismo do desamparo traumático. Esta é a evidência da necessidade dos objetos desde o início da vida. O ser se constitui a partir das relações de dependência. É na presença do outro que a vida se torna possível. As experiências transicionais se originam nos estados de ilusão promovidos pela mãe. É o início do processo de separação e de introdução da materialidade do objeto que o bebê usará para entrar na vida simbólica.

Quero me ater à questão da escolha de objetos que o ser humano faz durante seu processo de vida para lidar com seu desamparo. Nas primeiras relações em que há uma indiferenciação eu/não eu, podemos dizer que, do ponto de vista do bebê, ainda não há noção de espaço e tempo. O objeto é subjetivo. Esta noção se conquista na experiência. A diferenciação vai se dando, o que acarreta a criação de um espaço e tempo, e a dupla vai acrescentando partes do mundo externo que enriquecerão as experiências vinculares, transformando e expandindo a noção espacial e temporal. Para isso, uma das primeiras escolhas diz respeito ao objeto transicional. Escolha que se faz, desde que a mãe apresente o mundo a ela por meio dos objetos. E cada escolha de objeto é um ato de transformação. Os objetos simbólicos são criados na inter-relação. Quando me refiro a escolha, me refiro à capacidade de escolher que depende de presença de *self*. Cada criança ou adulto escolhe seus objetos de acordo com sua subjetividade. "A escolha da forma representacional é uma decisão inconsciente importante sobre a estruturação da experiência vivida e faz parte do erotismo diferenciado da vida cotidiana" (Bollas, 1992/1998c, p. 27).

Para isso ocorrer, precisa ter se constituído uma subjetividade e uma unidade de si, para que a cada encontro o objeto possa ser recriado. Essa recriação se dá ao longo da vida. Vivemos, na melhor das hipóteses, no espaço potencial (Winnicott, 1971). Este espaço, por vezes, pode se romper e ser destruído, dependendo das experiências de invasões e rupturas que podem ocorrer, provocando traumas maiores ou menores. Nem sempre as escolhas serão criativas ou significativas. Questões relacionadas às distorções do *self* podem levar a escolhas que estabelecem estados patológicos.

A transicionalidade é experiência de devir que inclui um certo estado de amorfia para que a ação criativa possa surgir. Essa amorfia gera instabilidade, que necessita de suporte para ser vivida. Essa combinação entre amorfia primitiva, por um lado, e suporte, por outro, abre espaço para o gesto criativo.

Assim, cada ser escolhe seus objetos no decorrer da vida, os quais Christopher Bollas (1992/1998c) chama de *objetos evocativos*. Estes exercem atrações diferentes em pessoas diferentes e evocam experiências subjetivas do *self* de uma densidade psíquica profunda. Em seu livro, há uma afirmação que nos faz pensar:

> *Acho um tanto surpreendente que, na "teoria das relações objetais", pouquíssima atenção é realmente dada à específica estrutura do objeto, que é, de maneira geral, visto como o container ou depositário das projeções do indivíduo. Na verdade, os objetos nos encer-*

ram dentro deles. Mas, ironicamente, exatamente porque eles contêm nossas projeções é que as formas estruturais do objeto de qualquer pessoa se tornam ainda mais importantes. Isto porque também nos colocamos dentro de um container que numa posterior reexperimentação, vai nos processar de acordo com sua integridade natura. (Bollas, 1992/1998b, Introdução)

Os objetos evocativos contêm aspectos particulares latentes diferentes e podem estimular uma pessoa de formas variadas: sensível, estrutural, conceitual, simbólica, mnêmica e projetiva (p. 22).

Bollas se refere à alegria que sentimos quando nos encontramos com esses objetos, mesmo que nos evoquem vivências de perdas. No encontro com o objeto, se realiza alguma representação e atualização deste. É a alegria do verdadeiro *self* podendo se articular. A alegria nasce da comunicação intercorpórea primária. É uma espécie de celebração da vitalidade e demanda espaço e tempo. A apresentação e reapresentação do verdadeiro *self* dependerá da segurança e do *holding* interno provindo de internalizações de experiências vividas. Se, por vários motivos, ocorrer perda de *holding* antes de se constituir uma unidade de si, pode se instalar um desamparo abissal sem representação possível. Mais uma vez, cito Bollas (1992/1998a):

Alguns objetos (um livro, um amigo, um concerto, uma caminhada) nos liberam para experiências interiores intensas que, de alguma maneira, nos dão consistência... A cada encontro a que somos solicitados somos elevados à nossa "nuclearidade" inconsciente e nos é mostrado um aspecto de nosso self para o "ego" e, assim, são reveladas algumas formas de nossa sensibi-

lidade. *Embora tais episódios mostrem algo sobre nós, o que sabemos desses momentos é pensável somente em parte: a experiência é mais uma densa condensação de necessidades instintivas, estados somáticos, posturas corporais, disposições proprioceptivas, imagens, fragmentos de frases, pensamentos abstratos, lembranças mnêmicas, recordações, afinidades sentidas... tudo junto. (p. 17)*

Winnicott usa o termo mãe suficientemente boa como condição para que uma criança possa amadurecer de forma saudável. O advérbio "suficientemente" nos conduz para uma impossibilidade de completude absoluta da relação inicial de indiferenciação entre mãe e bebê. O que é feito desta insuficiência do objeto inerente a essas relações primárias? A complexa teoria de Winnicott sobre os objetos tenta dar conta dessas vivências conforme o processo de amadurecimento do ser; objetos subjetivos, transicionais e objetivamente percebidos conforme o estágio em que se encontra a criança. O espaço entre eu e não eu é vivido de maneira cada vez mais complexa e a mente vai se desenvolvendo. Entenda-se estágio como um complexo de vivências que nunca nos abandona, portanto não há divisão clara, cronológica e exclusiva em todo processo de vida. Sabemos que espaço e tempo são duas configurações que são constituintes do *self*. Quando esse autor se refere aos tempos de separação X, X+Y, X+Y+Z (Winnicott, 1971, p. 135), faz uma abordagem relacionada à separação, destruição e reparação e a quanto tempo é suportável para o ser se ver separado e ainda manter a esperança de retorno e recriação do objeto. A questão do trauma reaparece. A criação do mundo percebido objetivamente vai se dando e o outro vai sendo reconhecido cada vez mais em sua alteridade.

Roussillon (2012), em seu artigo, afirma:

> *A característica fundamental do tempo X é o fato de os recursos internos se autoesgotarem e fracassarem – seja por causa da insatisfação dos autoerotismos infantis ou da solução alucinatória, seja por causa do fracasso das capacidades de ligação ou de descarga de modo geral. É esse fracasso que leva ao tempo seguinte X+Y.*

Ou seja, a ausência do objeto deve ser vivida dentro do tempo suportável para o bebê.

São essas primeiras vivências que possibilitarão o processo da imaginação. As alucinações constituintes e constituídas são fundamentais e se dão a partir das vivências de intimidade entre os dois corpos. A vida imaginativa se enraíza nas vivências corporais. Imagens não se restringem ao campo visual. Toda sensibilidade do corpo e todos os órgãos dos sentidos estão incluídos nesse processo. O olhar, o tato, o olfato, audição, assim como todos os órgãos internos do corpo, participam desse processo imaginário. A sensibilidade preexiste ao psíquico, é pré-representacional, e o ser humano necessita de imagens e linguagem para se expressar. Sentir já é uma forma de conhecer.

É esse processo (X+Y) que desencadeia o desamparo que o autor chama de primário, produz tensão sem saída e sem representação. Se o objeto foi capaz de oferecer essa experiência imagética e se ele sobreviver ao desamparo, este poderá ser vivido como uma falta e este objeto fornece, assim, a possibilidade de o bebê não se perder de si mesmo para sempre. Roussillon aqui fala de um contrato narcísico que dá subsídio para que ocorra a socialização.

É nessa situação que a falta pode ser reconhecida. Falhas graves na relação eu/não eu podem conduzir em direção a patologias.

No tempo X+Y+Z, o tempo Z é o tempo do insuportável, a falta deixa de ser falta e passa a ocorrer um trauma que gera agonia, desespero, a imagem interna do objeto desaparece e não mais se recupera. A psicose passa a ser uma alternativa de sobrevivência. São as agonias impensáveis, o não representado que tomam conta do ser. Winnicott se refere às agonias impensáveis, como sofrimento que se dá, em função da perda do *holding* nos estágios de extrema dependência do bebê. Qualquer ruptura neste estágio implica desintegração, não havendo condições de dar conta dessas vivências. As falhas de representação de si estarão presentes na vida desse ser, que tentará criar defesas. Esse desamparo extremo pode levar à loucura, diferente do desamparo inerente à vida que acompanha o ser humano e que o leva a inventar contornos para que sua vida se torne possível. O desamparo e a precariedade do ser humano estão sempre presentes.

Podemos, então, considerar que nesse espectro temos o desamparo inerente à vida, fazendo parte do processo do amadurecimento e possibilitando autonomia, e o desamparo abissal que paralisa esse processo.

Como afirma O'Dwyer de Macedo (1999):

> *Poder experimentar esse desamparo junto com a mãe permite criá-la e recriá-la através de processos reparatórios que têm em sua essência esta capacidade criativa. Se a mãe der seu amparo diminuirão suas fantasias de proibição de devorá-la na fantasia.*

Portanto, estamos sempre escolhendo objetos para dar conta de nosso desamparo. O brincar, como sabemos, faz parte deste universo humano e dá um contorno para esse espaço infinito que está presente no sentimento de desamparo e do existir.

Parte II

No que se refere à transicionalidade, quero especificar um tipo de objeto transicional, que foi nomeado por Gilberto Safra (1999) de *objeto lírico*. Podemos pensar em vários tipos de derivados de objetos transicionais (conforme o autor, outros objetos derivados são denominados objetos étnicos, objetos mnêmicos, objetos do *self*). Os objetos líricos não têm significância estética ou econômica, e sim pessoal e subjetiva do indivíduo com estes objetos, experiência esta que permite criar um mundo próprio.

Segundo esse autor (comunicação pessoal, 2018), o objeto lírico emerge após o desinvestimento do objeto transicional, fundamental para se criar o espaço potencial, e, portanto, é herdeiro do objeto transicional e ganha sofisticações.

"Esse objeto implica:

1. Capacidade de agir no espaço potencial.

2. Capacidade de relações objetais.

3. Reconhecimento da pessoalidade do outro (vai mais além do não eu).

4. Capacidade de experimentar memória afetiva.

5. Capacidade de criar objetos no campo da cultura, da realidade compartilhada.

6. Capacidade de lidar com separação, com elaboração de ódio e ressentimento.

7. Disponibilidade poética, que implica em acessar dimensões da vida relacionadas com a Beleza e Verdade, campo não sensorial" (Bion, 1970/1973)

Por que lírico?

Alfredo Bosi (2000) aborda o caráter lírico da poesia, em que o eu lírico configura o mundo interior.

A essência lírica, segundo Steiger (1975) é a "re-cordação" pela qual o poeta lírico se dilui numa ausência de distância entre o sujeito e o objeto e o passado e futuro podem ser re-cordados (respostas no coração) na criação lírica por meio de imagens. O lirismo é a apreensão de uma realidade "melhor que uma intuição ou esforço de compreensão" (p. 59).

O termo lírico nos remete a um estilo nas artes, poesia, literatura etc. Safra inclui nessa relação os objetos líricos, e faço uso de sua denominação. Diz respeito ao estilo e à singularidade de cada um.

O termo lirismo, na poesia (internet), refere-se a uma poesia que é destinada ao canto, com acompanhamento da lira... para os antigos, a poesia lírica parece ser sinônimo de elevação, de expressão de sentimentos nobres. Não é de desprezar o fato de a lira ser considerada um instrumento mais prestigioso que, por exemplo, a flauta. No caso da lira estava-se no domínio do *melos* (canto), enquanto no caso da flauta, por exemplo na elegia, que era recitada, estava-se no domínio do *épos*. O lirismo representava o lado musical da poesia. No romantismo esse termo foi usado para se referir aos sentimentos centrados no "eu", na subjetividade. O termo lirismo acabou por ser usado de maneira mais geral como um premente desejo de expressar sentimentos subjetivos e uma aguda relação com a melodia.

O objeto lírico pode ser também uma pessoa, que, ao ser escolhida, transforma e é transformada por ela. Penso que esta é a experiência que ocorre com a dupla analítica. O encontro entre duas subjetividades torna as experiências bastante mais complexas.

Descreverei uma experiência própria, pessoal, que me conduziu a um contato de intimidade e autoanálise em função do impacto emocional vivido.

Andávamos pelas ruas de Budapeste e paramos na vitrine de uma loja de antiguidades. Meu pai olhava fixa e demoradamente para um bibelô antigo com a figura de um sapateiro fabricando sapatos. Quis entrar na loja para verificar o preço e saber se era acessível. Comprou com muita emoção e com um sentimento de recuperar algo e disse: "Agora tenho para onde olhar".

Sobrevivente da Segunda Guerra Mundial, separado da família ainda adolescente, único sobrevivente, não tinha nenhuma fotografia de seus pais. Eu também não tinha nenhuma referência imagética para poder lembrá-los. Foi por meio da palavra transmitida que criei alguma imagem de sua família. Seu pai fabricava sapatos em uma cidadezinha no interior da Polônia, onde nasceu. Sempre nos contava essa história. Apropriou-se dessa estatueta e a carregou durante toda a viagem para não quebrar, tal qual um objeto sagrado. Foi tocado por ele no mais íntimo de seu ser, naquilo que parecia o incomunicável de si. De ouvir sempre suas histórias, minha memória guardou a imagem de um sapateiro.

Ao chegar à sua casa, depositou esse objeto numa prateleira de forma a tornar-se visível a ele e aos outros. Era como se fosse mais um dos enfeites da casa. Mas não era. Esse sapateiro foi uma aquisição e uma criação de um objeto significativo que parecia recriar uma fé na presença de algo que fazia reconectar-se com a figura/imagem do seu pai. Uma experiência estética, lírica e poética. Pessoal e subjetiva.

François Dolto, numa entrevista realizada por Gérard Séverin, responde à pergunta "O que é fé para a senhora?". E responde:

> *Para mim? É viver. A fé é viver a cada dia, cada provação, cada alegria e toda a minha vida. É também aceitar a realidade que a anima, ainda que eu não conheça e não possa saber o que ela me trará. É, portanto, viver na realidade e agir. Certamente a imaginação tem seu lugar, ainda que seja somente o de preparar um projeto antes de sua realização; pois se trata de viver uma realidade e não de evaporar-se em devaneios. Estou convencida de que a realidade cotidiana pode conduzir à verdade incognoscível, quero dizer, ao Real.* (Dolto & Séverin, 2010)

Por Real, Dolto se refere ao imprevisível, ao inédito. E diz ainda: "Em todos os níveis de nosso desejo, o que nos torna ardentes depende da fé".

A fé, assim como o encontro com o objeto significativo, faz renascer a experiência vital do *self*. Dá vida aos objetos perdidos. Não se trata de fé religiosa, mas de um estado de abertura para o novo.

Esse objeto/fé costura a base de um ser tornando o cotidiano possível de ser vivido. No escuro do desconhecido, um apego a algo que auxilia a travessia. O objeto transicional e o objeto lírico estariam diretamente relacionado ao estado de fé? Refiro-me à fé como um estado que sustenta o ser no desamparo, diante do desconhecido, e o leva adiante. Portanto a fé implica ação, movimento.

Mas eu também estava lá vivendo essa experiência. Anos se passaram, meu pai morreu e, hoje, esse sapateiro está comigo. Também em uma prateleira, como se fosse um porta-retratos ou um enfeite a mais no meio de tantos outros. Mas não é, tampouco. Um objeto histórico familiar que contempla o tempo, as gerações e um sentimento que, integrado à razão, permite que se torne passado, presente e futuro. Continuidade do ser. Razão pela qual podemos ter a coragem de viver e de ser. Ao escrever e publicar esta experiência, crio, destruo e recrio a imagem paterna como forma de lidar com as faltas pessoais e intergeracionais. Os objetos contribuem na emolduração do estilo de ser de cada um. E, assim, este ser pode se abrir para o mundo. A simbolização vai permitindo essa abertura psíquica.

O olhar dirigido ao bibelô sapateiro, objeto evocativo, abriu um espaço de re-criação e significados novos, mobilizando uma experiência estética com forte colorido emocional. Este é um objeto lírico-evocativo que apresenta o ser a ele mesmo e ao mundo. O encontro com o objeto no espaço potencial dá um significado ao ser que vive transformações geradas por esse encontro. Como afirma Bollas (1992/1998a):

> *Algumas experiências do self surgem tanto da influência do objeto sobre o sujeito como do uso que o sujeito faz do objeto, porque, à medida que nos movimentamos através do espaço e do tempo, muitas coisas surgem por acaso (como objetos aleatórios) e proporcionam uma unidade de experiência em nós, por assim dizer, que estava contida no real. (p. 11)*

Parte III

Atendo uma bela e jovem mulher de seus 34 anos, Renata, sensível, mãe de uma menina de 1 ano. Sua história contém um drama: quando tinha 4 dias de vida sua mãe faleceu devido a erro médico no parto. Seus avós maternos acolheram o bebê e seu irmão de 2 anos. O pai, uma pessoa bastante imatura, morava junto, mas complicou a vida de seus pequenos filhos. Cometeu assédio sexual com a menina quando já mais crescida, perdendo a guarda dos filhos. Os avós, por sorte, se dedicaram com todo amor a essas crianças, o que possibilitou o crescimento apesar dessas marcas traumáticas e da dor de luto vivida por eles. O pai faleceu depois de ter perdido o contato com a família. Esta moça viveu sua vida num estado de desamparo que não conseguia elaborar. Por nem ter conhecido a mãe, dizia que não tinha em si a saudade e a falta presentes. O que vivia era a inexistência e ausência sem ter vivido a perda. Sempre dizia que era melhor a ausência do que a perda. Viveu e se desenvolveu com os avós como substitutos dos pais, e estes, sim, ela tinha medo de perder precocemente devido à idade. Dizia que, na sua vida, as pessoas a olhavam sempre como a pequena órfã. Sentia-se diferente de outras crianças, e foi com o irmão que estabeleceu uma relação de cumplicidade e apoio mútuo. Seus avós a criaram como aquela que deveria ver o lado positivo da vida, como Poliana. Os sentimentos e emoções envolvidos nessa sua história são múltiplos. Não entrarei na complexidade implícita em toda experiência de análise.

Quando me procurou já estava casada e com uma filha bebê. Seus avós já haviam falecido. Inicialmente adotou a família do marido, com esperança de ter uma família que a acolhesse. Mas a marca da orfandade estava sempre presente. Um sentimento de desamparo que não conseguia significar. A única coisa que tinha eram as fotos de sua mãe, que era uma bela mulher. Esta tinha 28 anos quando Renata nasceu. Os avós relatavam histórias sobre a mãe e a qualificavam como uma santa. Mas sempre permaneceu um mistério sobre o porquê de sua morte. Algo que não entendia e ninguém sabia muito bem explicar.

Na experiência de ser mãe, a falta da sua foi se configurando e aparecendo de forma muito peculiar. Penso que a analista ocupou, inicialmente o lugar do objeto subjetivo. Com o decorrer do trabalho, tornou-se um lugar de objeto transicional e lírico com o qual esperava viver uma experiência que possibilitasse se apropriar de si e de sua maternidade e viver sua subjetividade de forma viva e real.

Quando engravidou, foi procurar o obstetra de sua mãe para acompanhá-la e fazer o parto. Penso que queria conhecer e saber a respeito de sua mãe e de seu nascimento ocupando o lugar dela. Precocemente seu bebê nasceu, pois estava parando de crescer em seu útero. O médico não sabia o que poderia estar acontecendo. O fato é que teve que fazer uma cesariana de emergência e sua filhinha teve um pequeno derrame cerebral que a manteve numa UTI durante três semanas. Foi traumático. Mas não teve sequelas e o bebê foi se desenvolvendo bem. Os pais ficaram em estado de susto, terror de perdê-la e desamparo, pois o bebê poderia ter problemas a qualquer hora. Hoje ela sabe que teve um início de eclampsia durante a gravidez. Quando estava grávida já tinham escolhido o nome do bebê que sempre desejaram. Mas Renata teve um sonho em que chamava sua filha por outro nome e, assustada, interpretou como um sinal de que deveria dar esse nome para que ela pudesse crescer bem. O nome escolhido no sonho pelo casal não presentificava a esperança de reencontrar a mãe. Penso que Renata reviveu um trauma no nascimento de sua filha que a remeteu a uma angústia inimaginável, um desamparo abissal.

Renata se queixava que não conseguia se apropriar da filha. Sentia-se estranha, apesar do amor que sentia. Olhava para a filha e não queria que esta parecesse com ela, pois seus traços faciais não a agradavam (Renata é uma moça bonita). Queria ver traços e a beleza da mãe na filha. Procurava a mãe em sua filha. Conversando comigo nas sessões foi se dando conta de que teve uma mãe apesar de não ter representação psíquica e carnal de sua presença. Sua esperança era de encontrar a mãe na filha, e esta não correspondeu ao seu ideal. A presença se deu pela percepção da ausência desta, junto com a capacidade de perceber seus sentimentos estranhos e o medo que sentia destes.

Questões surgiam para eu pensar: Renata não passou por um processo de luto; impossível para um recém-nascido. Ao invés da falta, viveu a inexistência. Mas o desamparo sempre esteve presente em sua vida de forma intensa. Quando sua filha começou a balbuciar e falar as primeiras palavras, a chamou "mamã", Renata teve um impacto, uma estranheza, e dizia que nunca pôde fazer uso desse fonema, chamar pela mãe. Seu vocabulário não incluía essa palavra. Nessa hora percebeu seu estranhamento e, apesar de ter recebido todos os cuidados da avó, o termo mãe precisou de um trabalho analítico para que ela pudesse se apropriar desse lugar, o que levou um tempo. Essa palavra teve que ser ouvida através da filha e a conduziu para um vazio de significado, mas Renata teve condições de refazer, renascer simbolicamente e ser a mãe de sua filha. O nome escolhido anteriormente ao sonho era o depositário de fantasias em que a filha seria a mãe dela e ela seria a filha. A palavra "mamãe" teve que ser criada e recriada na experiência de elaboração e internalização em sua subjetividade para deixar de ser estranha ou externa a ela.

Agora Renata está grávida de seu segundo bebê. Novos pesadelos aparecem, já que foi a segunda filha. Desta vez, procura outra médica para acompanhá-la. Tem medo de deixar órfãos seus filhos. Novas experiências no sentido de superar áreas traumáticas nos aguardam. Tem uma forte intuição de que terá um menino, pois começa a sonhar com seu pai. E surge a fantasia de ter tido sua menstruação muito precocemente em função dos traumas vividos com o pai. Isso teria afetado seu corpo, pois ela sente que este está velho e passível de gerar bebês defeituosos. Refere-se a si como sendo um "mau forno".

Renata traz dois sonhos:

> *Primeiro estou na casa de meus avós e estou dentro dela, mas não posso sair porque ao redor, no lado externo, só tem bichos selvagens e fico com medo, me sentindo só, desamparada e presa. No segundo, estou num lugar que parece um palco, mas era minha casa antes de eu nascer, e olho para a plateia como se visse figuras em um museu: meus avós, tia; e sabia que minha mãe estaria lá. Sabe aquelas fotos de antigamente? Estavam assim vestidos. Eu estava feliz que ia ver minha mãe. Mas quando desço, eu a procuro e não a vejo! Achava que finalmente ia vê-la. Ela não está, fico brava pois, novamente, não posso tocá-la. Vem uma tia e me diz que o que tinha para me mostrar era uma boneca que estava no lugar de sua mãe. Eu olho para aquela boneca meio bizarra e dou risada achando que foi muito espirituoso da minha tia. Saio de lá e vou para casa e no caminho tem um bebê que alguém me dá e eu digo que não é meu, e o abandono numa mesa. E aí eu acordo.*

Por meio de seus sonhos, e Renata tem uma criação rica deles, conversamos como a visita à sua história que estamos fazendo juntas lhe possibilita transformar a inexistência e o desamparo em falta. Primeiramente há o terror ao redor da casa, algo que não incorporou ficou como estranho, externo e não vivido, ameaçando a sua "santidade", e depois, no lugar da mãe, aparece um objeto boneca sem vida, mas um esboço de uma figura imaginativa, apesar de bizarra, que, de alguma maneira, pode adentrá-la num mundo simbólico para que possa se apropriar do bebê, o que está gestando e o bebê ela mesma, para que possa renascer.

A impossibilidade inicial de Renata de dar significado à palavra mãe me faz pensar na questão da linguagem e da palavra como o objeto lírico e transicional. Pensar que a palavra conecta e separa, cria e destrói o objeto subjetivo, faz parte do processo de desilusão. A palavra precisa estar encarnada e, para isso, a presença do outro é indispensável. A palavra sem significado aponta um vazio de vivências de presença que sustentariam, analogamente ao corpo materno, o bebê em desamparo originário. A palavra, assim, ganha o caráter transicional e lírico. Na transferência essa vivência pode se dar. A mãe de Renata não encarnou, mas a analista está presente, motivo pelo qual Renata se nega a deitar no divã. Costumeiramente ela se refere à importância de me ver, ouvir e sentir corporalmente minha presença. Importante viver essa corporeidade para poder viver uma falta que não lhe foi possível. Foi inundada pelo luto dos avós, que viam na neta a continuidade da mãe. Renata precisava encontrar um caminho pessoal para viver esse luto e viver sua sexualidade. Sua "virgindade/santidade" foi sustentada até se casar.

Jean-Claude Rolland (2006/2017) pergunta: de onde vem a dor?

> *Do reconhecimento de que o objeto perdido está irremediavelmente perdido, de que ele está marcado pelo sinal da morte. A dor supõe um eu forte que resiste a*

essa percepção que, paradoxalmente, é aí reforçada ao preço de uma compensação que poderia ser o "prazer estético".

Essa ocorrência pertence também tanto à experiência analítica como à experiência estética. A palavra e a fala ressignificam a presença e a ausência. O caminho da elaboração do desamparo à falta pode ser aberto. Assim, Renata, que nunca se referia a mim pelo meu nome, pôde fazê-lo depois de um tempo. Viveu muita emoção na sessão e, finalmente, me mostra as fotos da mãe, dela e da filha.

O que parece uma banalidade na vida cotidiana ganha uma dimensão profunda e impressionante na transferência e contratransferência.

Como afirma Roussillon (2012), a contratransferência funciona como um espelho do negativo de si mesmo (do paciente), do que não foi vivido, sentido, visto, ouvido, falado. "O analista é o espelho do que, portador de um estado de desamparo primário e de sofrimento intolerável, ameaça a integridade do eu."

A interpretação dada pelo analista evoca associações no analisando, e estas promovem uma mudança subjetiva.

> *Conhecer o outro e ser conhecido por ele é tanto mais um ato de evocação inconsciente que separa os sujeitos e anuncia a solidão do self, quanto é um ato de compreensão inteligente, no qual pode-se colocar o conhecimento de si e do outro em pensamento coerente e estrutura de linguagem. (Bollas, 1992/1998c, p. 31)*

Uma forma de garantir a sobrevivência em situações de solidão abissal seria se apartar de sua própria subjetividade. É nesse sentido que os objetos líricos/transicionais possibilitam o existir e o cantar, o *melos*. Renata, agora, pode cantar e se en-cantar com sua filha. A linguagem e a voz adquiriram melodia, a palavra *mamãe* ganha um lugar dentro de si, e ela assim pode criar e oferecer à sua filha o uso dos objetos líricos e promover seu processo de vida, criar e destruir para ser si mesma. Re-nata.

Referências

Bion, W. (1970/1973). *Atenção e interpretação*. Rio de Janeiro: Imago.

Bollas, C. (1992/1998a). Aspectos da experiência do Self. In *Sendo um personagem* (p. 17, S. M. de A. Carvalho, trad.). Rio de Janeiro: Revinter.

Bollas, C. (1992/1998b). Introdução. In *Sendo um personagem* (S. M. de A. Carvalho, trad.). Rio de Janeiro: Revinter.

Bollas, C. (1992/1998c). O objeto evocativo. In *Sendo um personagem* (p. 22, S. M. de A. Carvalho, trad.). Rio de Janeiro: Revinter.

Bosi, A. (2000). *O ser e o tempo da poesia*. São Paulo: Companhia das Letras.

Dolto, F., & Sévérin, G. (2010). *A fé à luz da psicanálise*. Campinas: Versus. Recuperado de https://conteudosemportugues.wordpress.com.

Macedo, H. O. (1999). *Do amor ao pensamento. A psicanálise, a criação da criança e D. W. Winnicott* (M. Seincman, trad.). São Paulo: Via Lettera.

Rolland, J. C. (2006/2017). *Antes de ser aquele que fala* (P. S. de Souza Jr., trad.; A. M. A. de Azevedo, rev. técnica). São Paulo: Blucher.

Roussillon, R. (2012). O desamparo e as tentativas de solução para o traumatismo primário. *Revista de Psicanálise da SPPA, 19*(2), 271-295.

Rozenberg, M. (2002). Desamparo e autonomia: movimentos do processo de amadurecimento no estágio de concern. *Revista Brasileira de Psicanálise, 36*(4), 859-870.

Safra, G. (1999). *A face estética do self: teoria e clínica.* São Paulo: Unimarco.

Steiger, E. (1975). *Conceitos fundamentais da poética.* Rio de Janeiro: Tempo Brasileiro.

Winnicott, D. W. (1963/1990). O desenvolvimento da capacidade de se preocupar. In *Ambiente e os processos de maturação* (p. 70, I. C. S. Ortiz, trad.). Porto Alegre: Artes Médicas.

Winnicott, D. W. (1971). *O brincar e a realidade* (J. O. de A. Abreu e V. Nobre, trads.). Rio de Janeiro: Imago.

7. A mente do analista, personalidade e teorias. Teorias do analista e transformações em O

Célia Fix Korbivcher

> *Como eu não sei o que a realidade é, e como que eu quero falar sobre ela, eu lidei com esta situação simplesmente dando a ela um símbolo, "O", e apenas chamando de O a realidade última e verdade absoluta.*
>
> Bion (2013, p. 4)

1. Introdução

Tenho me indagado com frequência sobre aquilo que caracteriza o nosso ofício como psicanalistas. Tenho me perguntado: afinal que estranha atividade é essa, a psicanálise, cujas características a tornam uma prática que, por um lado, pretende ser científica e, por outro, se serve de instrumentos de trabalho tão pouco precisos? Que ofício é esse em que o analista dispõe, como a principal ferramenta, da sua própria mente, mente esta sujeita às mesmas vicissitudes das de seu paciente? Que ofício é esse no qual o profissional se expõe a tal ponto que a sua vulnerabilidade e a sua intimidade farão necessariamente parte de seu campo de trabalho? Que trabalho é esse em que predomina a incerteza, a imprecisão, posto que o fenômeno observado pelo psicanalista na sessão será distorcido pela sua própria observação (Bion, 1965/1983). Que atividade é essa que propõe desenvolver a capacidade para pensar, sendo que "o pensar" em si mesmo contrariaria a forte tendência do ser humano no sentido de evitar o pensamento? Que atividade é essa em que o paciente, ao nos procurar, vem buscar alívio para a sua dor e no lugar recebe a proposta para aumentar a sua capacidade de tolerá-la e, além disso, deve se conscientizar de seu enorme desamparo, desamparo esse inerente à sua condição de ser humano?

Essas indagações têm ocupado a minha mente no exercício deste ofício ao qual tenho me dedicado já há décadas.

Pretendo examinar no presente trabalho as especificidades da tarefa analítica, considerando o fato de que esta é uma tarefa na qual o principal instrumento é a mente do analista, a sua personalidade e as teorias nela incorporadas – a pessoa do analista como um todo. Recorro à teoria do livro *Transformações: mudança do aprendizado ao crescimento* (Bion, 1965/1983) como um método de observação dos fenômenos mentais na sessão analítica detendo-me em particular nas transformações em O (sendo). Desenvolvo a ideia de que as teorias utilizadas pelo analista deveriam pertencer ao campo das transformações em O, ou seja, para que as teorias pudessem favorecer o desenvolvimento elas necessitariam fazer parte da pessoa do analista – o analista "sendo psicanálise" (Bion, 1965/1983). Apresento material clínico de uma paciente e ilustro e discuto essas questões.

2. A mente e a personalidade do analista

Lembrei-me de uma situação contada por um jovem engenheiro que iniciava suas atividades profissionais na área de engenharia de fundações. Ele havia sido contratado para executar projetos de uma eminente autoridade dessa área. Tão logo iniciou essa atividade, defrontou-se com questões que lhe provocaram estados de extrema angústia. Verificou que o grau de imprevisibilidade contido na tarefa era muito maior do que aquele que era previsto no projeto e que, apesar de este ser extremamente preciso e bem calculado, havia sempre uma enorme dose de incerteza, não lhe sendo possível antecipar com segurança as características do solo com o qual iria lidar, nem como este iria reagir à interferência de determinados procedimentos. Com o tempo o engenheiro concluiu que qualquer manipulação alterava as características do solo de maneira totalmente imprevista. Mais do que isso, ele se conscientizou de que, sendo as fundações subterrâneas, as anormalidades nelas se tornavam inacessíveis à sua observação, podendo vir a ameaçar a estrutura da edificação. Em outras áreas da edificação, entretanto, isso não ocorria, pois as alterações eram visíveis e medidas corretivas poderiam ser providenciadas. Os níveis de angústia do jovem foram aumentando consideravelmente, conforme foi colocando em prática os seus projetos. Imediatamente tomou contato com a sua solidão, com o seu estado de abandono, sem encontrar uma autoridade para responder às questões imponderáveis que iam surgindo com a experiência.

Este episódio descreve bem o estado de desamparo do engenheiro de fundações diante da sua tarefa, na qual predomina o imponderável, a incerteza, a dúvida, uma vez que o solo com o qual irá trabalhar é um solo desconhecido e, possivelmente, já há muito assentado, sem que ele pudesse prever as decorrências dessas fundações. O engenheiro, para realizar a sua tarefa, conta sobretudo com a sua intuição, além, evidentemente, do conhecimento sobre a qualidade daquele solo e, mais do que isso, com a capacidade de conviver com a instabilidade.

Não seria este um modelo comparável à atividade psicanalítica, na qual o analista, solicitado a realizar o seu trabalho, transita também por um solo desconhecido, onde predomina um clima de instabilidade, de dúvidas, de questionamentos e de grande vulnerabilidade! O analista, assim como o engenheiro, depende para a sua tarefa da sua personalidade e se serve principalmente da sua intuição psicanaliticamente treinada.

A personalidade do analista é o principal pilar sobre o qual ele se apoia. A sua personalidade, composta tanto por características herdadas quanto pelas experiências que foi amealhando ao longo da sua vida, atua ativamente em seu campo de trabalho. Como a mente do analista é dotada de atributos intrínsecos a qualquer ser humano, atributos esses equivalentes aos de seu paciente, ele, diante de determinados estímulos, torna-se sujeito a reações equivalentes às de seu paciente. Em situações de forte tensão, por exemplo, ele poderá se evadir, atuar etc... Poderá operar igualmente com as partes psicóticas, autísticas, ou não integradas da sua personalidade. Tais especificidades da tarefa analítica deflagram o seu caráter de "aleatoriedade" e de imprevisibilidade decorrente das variações individuais que ocorrem entre cada dupla específica. Essas características seriam equivalentes ao que nosso engenheiro de fundações descreve ao transitar por seus terrenos, muitas vezes, até movediços. Evidentemente a aleatoriedade do trabalho analítico não é ingênua, mas calcada não só na intuição treinada do analista como nas teorias das quais se serve.

Como sabemos, a análise do analista é o elemento mais significativo da sua formação. Por meio da sua análise pessoal o analista poderá se aproximar do seu próprio funcionamento mental e tomar consciência tanto do seu potencial como dos seus limites. Este é um instrumento que poderá favorecer o desenvolvimento da sua intuição, uma intuição treinada, bem como favorecer a capacidade de conter a angústia diante do desconhecido, da imprevisibilidade. Penso que um dos grandes desafios para o analista em seu trabalho é poder se manter pensando e operando analiticamente, mesmo em situações de forte pressão. Poderíamos supor que, se o nosso engenheiro tivesse tido a oportunidade de se analisar, ele teria, possivelmente, se beneficiado.

3. Teorias/Transformações

Em *Transformações*, Bion (1965/1983) propõe um método de observação dos fenômenos mentais na sessão analítica. Para Bion, o analista não tem acesso à coisa em si, O, mas às suas transformações. As manifestações do paciente assim como as apreensões do analista a respeito do fenômeno observado são transformações pessoais de ambos. Podemos afirmar, nesse sentido, que um mesmo fenômeno pode ser observado de diferentes pontos de vista e que os diferentes significados atribuídos a ele podem ser igualmente pertinentes, a depender do vértice adotado. Bion, com *Transformações*, tenta reproduzir, a meu ver, aquilo que mais se aproxima do que seria o contato entre duas mentes, uma interagindo e modificando a outra a cada movimento ocorrido. Como a mente do analista é a sua principal ferramenta de trabalho, o fenômeno observado pelo analista será distorcido pelo próprio ato de observar (Bion, 1965/1983).

Bion, nesta teoria, passa a incluir os movimentos da mente do analista em seu campo de trabalho. Este novo modo de considerar a psicanálise provoca uma ruptura com o pensamento adotado anteriormente na psicanálise. Surge um novo paradigma pós-Bion, que irá lidar com "um novo objeto de conhecimento, um objeto complexo que se contrapõe ao objeto científico herdado pela psicanálise do século XIX" (Chuster, 2009). Bion, desse modo, desenvolve uma teoria em que introduz a complexidade da mente humana sem que nenhum de seus fatores sejam excluídos. A ideia de "objeto complexo" em psicanálise implica que o analista inclua em seu campo de trabalho toda sorte de fenômenos que dele fazem parte, mesmo que provoquem "desordem, confusão, ambiguidade e incerteza" (Morin, 1990). Se, para evitarmos a desordem, excluirmos esse tipo de fenômenos, incorreremos no risco de que elementos significativos do campo sejam omitidos e que o fenômeno prevalente venha a ser confundido com algum outro. Passam, assim, a fazer parte do campo analítico, além das manifestações do paciente, aquelas que envolvem o funcionamento da mente do analista com as suas emoções. A *imprecisão, a incerteza, a vulnerabilidade*, serão os ingredientes que irão compor este campo tornando o objeto da psicanálise um "objeto complexo", um objeto *tecido de constituintes heterogêneas, inseparavelmente associadas que se apresentam com traços inquietantes de confusão, de desordem, de ambiguidade* (Morin, 1990).

Desaparece a partir de Bion o analista neutro, observador passivo, estático, dono de um conhecimento absoluto, desaparece a visão positivista a respeito do fenômeno tratado, e passa a ser introduzido na sessão um analista em "movimento", portador de uma mente, que "age", "inter-age" e "re-age" de forma dinâmica com o seu paciente (Korbivcher, 2010, 2013).

Em *Transformações*, Bion (1965) destaca diferentes tipos de transformações. Transformações em movimento rígido, transformações projetivas, em alucinose, em K e –K e transformações em O. Ele centrou inicialmente o seu interesse no desenvolvimento do pensar, K (conhecendo a realidade), deslocando posteriormente o seu foco para O (sendo realidade). A partir daí este se torna para Bion o principal objetivo da análise. Deve-se lembrar que o conceito de transformações está conjugado ao de invariância. Para que haja a transformação de determinado fenômeno, algumas invariantes daquele fenômeno devem se manter inalteradas, caso contrário, não seria uma transformação daquele fenômeno, mas uma outra experiência (Korbivcher, 2010, 2013).

Bion deixa em aberto em *Transformações* a possibilidade de que outros grupos de transformações pudessem também ser incluídos nesta teoria. Propus (em Korbivcher, 2010, 2013) acrescentar, além dos grupos de transformações sugeridos por Bion, um novo grupo: o de transformações autísticas. Em 2013 sugeri incluir também as transformações não integradas.

As transformações autísticas se caracterizam por se formar num meio autístico, o que implica a ausência da noção de objeto externo e interno. Algumas das suas invariantes seriam: as relações são dominadas por sensações, experiência de "ausência de vida afetiva", experiência de "vazio afetivo".

As transformações não integradas ocorrem em um meio não integrado. Estas se caracterizam por intensas manifestações corporais não mentalizadas sem representação psíquica. Seria comparável ao que Bion (1962/1991) denomina de estados inacessíveis da mente, estados embrionários acompanhados de manifestações de terror subtalâmico, ou seja, reações físicas ligadas às glândulas suprarrenais e à secreção de adrenalina, as quais levam o sujeito a ações não pensadas de ataque e fuga. Seriam os equivalentes mentais dos restos embrionários que aparecem mesmo quando o indivíduo exerce a função desenvolvida da fala, presente em pessoas as mais civilizadas e cultivadas. Algumas das invariantes das transformações não integradas seriam: presença de manifestações corporais acompanhadas de um estado de extrema vulnerabilidade, vivências de terror expressas pela ameaça de queda num espaço sem fim, num buraco negro, terror de diluição. Tais terrores refletem um estado de constante ameaça de perda da própria existência.

4. Transformações em O

Bion (1965/1983), referindo-se às transformações em O, menciona:

> Alcançamos a realidade apenas "sendo" aquilo que é real. É possível através da interpretação psicanalítica efetuar uma transição de conhecendo os fenômenos do self para sendo o self real? Estou certo em sugerir que os fenômenos são conhecidos, mas a realidade está por vir a ser. A interpretação deve fazer mais do que aumentar o conhecimento... O hiato entre conhecendo os fenômenos e sendo a realidade se assemelha ao hiato entre conhecendo sobre psicanálise e sendo psicanálise. (pp. 174-175)

Nesse trecho Bion destaca que a realidade não é para ser conhecida, mas para ser vivida. Como pensar isso em termos da prática psicanalítica? Como diz Bion, a interpretação deve fazer mais do que aumentar o conhecimento. Isso, penso, provocaria apenas um acúmulo de conhecimento sem promover mudanças importantes. Daí a ressalva de Bion sobre a diferença entre conhecendo sobre psicanálise e "sendo psicanálise". Entendo que o analista "sendo psicanálise" irá interagir a partir da sua intuição treinada, melhor dizendo, "sendo" com o seu paciente a cada movimento.

Bion, com essa proposta, expande o campo da psicanálise de um campo finito para um campo infinito.

No campo das artes, a arte contemporânea é um movimento que provocou uma mudança radical de paradigma, próximo ao que ocorreu em relação à psicanálise com Bion. Esse movimento propõe instalações nas quais o apreciador é convidado a interagir vivamente com a obra, convidado a se envolver com ela, deixando de apenas contemplá-la passivamente. As instalações têm a intenção de veicular um conceito que é transmitido ao público para vivenciarem uma experiência. A intenção talvez fosse modificadora para aquele indivíduo. Este seria um momento de uma fruição estética.

Visitando em Bilbao o Museu Guggenheim, vivenciei um forte impacto ao entrar numa sala onde estavam as enormes esculturas de Richard Serra. São diversos volumes de finas chapas de aço altíssimas colocadas umas paralelas às outras, levemente inclinadas em relação ao solo, dando ao mesmo tempo a impressão de leveza e de grande instabilidade. Esta talvez fosse a sua intenção; convidar o apreciador a se relacionar vivamente com a sua obra transmitindo-lhe a sua proposta por meio das emoções e sensações que esta lhe provoca.

A experiência emocional vivenciada por mim com essas obras de Serra poderia ser considerada no âmbito das artes um momento de fruição estética, ou nos termos de Bion um momento de aproximação a O, "sendo". Este é um momento em que as palavras não são capazes de traduzir a experiência vivida.

A transformação em O é uma experiência em andamento que emerge num determinado momento da sessão analítica a partir da interação vivida entre analista e analisando. Temos apenas aproximações de O, aproximações daquela experiência. A transformação em K, por outro lado, relaciona-se a uma experiência que já ocorreu, da qual se tem um conhecimento e existe uma linguagem verbal capaz de comunicá-lo. O conhecimento sobre a realidade é racional enquanto "sendo a realidade" depende basicamente da intuição, algo distante do racional. As transformações em O podem promover mudanças psíquicas importantes no paciente.

Bion (1978) indaga: com quem você está lidando quando alguém vem ao seu consultório? Que animal é este, um cientista ou aquela criaturazinha, um peixe? Que diferença faz se o paciente teve experiências pré-natais? Será que importa se o paciente que veio ao consultório como um ser humano crescido e maduro mostra sinais que nos inclinamos a crer que são terror e medo, como medo subtalâmico? Como psicanalistas, isso tem alguma coisa a ver conosco? Se o paciente mostra ansiedade, dizendo "Dr., tenho medo de estar ficando louco, e percebe que algo está irrompendo, e que está interferindo no seu processo de pensamento verbal articulado, será que podemos dizer algo a esse mesmo indivíduo articulado que pudesse se infiltrar através da mesma rota pela qual flutuou e se expressar em ideias aparentemente racionais. Referindo-se a uma fábula sobre um peixe ele indaga: com que animal deveríamos falar? E que linguagem falamos? Quando você fala com o seu cachorro, que linguagem você fala: português, inglês, francês? E porque você acha que o animal entendeu? Será que poderíamos falar com o paciente em alguma linguagem que seria compreendida lá no local onde a endereçamos? Se é algo primitivo como um estado de pânico, que linguagem falaremos que poderia ser entendida pelas adrenais e fazê-las fugir do inimigo ou se atirar contra.

Eu indagaria: com que língua falamos com esses estados não nascido da mente? Que língua utilizamos para penetrar barreiras autísticas, ou para nos comunicarmos com estados não integrados onde não há um *self* constituído para nos escutar? Com que língua iremos nos comunicar com o soma, com aqueles pacientes que apresentam distúrbios psicossomáticos?

Material clínico

A paciente, 40 anos, telefona-me na véspera da sua sessão solicitando uma mudança de horário. Explica que deverá buscar os filhos na escola, pois o motorista não poderá fazê-lo e não gostaria de perder a sua sessão. A situação me sensibiliza e decido atender ao seu pedido.

Ao chegar para a sessão, noto-a envolta numa atmosfera um tanto carregada. Entra na sala de cabeça baixa, semblante sério, deita-se, e permanece um longo tempo em silêncio. Sinto-me isolada, sem possibilidade de fazer contato, o que me surpreende devido a sua solicitação para não perder aquela sessão.

A seguir, num tom desanimado, menciona que antes de vir estava no carro levando um amigo do filho para casa e percebeu que precisou se esforçar muito para manter uma conversa para não ficarem em silêncio. Diz que é sempre assim, a conversa não flui, não sabe sobre o que falar e que não chega a se isolar porque sabe que deve participar e então se força para manter algum contato. Menciona que o contato não é natural, que se sente sem vida, sem energia, meio vazia.

Digo-lhe que talvez se sinta sem ter algo valioso dentro de si a oferecer, daí a sua tendência a se isolar e o sentimento de vazio.

Aguarda um tempo em silêncio e, num clima de maior angústia, diz: em compensação, tive um sonho com X que me deixou muito assustada! Diz: eu estava "ficando" com X (um amigo), beijando-o, quando me dei conta de que estávamos num rio onde havia uma correnteza intensa e eu estava sendo arrastada para uma cachoeira enorme e via que eu iria despencar lá para baixo. Fiquei com muito medo e com grande esforço consegui me agarrar num galho e sair do rio.

Ela está, neste momento, envolta em forte emoção. As imagens do sonho, principalmente de despencar, me impactam. Percebo que devem ter relação com o movimento anterior, mas não lhe digo nada sobre isso. Depois de algum tempo, indago: o que te assustou no sonho?

Diz: o sonho me parece claro. Eu tenho medo de me deixar levar. Fiquei muito assustada com a ideia de ser arrastada. Eu sempre sou arrastada pelas situações. Pensei que, se eu não me cuidar, vou ser arrastada por essa história com X, e o meu casamento e a minha vida vão despencar.

Diz que tem medo de se deixar levar, de ser arrastada. Diz: "pensei que, se eu não me cuidar, vou ser arrastada por essa história com X e o meu casamento, a minha vida vão despencar". Conta que X havia lhe telefonado no dia anterior e acha que ele também havia sonhado com ela. A sua emoção vai se modificando, excitando-se com a própria narrativa sobre as suas fantasias com X. Digo-lhe que parecia muito entusiasmada, mais viva e ao mesmo tempo assustada com a possibilidade de sonhar, de ter fantasias.

Envolvo-me com essa sua narrativa, até o momento em que percebo que eu deixei de lado a vivência inicial de vazio e as imagens do sonho, que tanto me impactaram. Penso que possivelmente haveria uma relação entre tais estados e a vivência de terror pela ameaça de queda expressa no sonho.

Digo-lhe que talvez por meio desse sonho ela esteja mostrando algo que a tem acompanhado há muito tempo. Digo que o seu recolhimento do início da sessão e o vazio que havia mencionado talvez tenham a função de protegê-la de uma vivência de ameaça de perder a noção da própria existência.

Noto que o clima entre nós se modifica. Ela parece interessada no que eu lhe digo. Comenta que na véspera foi com uma amiga a um evento e que, apesar de ser algo muito familiar, percebeu que não tinha nada a comentar e que não participou da conversa. Diz que sentiu um vazio, um buraco muito grande dentro de si. Conta que o marido lhe telefonou perguntando se não voltaria para casa. Comenta que é bom ter o marido para cuidar dela e colocá-la na linha, e que sem ele talvez ela se deixasse levar e tudo desmoronaria.

Digo que parece que não sente ter dentro de si algo que a norteie e que precisa se agarrar em qualquer coisa para se sentir em continuidade e não desmoronar.

Ela se recolhe por um tempo e, em seguida, num tom de muita angústia, comenta que estava pensando no medo de não estar vivendo a vida, de estar de fato se isolando e de não estar presente nas situações importantes. Diz que se incomoda muito por perceber que os filhos estão crescendo e que ela não tem acompanhado de perto a sua evolução. Comenta que eles vão à natação, que já tomam banho, se vestem sozinhos, fazem uma porção de coisas e ela não acompanha nada disso, pois quem os leva é o motorista e a empregada.

Ela entra num intenso clima de autoacusação. Percebo o exagero da situação e a sua tentativa de me arrastar com ela para esse clima, parecendo obter, talvez, certo gozo com isso.

Diante desta situação de grande exagero lhe indago: mas você acha que isso é assim como está dizendo?

Ela pensa um pouco e, um tanto aliviada, fala que de fato não é bem assim, porque nos finais de semana está com eles em tempo integral. Conta que estiveram na piscina e que chamou o marido para observarem como o filho estava nadando, tudo o que faz nas aulas, como progrediu. O marido logo se ausentou, e ela ficou com os dois na piscina.

Diz: ficamos brincando, depois eu pus uma boia de braço em cada um, e fizemos duas piscinas inteiras, cada um segurando num ombro meu. Foi tão bom! Senti-me acompanhada, como se fossem meus companheiros. Nadamos muito devagar, eles também gostaram muito.

Enquanto narra essa experiência, comove-se muito e começa a chorar. Diz que não sabe por que está tão emocionada. Chora muito e repete diversas vezes que não entende porque está tão emocionada assim.

Digo que noto que o clima da sessão mudou muito e indago: e o vazio? O buraco, onde foi parar? Digo que parece que, ao contrário do que afirmou no início, eu a via muito emocionada ali comigo, a experiência de viver uma situação que não supunha ser capaz, uma experiência diferente, nova.

A seguir, um tanto entusiasmada, conta outra situação, em que brincava com o filho, dançavam juntos, e também se via muito envolvida. Digo que parece entusiasmada aqui, comigo, com esta possibilidade de se sentir emocionada, existindo, viva.

5. Comentários

Nos primeiros movimentos da sessão narrada, notamos o dinamismo da relação analista/analisando, em que uma modifica a outra a cada movimento. A analista, já antes desta sessão empática com as dificuldades da paciente, aceita prontamente o seu pedido de troca do horário, o que resulta numa expectativa sua de se encontrar com alguém que quer se comunicar. Para a sua surpresa a paciente, ao chegar, encontra-se imersa num estado de recolhimento, sem motivação para contato. A seguir ela relata o episódio do carro em que ela se percebeu *sem vida, sem energia, meio vazia, desligada e muito distante*. A analista lhe formula que o seu isolamento se liga ao fato de ela se sentir sem nada dentro, vazia, sem nada com o que contribuir, ao que a paciente responde: *em compensação eu tive sonho*. À medida que ela narra o sonho vai surgindo um clima de muita angústia, principalmente ao se referir à *correnteza forte e o terror de ser arrastada, de despencar, devendo agarrar-se num galho para não cair...* Esta imagem provoca forte impacto na analista. Surgem aqui dúvidas e inquietações. O que teria levado a paciente a romper o clima anterior e narrar o sonho? Seria uma situação na qual a paciente é capaz de representar as suas angústias ou uma reação à fala da analista por ter-lhe apontado o estado de vazio? Observamos neste momento uma reação do "solo"/mente da paciente à interferência da analista, sem qualquer possibilidade, entretanto, de precisar o que teria ocorrido. Nas associações ao sonho, a paciente fala do seu temor de ser arrastada pela relação com X e a sua vida desmoronar, mas em seguida se excita com as fantasias com X. A analista, diante da angústia provocada pelo impacto da imagem da correnteza, possivelmente teria sido "arrastada" junto com a paciente para um estado de alucinose, em que ambas se envolveram com a narrativa das "fantasias com X". A analista, ao tomar consciência desse fato, é capaz de resgatar sua condição de pensamento e formular que talvez *o seu recolhimento do início da sessão e o vazio que havia mencionado tivessem a função de protegê-la de uma vivência de ameaça de perder a noção da própria existência*. A paciente se interessa pela comunicação da analista, o que a faz se conscientizar do quanto ela se isola, passando a se acusar com o fato de que está perdendo fatos importantes do desenvolvimento dos seus filhos. A analista, sensível ao exagero da situação, indaga a paciente: *será que é assim mesmo?* Essa indagação propicia que a paciente saia daquele estado de alucinose e entre em contato com a situação em curso. Instala-se a partir daí uma vivência de forte emoção e de proximidade compartilhada por ambas com o relato sobre os *filhos com ela na piscina*. Esse seria um momento em que ambas se encontram em uníssono, "*sendo*" e não *conhecendo* sobre a situação. Essa experiência propicia uma mudança psíquica importante que é acompanhada pela intervenção da analista quanto à capacidade da paciente de vivenciar tal estado de emoção, diferenciando-o do estado de vazio do início da sessão.

6. Discussão

Para iniciar a discussão poderíamos indagar: como saber se a abordagem adotada pelo analista alcança o seu paciente? Quais a repercussões das intervenções do analista sobre a sua mente? Promovem crescimento, desenvolvimento? Promovem um maior contato do paciente consigo mesmo? Caberia também perguntar: o que faz com que a analista siga esta direção e não a outra? Seria a sua intuição, as teorias que utiliza? Como sabermos se a abordagem da analista não irá, ao invés de estimular crescimento, provocar alguma catástrofe na mente do paciente? Quanto ao engenheiro de fundações, poderíamos indagar: o que faz com que ele perfure uma área e não outra? Como saber se as fundações da sua edificação irão de fato sustentar a edificação ou provocar um desabamento? Não dispomos, evidentemente, de respostas para essas indagações, dada a dimensão de imprevisibilidade contida na tarefa analítica. Dispomos apenas de algumas evidências que indicam a direção que foi tomada.

Retomo aqui a apreensão da analista em relação ao sonho narrado pela paciente nessa sessão. Essa passagem ilustra, a meu ver, algumas dessas questões levantadas. O sonho poderia ter sido abordado de diferentes vértices, todos igualmente pertinentes. A analista, entretanto, partindo da sua intuição associada à experiência emocional do momento, ofereceu à paciente a sua realização daquela experiência. Essa abordagem contém aspectos da sua personalidade que englobam as teorias que *se tornaram parte da sua pessoa*. O clima de isolamento e vazio compartilhado com a paciente no início da sessão, associado à atmosfera de terror ao mencionar no sonho o medo de despencar num espaço sem fim, ecoou na mente da analista como tendo uma dimensão própria de vivências primordiais da mente. Para outro analista poderia, entretanto, corresponder a vivências pertencentes à área edípica. A analista considerou o isolamento do início da sessão como uma manobra protetora autística diante de estados de ameaça pelo desamparo a que fica exposta no contato com o outro. Já a narrativa do sonho e a menção ao terror diante da ameaça *de despencar e ser arrastada pela correnteza* indicaram a capacidade da paciente de nomear as vivências primordiais características de estados não integrados.

Penso que, para o analista favorecer ao paciente aproximar-se de O, ele necessita encontrar-se também no domínio de O, ou seja, estar em uníssono consigo mesmo. Num estado de mente com este, aliás, bastante raro devido à enorme turbulência do campo, as teorias do analista deixariam de ser aplicações de determinado conhecimento, mas estariam entranhadas no *analista sendo psicanálise*. A linguagem do analista ao se comunicar com o paciente necessitaria, desse modo, estar integrada à experiência emocional daquele momento.

Para finalizar, cito Bion (2013), que diz:

> *No momento em que não estamos atendendo pacientes, mas lendo livros e lendo sobre psicanalise, nós não estamos somente mortos, mas estamos condenados. Não há futuro nisso. Tudo o que ocorre depois disso é*

> *aprender mais e mais teoria psicanalítica, e eu acredito que já existe uma grande quantidade disso. Penso que necessitamos de muito poucas teorias, e que é importante ... fazer a sua leitura de maneira que essas teorias se tornem parte de você, e, para o bem ou para o mal, esta é a sua compreensão delas na extensão em que essas teorias em particular são trabalháveis por você. Isso é o que é realmente importante. (pp. 6-7)*

Penso que nessa passagem Bion sintetiza muitas das ideias apresentadas neste trabalho. Bion nos desafia a pensar a respeito do uso que se faz das teorias na prática clínica. Ele não desaconselha estudarmos ou lermos sobre psicanálise, mas, como ele diz: *fazer a sua leitura de maneira que essas teorias se tornem parte de você...* ou, melhor dizendo, o analista *sendo psicanálise*.

Referências

Bick, E. (1968/1991). A experiência da pele nas primeiras relações de objeto. In *Melanie Klein hoje: desenvolvimentos da teoria e da técnica* (Vol I, pp. 194-198, Nova Biblioteca de Psicanálise, 7). Rio de Janeiro: Imago.

Bick, E. (1986). Further considerations on the function of the skin in early object relations: findings from infant observation integrated into child and adult analysis. *Brit. J. Psychotherapy*, 2(4), 292-299.

Bion, W. R. (1957/1967). Differentiation of the psychotic from the non-psychotic personalities. In *Second Thoughts* (pp. 43-64). London: Heinemann.

Bion, W. R. (1962/1967). A theory of thinking. In *Second Thoughts* (pp. 110-119). London: Heinemann.

Bion, W. R. (1962/1991). *O Aprender com a Experiência*. Rio de Janeiro: Imago.

Bion, W. R. (1965/1983). *Transformações: mudança do aprendizado ao crescimento*. Rio de Janeiro: Imago.

Bion, W. R. (1967/1981). Notes on memory and desire. In R. Langs (Ed.), *Classics in Psycho-Analytic Technique* (pp. 259-260). New York: Jason Aronson.

Bion, W. R. (1970/1973). *Atenção e interpretação*. Rio de Janeiro: Imago.

Bion, W. R. (1978). *Conversando com Bion: quatro discussões com Bion em Nova York e em São Paulo*. Rio de Janeiro: Imago.

Bion, W. R. (1997) *Taming wild thoughts* (F. Bion, ed.). London: Karnac Books.

Bion, W. R. (2013). *Los Angeles seminars and supervisions* (J. Aguayo e B. Malin, eds.). London: Karnac Books.

Chuster, A. et al. (1999). *W. R. Bion: novas leituras. Dos modelos científicos aos princípios éticos-estéticos* (Vol. I). Rio de Janeiro: Companhia de Freud.

Chuster, A. (2009). *A psicanálise ainda impossível?* Trabalho apresentado no evento Os Pensadores da Psicanálise em Ribeirão Preto.

Freud, S. (1937/1975). Análise terminável e interminável. In S. Freud, *Moisés e o monoteísmo, esboço de psicanálise e outros trabalhos (1937-1939)* (Edição Standard Brasileira das Obras Psicológicas Completas de Sigmund Freud, pp. 239-287, Vol. 23). Rio de Janeiro: Imago.

Korbivcher, F. C. (2010). *Transformações autísticas: o referencial de Bion e os fenômenos autísticos*. Rio de Janeiro: Imago.

Korbivcher, F. C. (2013). *Autistic transformations: Bion's theory and autistic phenomena*. London: Karnac Books.

Morin, E. (1990). *Introdução ao pensamento complexo*. Lisboa: Instituto Piaget.

Tustin, F. (1986/1990). *Barreiras autistas em pacientes neuróticos*. Porto Alegre: Artes Médicas.

Tustin, F. (1990). *The protective shell in children and adults*. London: Karnac Books.

Tustin, F. (1992). *Autistic states in children*. London: Routledge and Keagan Paul.

8. Solidão e desamparo na adolescência e sua relação com a triangulação edípica

Gisèle de Mattos Brito

Observamos que muitas crianças e adolescentes atualmente encontram-se perdidos em meio às novas e mais complexas configurações familiares, com uma gama de vivências emocionais muito turbulentas que acompanham as brigas, as rivalidades, as disputas pelo poder e as frequentes separações conjugais. Diante de tudo isso eles se sentem muito mais sozinhos, desamparados e incapacitados de estabelecer relações triangulares significativas com bons objetos e de introjetá-las, estruturando seu ego.

Sabemos que esse vínculo parental é o protótipo de todos os outros vínculos. A impossibilidade de estabelecimento de uma relação triangular satisfatória abre espaço para sentimentos de solidão, exclusão, desamparo e isolamentos. Dessa forma, não se sentem amados e valorizados, condições fundamentais para alcançarem um equilíbrio emocional.

As famílias, por sua vez, nos procuram em busca de uma ajuda para lidar com situações que não se sentem preparadas para enfrentar. E, de fato, por mais amor e carinho que o jovem receba de seus pais, não é suficiente para a estruturação da situação edipiana, pois esta passa pela possibilidade do jovem de tolerar frustrações, sentimentos de exclusão etc.

Inicialmente vamos tecer comentários sobre a contribuição de alguns autores que nos ajudaram no entendimento deste tema. Depois, apresentaremos três fragmentos do caso clínico de um adolescente, em períodos diferentes de sua análise. Em seguida, discutiremos esse material.

O Édipo, a situação edípica e o espaço triangular

Sabemos, desde Freud (1924/1976), que o complexo de Édipo é o elemento central no sofrimento psíquico, é estruturante da mente humana e sobre ele, em grande parte, repousa o trabalho psicanalítico. Por Édipo, podemos entender a relação triangular e todos os sentimentos de rivalidade que a criança desenvolve por um dos pais, o do mesmo sexo, por volta de 3 a 5 anos de idade. Para Freud, a cena originária entra no psiquismo de forma retrospectiva e dinâmica, proporcionando uma nova realidade interna.

Para Klein (1928/1970, 1945/1992), os primeiros estágios do complexo de Édipo se situam mais precocemente, ou seja, por ocasião do desmame. Ela descreve com toda a profundidade e clareza de seu pensamento as angústias e defesas do bebê, inicialmente na relação com o seio da mãe, e os ciúmes, inveja e rivalidade surgidos com a entrada desse terceiro elemento, o pai, com o que toda a dinâmica interna se altera. Foi Melanie Klein quem ligou o Édipo à cena originária. Para ela, o Édipo estrutura a mente da criança. O bebê tanto imagina como pode perceber a relação sexual entre os pais desde o início da vida.

Em trabalhos posteriores (Klein, 1963/1991), com o descortinar da posição depressiva, ela nos ensina que, à medida que o bebê consegue suportar a dor e frustração de lidar com uma mãe que está fora dele, portanto separada, e que se relaciona não somente com ele, mas também com o pai e com os outros irmãos, o bebê consegue integrar sentimentos intensos e, por vezes, muito persecutórios, de ciúmes, inveja e ressentimentos. A solução da situação edipiana para Klein passa pela aceitação da realidade do relacionamento sexual dos pais e pela tolerância à sua exclusão desse relacionamento.

Entretanto, como bem nos aponta Britton (2003), nunca solucionamos totalmente a situação edipiana e a posição depressiva. Diz ele:

> *O que tenho enfatizado é que a posição depressiva e a situação edipiana não terminam jamais e, pelo contrário, precisam ser retrabalhadas a cada nova situação de vida, em cada estágio do desenvolvimento e com cada acréscimo fundamental à experiência ou ao conhecimento (p. 57).*

Assim também Bion, com a proposição da existência de uma parte psicótica e não psicótica funcionando *pari passu* em nossa mente, chama a atenção para o movimento dinâmico entre as posições esquizoparanoide e depressiva (PS↔D).

Bion propôs ainda a existência de uma pré-concepção do casal parental, ou seja, uma pré-disposição para a relação triangular antes do nascimento. Para ele, os primeiros estágios do complexo de Édipo são ainda anteriores ao que pontuava Klein. O Édipo tem início com a própria vida. O conceito de pré-concepção tem estreita analogia com o que Kant entendia como "categorias". As categorias de Kant falam da "predisposição" inata da mente para receber a experiência (Lansky, 1981). A "prédisposição", portanto, não deriva da experiência, é inata. Do encontro da pré-concepção com a experiência nasce a concepção. Entendo que, para Bion, a pré-concepção é o núcleo do aprender com a experiência.

Concomitante a isso, o bebê se depara com sentimentos ambivalentes de ódio, amor, culpa e perda. A elaboração da posição depressiva permitirá ao bebê um funcionamento mental mais equilibrado em que encontrará espaço interno para simbolizar, pensar e estabelecer, como aponta Bion (1970), uma relação continente-conteúdo, a qual chamou de comensal, em que os dois objetos permitiriam a entrada de um terceiro com benefícios para todos.

Britton (1989/1992) postula o que chamou de um "espaço triangular", espaço que delimita e une o mundo interno pelo reconhecimento da união parental e dá condição de exclusão. O "espaço triangular é um espaço delimitado para três pessoas da situação edipiana e todas as suas relações potenciais". Esse espaço permite à pessoa participar de uma relação, como ser observado por outra pessoa. Há a inclusão de uma terceira posição, a qual também poderá observar a relação entre os dois. Portanto, uma terceira posição passa a existir.

A solidão e o desamparo, a triangulação edípica e a inclusão do analista como terceiro

Partimos dos trabalhos de Bion (1967) sobre o pensamento esquizofrênico e, principalmente, de seu trabalho sobre a existência de uma parte psicótica e não psicótica da personalidade funcionando *pari passu* na mente de todos nós. Com tais conhecimentos, podemos aproveitar as postulações de Klein (1963) características da solidão do esquizofrênico, como também presentes na parte psicótica da nossa personalidade. Quando o bebê não encontra um casal de pais com *rêverie* (Bion, 1962), ou por falta de condições de tolerar as frustrações provenientes do sentimento de exclusão, há um predomínio de angústias esquizoides, próprias da posição esquizoparanoide e da parte psicótica da personalidade.

Quando o bebê é incapaz de estabelecer um bom objeto interno, se sente desamparado e com um sentimento de solidão. Assim, não pode confiar no objeto e, consequentemente, em si mesmo. Esses estados mentais são a raiz dos sentimentos de solidão e desamparo.

A fragmentação do ego, pelo uso excessivo da identificação projetiva, leva-o a confusão com o objeto e a intensos sentimentos de ansiedade e perseguição.

É muito importante neste momento o analista entrar como um terceiro elemento capaz, como ressalta Britton (2003), de reconhecer a natureza de sua contratransferência, para conseguir manter-se em contato com seu próprio *self* e ocupar uma terceira posição, a de observador na transferência, conjuntamente com a posição diádica já ocupada entre analista e paciente.

Figueiredo (2004), em belíssimo trabalho sobre senso, teste e processamento de realidade nos casos-limite, ressalta a importância da *"intervenção do terceiro"* nos planos interno e externo como "fundamental para dar ao sujeito um senso de realidade do mundo e de si mesmo e condições para que faça provas da realidade sustentáveis". Para tanto, a pessoa precisa ter alcançado um grau de elaboração da posição depressiva e ter, como bem aponta, articulado a posição depressiva com a travessia do Édipo.

Pedro: uma história compartilhada

Pedro começou a análise há cerca de quatro anos. Na época tinha 15 anos. Trabalhamos com três sessões semanais. Os sintomas que o trouxeram eram: depressão, distanciamento familiar e um profundo sentimento de confusão. Sentia-se perseguido por fantasias homossexuais e seu discurso, com frequência, era incompreensível. Eu não conseguia entender nada do que dizia.

Sentia-me com um sono estonteante, desanimada, desinteressada e, por vezes, cheguei a cochilar na sessão. Entendia que, dessa forma, o paciente se defendia do contato comigo e com ele mesmo. Muito desconfiado, me acompanhava com o olhar, ora caminhava com atenção pelas salas, ora me convidava para jogar xadrez ou War. As poucas informações que passava sobre a família versavam sobre seu distanciamento do pai e dificuldades de relacionamento com seu pai e sua irmã. Com a mãe, um pouco melhor, mas prevalecia também o distanciamento. O clima familiar era de intensas brigas entre o casal. O pai estava sempre bebendo e eram frequentes os desentendimentos, inclusive com brigas físicas em que, por vezes, precisou ajudar a conter o pai. A mãe, segundo o paciente, era submissa a toda essa relação.

Primeiro fragmento (um ano de análise)

Ele chega à sessão, deita-se na parte distal do divã e olha para mim. Percebo uma situação sexual presente. Depois, senta-se e diz:

> *Sonhei com você e comigo. Eu estava em uma casa grande, havia duas mulheres: uma era você e a outra, uma mulher que eu não conhecia. Você parecia você mesma, mas depois parecia bem mais nova. De repen-*

te, parecia que a outra mulher era eu. Depois eu me vejo menino, sendo olhado por um homem que parecia estar me olhando com o olhar de desejo. Acordei confuso e me senti tão sozinho, parecia que eu não podia ser eu, pensei que a mulher pudesse ser minha mãe e o homem, meu pai. O que você acha?

Trabalhar com adolescentes é trabalhar em mar revolto, você tem que decidir rápido. Eles precisam de uma resposta. Mas que resposta pode ser dada de modo que ele possa entender e para que os dois, paciente e analista, possam tecer uma história juntos, sem que ele vá embora?

Digo algo mais ou menos assim: você não sabe muito bem se é uma mulher, uma menina, um menino ou um homem no sonho. Sente-se um pouco mulher-menina, menino-homem. Fica ameaçado de ser o jovem e me desejar como a menina-moça do sonho. Não pode ser você, se não puder arriscar ter um sexo e desejar. No sonho, tudo parece inadequado e assustador. Parece que você está lutando para poder ser o jovem que você é.

Paciente: Eu tenho medo.

Analista: Sim, mas você sonhou comigo e com você.

O paciente dá um sorriso maroto e largo e diz: "Vamos jogar xadrez?"

Segundo fragmento (dois anos e meio de análise)

Chega ligeiramente atrasado. Cumprimenta a analista com um: "Oi, Gisèle". Ao que respondo com um: "Oi, Pedro".

Entra e deita-se no divã. Passado um tempo diz:

> *Eu fiquei satisfeito com a sessão de ontem. Pensar que eu distorço minhas ideias e fantasia para me defender é muito melhor do que me sentir impotente ou idiota. O que é a mesma coisa. É difícil, mas é melhor quando consigo ver que morro de medo de ter relações sexuais com as mulheres[1] (começa a falar uma fala entrecortada, difícil de descrever). Há mais tempo estava conversando numa mesa com umas estudantes de psicologia e estávamos falando de experiências sexuais. Eu falei alguma coisa, assim, que já tinha, você sabe.*

Digo: O quê?

Paciente: Bem, não sei bem o que falei, mas acho que comentei já ter ficado com um cara. Aí, uma delas falou: – Engraçado, eu pensei que estava sendo moderninha quando dei um beijo na Mariana. Ela parece ter achado normal. Eu acho que o tempo em que usava droga, que era doidão, eu buscava uma máscara. Quando parei, me senti um bobão, um nerd, um idiota.

Sinto que ele está mais próximo, mas também observo que faço um esforço para acompanhá-lo. Meu sentimento é de que constantemente o perco e penso que pode ser uma forma de se esconder, com uma fala entrecortada. Digo algo mais ou menos assim:

> *Você está podendo chegar um pouco mais perto de mim, e parece sentir que eu também posso me aproximar de você e pensarmos junto. Entretanto, você me*

---

1 Na sessão mencionada pelo paciente, ele pôde perceber e nomear o medo de ter desejo sexual pelas mulheres e, para fugir desse medo, se via como impotente ou idiota. Ainda nessa sessão, conversamos sobre algumas fantasias que alimentavam esse medo, como: seu pênis ser engolido pela vagina da mulher, perder o desejo na "hora H" e, assim, a ereção.

> sinaliza que teme essa aproximação.² Teme a visão que eu possa ter de você, assim como a forma como você se vê. O ponto que me parece muito importante é que estamos conseguindo conversar.

Silêncio... Depois de um tempo, diz:

> Eu estou aqui pensando em duas coisas. Uma é na questão de identidade social e a outra, sobre um livro, muito interessante, que estou lendo e se chama Lanterna na popa. No livro, o cara diz que a experiência só serve para iluminarmos o passado. O futuro é um mistério.

E ele sorri um riso nervoso.

Tenho a sensação de que ele está assustado com a possibilidade da conversa, entre nós, não iluminar o futuro. Percebo-o tenso no divã. Sinto internamente um sentimento de discordância com sua tese e, então, digo:

> Isso não é verdade. Quando você chega hoje aqui e fala do que a nossa conversa de ontem permitiu você pensar e descobrir, você me mostra que a experiência pode, sim, iluminar os caminhos novos que as nossas ideias percorrem, ou os caminhos que escolhemos para lidarmos com nossas angústias. Você deixou as drogas e pediu análise. Hoje você está podendo encarar o fato de que tem medo de ser penetrado e de penetrar as

---

2 O temor de aproximação foi, em outras sessões, trabalhado pela grande ligação com a questão edípica. Aos poucos, fomos podendo relacionar esse medo a inúmeras defesas e angústias.

mulheres,[3] *entretanto permite que minha fala penetre sua mente e te estimule a pensar, assim como a sua fala também me estimula a pensar e falar com você.*

Ele diz:

É eu acho que, de fato, não dá para gente pegar no pé da letra o que o autor diz. Não sei, de fato, se ele pensa assim. Eu também acho que a experiência pode ajudar a iluminar o futuro, apesar de misterioso. Se não, para que serviria estarmos aqui pensando, se fosse só para iluminar o passado e não tivesse consequências futuras. O que acho engraçado é esse seu jeito de falar como se estivéssemos tendo uma transa mental.

Digo: "*E não é? E ainda por cima gera pensamentos*". Ele dá uma gargalhada. Rimos juntos.

Faz um silêncio e diz: "*É, eu estou rindo, mas a verdade é que tenho muito medo. Você se lembra de quando eu tentei com a Mariana, e não deu?*"

Digo:

Ah, tá! Então é isso... Agora estou entendendo o porquê da lanterna na popa. Fica assim, repetindo o passado: sou impotente... não dou conta... Tira essa lan-

---

3 Relatou-me em outra sessão o pavor que sentira em ser penetrado quando teve essa experiência homossexual. Não permitiu a penetração.

terna da popa. É, é... Coloca essa lanterna na proa, véio,[4] *e bola pra frente.*

Ele sorri um riso nervoso e diz: "Eu tenho muito medo, me sinto impotente".

Analista: "Não é com esse Pedro que eu estou conversando. É preciso coragem para encarar o medo, e você me mostra que está podendo perceber, enfrentar e compartilhar comigo suas percepções. Você está sendo potente, Pedro".

Ele sorri. Informo que estava na hora de encerrar. Ele se despede alegremente.

Terceiro fragmento (três anos de análise)

Chega ligeiramente atrasado, estou na sala ao lado, lendo. Vou recebê-lo, e este comenta: "Luz nova?"

Deita-se e, depois de algum tempo, comento: "'Uma luz nova'? Que ligação isso pode ter com o que você sente que está acontecendo com você?".

Ele diz que sentia estar acontecendo "uma mudança peculiar" que não sabia bem qual era, mas que estava gostando. Diz ainda que, possivelmente, precisava de mais tempo para entender. Aguardo. Há um silêncio e ele diz:

Meus pais estão mesmo mudando. Já estou na casa dos meus tios até o final do ano e depois vamos ver. Eu me sinto muito bem aqui, sinto que me relaciono bem com

---

4 "Véio" é uma gíria muito utilizada pelo paciente. É uma forma de cumprimento. Falo de forma dramatizada.

as pessoas e na escola aconteceu um fato curioso. Aquela menina que te falei aproximou-se de mim, sem falar nada, me abraçou e ficou bem perto de mim durante a aula. Disse que era tímida, mas queria poder ficar mais perto de mim. Eu não sei bem o que estou sentindo, só sei que não estou com medo, me sinto tranquilo. É uma mudança peculiar, você não acha?

Digo:

Sim, sem dúvida, você está podendo deixar os seus pais, pois seus pais estão podendo mudar dentro de você. Assim, hoje está, ao mesmo tempo, abrindo espaço dentro de você para um contato íntimo, muito peculiar de homem e mulher.

Ele sorri e diz que seus pais estavam entendendo que desejava ficar, principalmente pela análise, que não gostaria de interromper.

Analista: "Entendo estar sendo muito importante para você sentir que pode contar com seus pais, assim como com a análise e, principalmente, com você mesmo para esse mundo novo e – brinco – 'muito peculiar'..."

Rimos juntos.

Discussão

Esse primeiro fragmento ilustra bem, a meu ver, a solidão e o desamparo desse jovem que não sabe como lidar com o fato de ter sexo e ter desejo. Fica atormentado e perseguido. Está lutando para sair do envolvimento – em sua cabeça – com a mãe e seguir na direção de uma menina jovem, a quem possa desejar. Sente-se aprisionado e confuso entre os pais em meio a fantasias homossexuais e dificuldades de diferenciação. Tem medo da situação edipiana, vai para a posição homossexual. Acorda confuso, teme que o pai o faça mulher pelos desejos dele em relação à mãe. A necessidade de se distanciar dos pais encobria, por um lado, um medo do pai, pelo desejo sentido pela mãe, o temor à castração, e, por outro, afastava-se da mãe para se proteger de sentir desejos sexuais. A mãe se transforma em sua mente na menina que deseja, mas que é a mãe.

Num primeiro momento, senti ter dado uma interpretação muito forte, e o paciente não aguentou e me convidou para jogar xadrez. Nesse momento, por meio dessa terceira posição (Britton,1989/1992), pude observar, pela resposta do paciente, a densidade de minha interpretação e a impossibilidade do paciente de contê-la. Como outrora já me apontara Antonino Ferro (2003), há interpretações saturadas e que não podem ser metabolizadas pelos pacientes. Felizmente, os pacientes continuam em análise, quando, de muitas formas, sentem se estão ou não sendo acompanhados pelo analista – dando para ambos oportunidades de crescimento.

Entretanto, conversando com um colega, ele chamou minha atenção para o fato de ser o jogo de xadrez um jogo essencialmente edípico. É preciso matar o rei para comer a rainha. Não estaria o paciente podendo brincar comigo agora num plano sublimado, ou seja, saindo de uma situação concreta para uma situação abstrata? Pode ser que, de fato, tenha entendido tudo e por meio da repressão tenha conseguido se afastar. Mas meu sentimento foi de que houve um retraimento e esse material demorou a retornar às sessões.

No segundo fragmento, participo ativamente na estruturação de um espaço triangular, buscando tirar o paciente da posição de exclusão, como se sentiu quando menino: impotente e excluído da relação sexual dos pais. Assim, busco incluí-lo numa relação potente, em que o paciente associa, mostra e elabora seu medo. Ao mesmo tempo, pensa e é ativo na relação comigo. Como bem aponta Figueiredo (2004), a instalação da triangulação edípica no psiquismo de forma adequada passa pela vivência de exclusão na inclusão.

Penso que foi de grande impacto e valor a imagem que surgiu na sessão, após minha interpretação, sobre a lanterna na popa. Entendo que essa imagem condensa a reunião de certos elementos da experiência emocional, elementos que estão constantemente conjugados, chamados por Bion (1962) de fato selecionado. O fato selecionado ilumina e dá coerência os elementos dispersos. Na experiência com Pedro pode iluminar o binômio impotência-potência.

Ao longo da sessão, pude, por meio de minhas *rêveries*, ter um *insight* de que, na verdade, o paciente simbolizava uma posição de menino impotente e castrado. Ele se coloca como impotente e castrado, e mostro-lhe a lanterna na proa, como algo que o permitisse uma visão para a frente, para o futuro. Sinto que ele projeta para dentro de mim a parte boa e corajosa do ego dele. Entretanto, eu não assumo essas partes como minhas e mostro que não era esse Pedro que via, devolvendo-lhe uma visão em que o via potente, corajoso. Portanto, não vejo como um reasseguramento, e sim como a possibilidade de que estava sendo potente comigo, estava podendo ter uma "transa mental".

É muito importante não permitirmos aos pacientes entreter fantasias equivocadas, de repetição do passado, e auxiliá-los, no presente, a aprender com a experiência, crescer. Para tanto, precisamos estar atentos à necessidade de devolvermos seus aspectos potentes, que são em nós inoculados via identificação projetiva. Isso inclui a presença de um analista ativo na relação com o paciente que colabora para a identificação e introjeção pelo paciente de um funcionamento vivo do analista.

Ferro (1997/1998, 2003) ressalta a importante função da mente do analista na sessão de análise, colocando-se receptivo aos sentimentos e vivências dos pacientes. Contudo, para que isso ocorra, o analista necessita estar em contato profundo com os próprios sentimentos e impressões para dar uma ordem, encontrar um significado e nomear ao paciente.

No terceiro fragmento, o paciente fala de sua transformação quando ele vê "a luz nova" e a nova luz em seu crescimento. Os pais estão mudando dentro dele, podendo contar com um "casal parental" fértil que respeita e pode ser respeitado, o que abre dentro dele um enorme campo de possibilidades muito peculiares.

Há um novo casal parental se relacionando dentro dele à custa das mudanças alcançadas com a análise, ou seja, pôde aceitar estar excluído da relação dos pais, assim como incluído em uma parceria fértil com eles, como também com sua analista. Sentir-se excluído implica renúncia e a escolha de outro objeto. É a meiga menina, a qual, de um jeito tímido, está podendo abraçar. Trabalhamos por mais seis meses.

Concluímos nosso trabalho no final do ano, após três anos e meio de análise, pois entrou em uma faculdade fora de Belo Horizonte. Sinto um sentimento de gratidão pela confiança que essa família depositou na análise. Gratidão, principalmente, ao paciente por compartilhar comigo essa travessia.

Associo a travessia de Pedro, sua busca por referência e identificação para encontrar o seu lugar na triangulação edípica e assumir sua sexualidade, ao poema de Adélia Prado chamado Ensinamento.

Ensinamento

Minha mãe achava estudo

a coisa mais fina do mundo.

Não é.

A coisa mais fina do mundo é o sentimento.

Aquele dia de noite, o pai fazendo serão,

ela falou comigo:

"Coitado, até essa hora no serviço pesado".

Arrumou pão e café, deixou tacho no fogo com água quente.

Não me falou em amor.

Essa palavra de luxo.

(Prado, 2017, p. 118)

Referências

Bion, W. R. (1962). Learning from experience. In *Seven servants* (pp. 1-111). New York: Jason Aronson.

Bion, W. R. (1963). Elements of psychoanalysis. In *Seven servants* (pp. 1-110). New York: Jason Aronson.

Bion, W. R. (1967). *Second thoughts*. London: Heinemann.

Bion, W. R. (1970). Attention and interpretation. In *Seven servants* (pp. 1-131). New York: Jason Aronson.

Britton, R. (1989/1992). O elo perdido: a sexualidade parental no complexo de Édipo. In J. Steiner (Org.), *O complexo de Édipo hoje* (pp. 43-56). Porto Alegre: Artes Médicas.

Britton, R. (1998). *Belief and imagination: explorations in psychoanalysis*. London: Routledge.

Britton, R. (2003). *Sex, death, and the superego: experiences in psychoanalysis*. London: Karnac Books.

Freud, S. (1924/1976). A dissolução do complexo de Édipo. In *Edição standard brasileira das obras psicológicas completas de Sigmund Freud* (Vol. 19, J. Salomão, trad.). Rio de Janeiro: Imago.

Ferro, A. (1997/1998). *Na sala de análise: emoções relatos e transformações*. Rio de Janeiro: Imago.

Ferro, A. (2003). O pensamento clínico de Antonino Ferro: conferências e seminários. São Paulo: Casa do Psicólogo.

Figueiredo, L. C. (2004). Os casos-limite: senso, teste e processamento de realidade. *Revista Brasileira de Psicanálise, 38*(3).

Klein, M. (1928/1970). Primeiras fases do complexo de Édipo. In *Contribuições à psicanálise* (pp. 253-267). São Paulo: Mestre Jou.

Klein, M. (1945/1970). O complexo de Édipo à luz das ansiedades arcaicas. In *Contribuições à psicanálise* (pp. 425-489). São Paulo: Mestre Jou.

Klein, M. (1952/1991). As origens da transferência. In *Inveja e gratidão e outros trabalhos* (pp. 70-84, B. Mandelbaum e M. E. S. de Brito, trads.). Rio de Janeiro: Imago.

Klein, M. (1963/1991). Sobre o sentimento de solidão. In *Inveja e gratidão e outros trabalhos* (pp. 340-354, B. Mandelbaum e M. E. S. de Brito, trads.). Rio de Janeiro: Imago.

Lansky, M. R. (1981). Philosophical issues in Bion's thought. In *Do I dare disturb the universe?* (pp. 427-439). London: Karnac Books.

Prado, A. (2017). Ensinamento. In *Bagagem 37* (p. 118). Rio de Janeiro: Record.

9. O desamparo catastrófico ante a privação das funções parentais. Na adoção, a esperança ao encontrar o objeto transformador

Alicia Beatriz Dorado de Lisondo

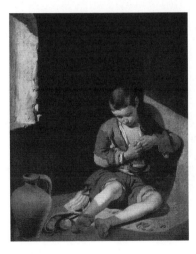

El joven mendigo. Bartolomé Esteban Murillo. 1650. Fonte: Wikimedia Commons.

O grito. Edvard Munch. 1893. Fonte: Wikimedia Commons.

Hemofilia existencial

Eu sou uma mendiga de AMOR
Uma hemofílica bilíngue
As minhas feridas voltam a sangrar
Em silêncio, a cada novo trauma
Que dilacera o meu ser numa dor
Que não encontra consolo
Abrigo, nem lei.[1]

Introdução

Desejo abordar nesta oportunidade as consequências deletérias na constituição do psiquismo e seu desenvolvimento, da *situação de desamparo (Hilflosigkeit) catastrófico*, e diferenciá-lo da *condição do desamparo estruturante da condição humana*. No primeiro, a mente rudimentar, incipiente, primitiva e dependente do bebê não pode se estruturar e desenvolver pela privação das funções parentais e as falhas ambientais. "*Hilfe*" significa ajuda e "*lós*" indica a falta, a ausência justamente de ajuda. O bebê nasce desamparado, ele é dependente do adulto, "as alterações no mundo exterior" (Freud, 1926), pela sua impotência para sobreviver e criar sua mente num projeto de humanização. O nascimento é o protótipo da angústia. No desamparo jaz a "fonte de todos os motivos morais" (Freud, 1895). Este fato biológico objetivo é também um modelo mítico, grávido de consequências psíquicas e metafóricas. Nesta celebre contribuição do mestre está a raiz das condutas antissociais (Winnicott, 1960a), "amorais". O *outro* indiferente, omisso,

---

[1] Poesia escrita pela autora para lidar com as terríveis emoções ao discutir a sessão de uma menina de 2 anos e 6 meses, atendida por Clicia Assumpção Martarello de Conti, após ser devolvida pelos pais adotantes durante a guarda e ter que voltar ao abrigo.

inexistente, doente, imaturo, impenetrável, morto, para socorrer o bebê em desespero, não permite a constituição do psiquismo, nem de um *ser* social, consciente da alteridade. Esse outro não ascende aos vínculos de amor, ódio e conhecimento, pilares do psiquismo, alicerces desses motivos morais. Os afetos têm valor metapsicológico e são o fundamento da vida mental (Candi, 2010).

Não se trata da perda de uma figura ideal, raiz da estrutura dos ideais. "Nostalgia do pai e dos deuses" (Freud, 1927/1998). Quando se alega que todo ser humano precisa ser adotado pelos pais, no sentido de afirmar que a paternidade transcende o vértice biológico e penetra nas dimensões do desejo, da identidade, da sexualidade, na encruzilhada edípica, nas águas especulares do narcisismo e nas transformações em "O", penso que se pretende negar a especificidade sinistra da adoção, os traumas cumulativos sofridos pela criança, no seu excesso irrepresentável, como mostro na vinheta clínica.

As séries complementares de Freud dialeticamente imbricadas à luz da teoria da complexidade são de alta valia. Os traumas cumulativos não têm um caráter imanente, numa linearidade causal. Mas há uma dialética entre o intersubjetivo e o intrapsíquico. A impossibilidade de contê-los, transformá-los e significá-los numa rede simbólica amplia os buracos da mente frágil e vulnerável, perpetuando a anemia psíquica. Os incipientes aparelhos para pensar, sentir e sonhar não se constituem. Ante a falta de linguagem, no início da vida, o corpo é o cenário dos terrores.

Desejo ressaltar que, nas patologias não neuróticas, o D.C. ocupa lugar destacado. Nelas as falhas do objeto iluminam, como em Hamlet, as questões relativas ao *ser*.

Já o desamparo estruturante é ontológico. É uma dimensão existencial fundamental da condição humana, iluminada pela angústia de morte, temor ao desaparecimento físico, diferente da angústia de aniquilamento. A certeza da morte é o limite à onipotência.

Desamparo catastrófico (D.C.)

No horizonte aberto por Freud, o D.C, sem esperança, não permite que se forme o aparelho mental. O sujeito não nasce pronto, as marcas mnemônicas do D.C. não alcançam a representação. O D.C. e a impotência originária não são o portal do desejo, perpetuam o registro da necessidade. O terror não pode ser dosado, transformado, significado, compreendido pelas funções parentais. Por isso ele se potencializa. Para Freud (1926) o desamparo constitui o núcleo da situação do perigo.

Com a inspiração em Klein é possível afirmar a impossibilidade de introjetar um bom objeto inteiro no núcleo do *eu* responsável pela bondade, a esperança, a tolerância à frustração, a consideração pelo outro, na alteridade.

A mãe da psicanálise infantil afirma (Klein, 1946/1978) que a angústia é consequência do instinto de morte. Ataque, persecutoriedade e destrutividade se complementam. Para Klein, as pulsões de vida e morte estão ancoradas *a priori* no terreno do constitucional. As fantasias inconscientes, sediadas no corpo, não dependem da experiência.

Sem negar o constitucional como um fator entrelaçado a muitos outros, destaco a importância do objeto externo real na criação da mente (Lisondo, 2004).

As contribuições de Bion alertam para as dificuldades na realização das potencialidades protomentais (Lisondo et al., 2005) da mente embrionária e primordial sem o bom encontro com as funções parentais capazes de *rêverie*, para oferecer ao filho uma elaboração desintoxicada e simbolizada dos terrores e identificações projetivas. O bebê cria inconscientemente um objeto que rejeita suas identificações projetivas (*projective identification-rejecting--object*) propositalmente, quando os pais não podem compreender o desespero e suas conexões associativas. O sentido é abortado. Os tropismos, matrizes da mente, buscadores de objeto, murcham, atrofiam e perdem vitalidade (Bion, 1992; Cortiñas, 2011).

Para Winnicott, é necessária a vivência de continuidade do SER, numa área de controle onipotente da realidade pela ilusão primitiva. A desilusão precisa ser gradativa. Uma fratura precoce no vínculo não apresenta o objeto onde ele deveria estar e torna o real inaceitável e inassimilável. A existência do *self* pode ser amputada sem permitir a integração do *psico-soma*, quando uma mãe é *suficientemente ruim*.

Os efeitos do D.C. podem vir a serem devastadores se não há um encontro duradouro com o objeto compreensivo, continente, transformador, com capacidade de *rêverie e holding* que ofereça possibilidades de ressignificar os traumas num processo de historização (Peiter, 2011). O D.C. pode ser um fator poderoso, entrelaçado a muitos outros que condena o *infans* a viver num mundo estagnado, concreto, primitivo, a-simbólico ou pré-simbólico, quase sem mudança psíquica e sem esperança. Os Transtornos Globais do Desenvolvimento, por déficit das funções parentais, revelam as consequências do D.C.

Como hipótese, e para precisar a configuração do D.C., saliento que não se trata só do trauma do nascimento, cesura paradigmática, nem só da perda do objeto-sujeito primário ante a separação, muito menos do trabalho de luto, porque não há, nos alvores do psiquismo, um *eu* e um *objeto* constituídos, muito menos diferenciados.

Conjeturo que ante a não diferenciação sujeito/objeto, no narcisismo primário, quando não se encontra a continência das funções parentais para criar um útero mental a vivência é de fratura, de esfacelamento, de liquefação, de esquartejamento, e não de separação. Um dilaceramento, uma hemorragia, deixa feridas abertas, por onde drena a urgência de existir. A privação das funções parentais não permite a introjeção do objeto continente (Bick, 1968), propiciando a formação de uma segunda pele. Os sucessivos traumas ampliam e infectam essas feridas com desesperança, desistência, trabalho do negativo. Essa privação leva o bebê a viver no esmo, um não lugar no mundo. A vivência da existência está em jogo, assim como a realização da preconcepção humana. Esse desgarro inaugural, quando encontra, nas adoções diabólicas (Lisondo, 2008), um lugar escabroso, minado, estreito, culposo, exigente, moralista, cruel, preconceituoso, mentiroso, imaturo na mente dos progenitores adotantes, não permite elaborar os traumas, como aparece no exemplo clínico. Nas adoções simbólicas, os pais *suficientemente bons* podem propiciar a constituição da subjetividade e o desenvolvimento mental (Levinzon, 1999, 2004; Lisondo, 2008).

Questões etimológicas, metapsicológicas e técnicas

O desamparo, conceito metapsicológico central, e a teoria da angústia estão intimamente associados. O bebê impotente, desajudado, dependente das funções parentais, sem meios de ação adequados sofre para Freud (1926) de angústia automática, uma vivência de desvalimento do *eu*, não simbolizada. O nascimento é a fonte e modelo de toda angústia.

A capacidade de antecipar o desamparo ante a ameaça de uma situação traumática de perigo desencadeará o sinal de angústia, apelo do Eu para o Eu, simbolização mediante, nas estruturas neuróticas. O perigo pode ser interno ou externo.

O nascimento, a perda da mãe como objeto, a ameaça de perda do pênis, a perda do amor do super-eu, a separação, a perda do objeto amado ou de seu amor, provocam angústia.

Desejo abordar a diferenciação metapsicológica entre as variadas formas de angústia. Da compreensão fina de sua essência depende o manejo técnico.

O D.C. está a anos-luz do modelo neurótico de Freud; neste último há aparelho psíquico, sintoma, repressão, angústia sinal, temporalidade, já que o perigo é antecipado, e conflito.

Para Laplanche e Pontalis (1974) a *Angst* alemã pode significar tanto angústia como medo. O verbo derivado do medo é transitivo, porque se tem medo de algo. Nas situações fóbicas, a transitividade da angústia é secundária indireta. Hans não tinha medo do cavalo, mas angústia *diante* do cavalo. No medo há um afeto ante um perigo objetivo.

O D.C. impera nos pacientes não neuróticos, nos estados autistas, as patologias do vazio, os transtornos do psico-soma, os Transtornos Globais de Desenvolvimento, as patologias narcisistas e *borderline*. Os Estados Mentais Primitivos, regidos pela sensorialidade, sem evolução, estão neles presentes. Mas os estados que configuram o D.C. podem eclodir em qualquer ser humano, em qualquer momento de sua história, conjuntamente com outros estados. O D.C. tem suas marcas nos alhures do id, no inconsciente não reprimido, porque nunca foi consciente da segunda tópica freudiana.

Angústia e ansiedade derivam do verbo grego *agkhô*, eu aperto, eu estreito. Dele surgem no latim os verbos *ango* e *anxio*, que significam aperto, constrição física e tormento.

Para Freud (1926) a angústia é um sinal do *eu* ante a proximidade de um perigo de natureza pulsional. O nascimento é a primeira vivência desse afeto, também fonte e modelo. No D.C., nem sempre há um *eu* consolidado para sediar a angústia. Não é possível o trabalho de elaboração psíquica. O afeto é incontrolável como na angústia automática, não simbólica. O transbordamento do afeto constitui o traumatismo psíquico na sua dimensão mais crua. A passividade e a impotência do *ser* para dar conta de suas necessidades são geradoras de sofrimento pelo extravasamento do sistema paraexcitação. O ser "*des-ajudado*" pelo objeto externo padece a situação do D.C.

A angústia não é transitiva, mas reflexa ou média. "Eu me angustio" (Pereira, 2003). Nela não há um objeto intencional e delimitável que explicasse o afeto. Um medo sem objeto.

Nomear, dar figurabilidade às angústias primitivas (Botella, 2003), conter e compartilhar a linguagem pré-verbal são formas de arar o terreno para o trabalho de elaboração. Por isso importa criar um título para os desenhos dos pacientes, nomear o fato selecionado, também desenhar para eles a interpretação (Lisondo, 2012). Um caminho para parir o pictograma com a esperança que se transforme em ideograma.

A angústia de aniquilamento coloca em cena o *desabamento daquilo que a pessoa é, a destruição da essência do ser*. É a angústia de viver sob uma forma monstruosa, irreconhecível, fragmentada. Não há uma referência de ancoragem para reconhecer a identidade. O *setting* é o lugar para enraizar as coordenadas da realidade: tempo, espaço e corporeidade. Também para viver a experiência emocional da continência (Lisondo, 2012).

Bowlby, de inspiração etológica-psicanalítica, estuda empiricamente as reações do bebê ante a separação concreta do objeto primário.

A linguagem pré-verbal precisa de uma escuta atenta e qualificada. Quando ela não comove o objeto, a agitação motora e o grito se intensificam, porque ainda há esperança do reencontro com o objeto, numa luta pela vida. O oposto é a paralisia, o mutismo, a surdez psíquica graças ao isolamento, e as graves cisões que enterram esses terrores no sepulcro gelado de um cemitério, quando já não há mais esperança de comover ao objeto-sujeito indiferente. O desligamento atroz é alimentado por Thanatos. É possível dizer do terror *a posteriori* (*nachtraglicg*) quando ele foi costurado no tecido psíquico, como nas obras de arte; a literatura sobre o Holocausto. *Guernica*, de Picasso, e *Guerra e paz*, de Portinari, são exemplos paradigmáticos.

Na configuração do D.C. aparecem angústias muito arcaicas. Elas são diferentes da angústia automática (*automatische Angst*), a descarga pulsional própria da situação traumática; e do sinal de angústia (*angstsignal*) do eu, em que há simbolização, para impedir o caos.

O terror sem nome (Bion, 1962) é invasivo, traumático, impensável. Ele se relaciona com o horror ante a falta de *rêverie benigno* da mãe, que não pode conter e desintoxicar o medo de morrer do filho. Ao ser incapaz dessa transformação, não propicia o crescimento mental. O desamparo é sem limites.

Terrores talâmicos e subtalâmicos, presentes no psiquismo fetal e enraizados no corpo, nem sempre podem vir a ser mentalizados.

Winnicott estuda "os estados primitivos de pânico", defesas extremas para evitar cair nas agonias primitivas, as angústias impensáveis, experienciadas no corpo. "*The fear of breakdown*" é o medo do desmoronamento, de cair sem parar (Winnicott, 1974).

A criatura humana, quando não tem preparo pelo processo de desilusão para tolerar a falta de garantias e de proteção, encontra a própria incompletude e a falta da figura materna onipotente, suposto poder, para protegê-la de todos os perigos. Ante a falta de experiência da desilusão oportuna, o *self* unitário não se constitui.

Tustin (1986/1990, 1992) estudou os pânicos atávicos, incontroláveis nos pacientes autistas e nos pacientes neuróticos. As manobras autistas buscam evitar o contato com o terror extremo e desesperado, como mostro na vinheta clínica. As falhas parentais em absorver os choques da realidade potencializam esses terrores atávicos inatos no bebê. Nos estados autistas não encontramos a integração normal das modalidades sensoriais. Há um sistema de reações perversas contra a experiência traumática da separação corporal da mãe.

O pânico contém a esperança de uma reestruturação. Ele diz do desamparo inominável, não simbolizado. É uma aproximação à experiência da morte, sempre incognoscível. É um esforço de controle e de súplica à presença do outro. O pânico torna o desamparo apreensível para o psíquico (Pereira, 1999).

Diferentes autores têm nomeado essas angústias primitivas. Angústia de liquidificação, de se desfazer para Athanassiou (1982); angústia de precipitação para Houzel (1999) ao cair num abismo sem fim, angústia catastrófica (Meltzer, 1976); angústia de não integração (Bick, 1968; Korbivcher, 2010). Elas são anteriores à introjeção de um continente interno que permita a formação de uma pele psíquica (Bick, 1968).

A inquietante estranheza (*Unheimliche*) faz parte do D.C.

Saliento que Freud, no final de sua vida, aborda a condição de desamparo (Freud, 1927/1998, 1930[1929]/1998, 1937/1998), que eu qualifico como estruturante D.E. do humano, como universal e insuperável. Ele é o motor da construção da civilização, diante das forças impiedosas da natureza e diante da morte. Além da impotência e fragilidade do bebê ao nascer, modelo da angústia, e foco do desamparo já presente no projeto (Freud, 1895), aparecem nesses textos as limitações, que não são só específicas da infância, daquilo que é impossível simbolizar, representar, pensar, saber: o umbigo inatingível. A dor impensável nem sempre encontra palavras para dela dizer. Por isso a análise é interminável (Freud, 1937/1998).

Da mão de Bion, se a mente é infinita e incognoscível, o desamparo é a marca indelével da condição humana. Não há Deuses nem Messias a convocar para nossa salvação. O espaço para a criatividade, a *poesia*, a ciência e a razão aparecem quando ele não é ocupado pela alucinação e a loucura.

Quero enfatizar neste trabalho que, no horizonte universal da condição de desamparo, o D.E. do humano, há uma situação de desamparo traumática, o D.C, que é singular, fator poderoso da morte psíquica e do *pathos* ante a privação das funções parentais (Lisondo, 2004). Os traços mnésicos da experiência traumática encravados no Id podem aparecer quando irrigados no vinculo analítico, para alcançar a palavra simbólica.

Ser amado é uma questão de vida ou morte. O pai idealizado é quem protege o filho contra todos os perigos.

Fatores do desamparo catastrófico

O D.C. configura uma carência estrutural, e surge ante as falhas precoces no vínculo mãe-bebê-família/instituição acolhedora-cuidadores. Nele encontramos:

- a força do transgeracional com os legados, missões demoníacas a cumprir, pactos de mentiras e silêncios. A herança maldita na origem de um destino;
- o paciente pode perpetuar o nível pré-edípico e pré-verbal;
- a existência de uma "*Falha básica*" (Balint, 1968/1993), uma deficiência, uma irregularidade na estrutura;
- terrores e pânico ante qualquer separação. A vivência é de repetição do trauma e faz surgir o desespero. O bebê perdeu a "proteção intrauterina", mesmo que precária, e não encontrou acolhimento físico e psíquico na vida pós-natal;
- as "separações" não têm o mesmo estatuto no inconsciente. Elas são geralmente vivenciadas como rupturas traumáticas catastróficas;
- anomia. O bebê pode não ter nome, alicerce da identidade. Por exemplo, quando o bebe é institucionalizado, como no exemplo apresentado;
- perda do sentido de realidade;
- identificações miméticas;
- há indiferenciações graves com perda dos limites entre o interno e o externo; o sujeito e o objeto; masculino e feminino; fantasia e realidade, vida e morte;
- o sentimento de existência está ameaçado;
- fenômeno de ilusão danificado que impede a função objetalizante, que é a expressão da pulsão de vida;
- não nasce o sujeito da alteridade (Aragonés, 1999);
- falta o investimento narcísico no *infans*. Em vez de o filho ser a majestade (Freud, 1914/1979), o bebê é visto como peste, possuído pelos demônios, maldição, estorvo, cruz a

carregar, coitado, castigo divino, desgraça, ET, estranho, ou um ninguém. A desvalorização está enraizada neste abismo existencial;

- o acento no negativo dispara emoções negativas: vergonha, autocondenação, humilhação, flagelação;

- o filho ocupa um espaço mental sinistro (Leclaire & Nasio, 1975) fundante na construção da identidade;

- imagem corporal fragmentada, esburacada, sem a membrana protetora da pele (Rosenfeld, 2011);

- incipientes sensos de *self* e do outro (Stern, 1992), rudimentos a serem fertilizados na intersubjetividade (Mendes de Almeida, 2010);

- depressão essencial, depressão primária;

- angústias talâmicas e subtalâmicas, assim como angústias catastróficas (Meltzer, 1976) e terrores sem nome (Bion, 1962) potencializadas ante a falta do objeto compreensivo;

- a falta de alfabetização emocional (Ferro, 1999, 2008), num vínculo humano qualificado, aborta a significação e as funções mentais incipientes;

- não há correlação, articulação entre as conjunções constantes, nem analogias nem metáforas. Eles são poderosos instrumentos para o conhecimento. A anemia psíquica cria anorexia mental. As muralhas do isolamento não são atravessadas, perpetuando o deterioro mental (Lisondo, 2012);

- não se forma o aparelho para pensar os pensamentos e sentir os sentimentos, ou eles são muito vulneráveis. O pensar precisa atravessar os sentidos, a emoção e a paixão;

- predominância de estados autistas e objetos autistas regidos pela sensorialidade;
- terrores noturnos e pesadelos, ao invés de sonhos;
- predominância de estados não integrados;
- no canal da *rêverie*, quando é hostil, o bebê recebe o impacto das identificações projetivas intrusivas e patológicas dos progenitores e/ou cuidadores, numa inversão de funções (Sor & Senet de Gazzano, 1988);
- o bebê é intoxicado com dogmas fanáticos (Sor & Senet de Gazzano, 1988);
- tendência à atuação;
- trabalho do negativo. Predomínio da pulsão de morte: desligamento, desinvestimento, função desobjetivante, morte psíquica, apatia, desistência, desvitalização (Green, 2010);
- a sobreadaptação para sobreviver;
- criação de um falso *self*;
- identificações impossíveis;
- estabelecimento de um *objeto-rejeitador-de-identificação-projetiva* (Bion, 1962, p. 183);
- repetições ritualísticas, mecânicas, estereotipadas, idiossincráticas, autocalmantes;
- a atrofia dos tropismos, matrizes da mente, que murcham ao não encontrar o objeto compreensivo;
- a privação de realização das pré-concepções;
- falta a experiência da necessária simbiose estrutural. Buraco onde se aninha o vazio mental;

- insegurança básica;
- identificações adesivas, no espaço bidimensional podem prosperar ao invés das necessárias identificações projetivas e introjetivas do espaço tridimensional (Klein, 1946/1978);
- o corpo é o cenário tangível, concreto onde sediar os elementos beta, não transformados pela função alfa do objeto continente, assim como os terrores impensáveis, inatingíveis, inomináveis;
- cisões graves na mente;
- paciente forçado a tornar-se adulto precocemente;
- inibições nas funções incipientes do *eu*;
- consciência primitiva (*primitive conscience*), muito severa e cruel ante a falta de cuidadores experientes (Bion, 1978; Mattos & Braga, 2009);
- a lógica da desesperança domina a cena. Não existe espaço interno para alucinar o prazer, ligado ao reencontro com o objeto. O objeto-sujeito foi perdido definitivamente (Candi, 2010). O nada ocupa o lugar do registro de satisfação;
- alucinações negativas;
- ressentimento e remorso ante a violência e privação traumática no plano intersubjetivo que potencializam as forças da pulsão de morte no plano intrasubjetivo.

A experiência de encontro humano primordial, íntimo, singular, constante, único, harmônico, sublime, estético e confiável, suficientemente bom, é responsável pela realização da preconcepção humana. *Rêverie* benigna e *holding* humanizam o bebê.

No D.C. não é possível a edição, ou inscrição de um bom objeto, fonte de esperança, alicerce da segurança básica, antídoto das ansiedades persecutórias e dos terrores talâmicos e subtalâmicos. Os significados são os nutrientes da mente. O objeto continente favorece a compreensão, o aprender da experiência, a sabedoria, a mudança catastrófica e o desenvolvimento emocional.

A desesperança estrangula a vitalidade psíquica potencial. A privação das funções parentais não permite um suficiente investimento narcísico no *infans*, enraizando a depressão essencial, quebrando a confiança básica e ampliando a ferida dos traumas. A necessária simbiose inaugural é abortada. Não há a necessária garantia previsível, do amor do objeto, pela falta daquele novo ato psíquico para que o narcisismo se constitua como estrutura (Freud, 1914/1979). Falta a identificação especular com a mãe suficientemente alegre, com disponibilidade para investir no filho psiquicamente e reconhecê-lo no espelho. O bebê elevado ao status de majestade, onipotentemente sente-se pertencendo à família com uma permanência espaçotemporal confiável na dimensão intersubjetiva (Kancyper, 2010). Há uma confirmação do autorrespeito e dos legítimos direitos.

No D.C. o *infans* respira a rejeição, a desvalorização, potencializa a culpa por existir, e pode ser um mendigo de amor vida afora.

É importante distinguir a frustração (*Versagung*), portal do pensamento; da privação (*Entbehrung*) como a situação resultante da proibição que nega o acesso à satisfação real das necessidades primárias, ponto de partida da vida emocional e do desejo. Para Klein (1952/1991), a privação tem origem na relação com a mãe e é a fonte de angústias de fragmentação. Enfatizo que o D.C. não se resume às vicissitudes da relação com a mãe figura mítica e metafórica, que para cumprir suas caras funções precisa da continência masculina. Quando o pai não tem lugar, ou é interpretado como o sinistro na mente materna, o filho pode perder um modelo de identificação e o modelo de relação do casal parental, genital. Importa lembrar que as funções parentais se enraízam no berço mítico, histórico, genealógico e cultural do transgeracional.

Para Freud (1937/1998), o ser humano em crescimento vive na dependência dos pais. Eles criam no *Eu* o *Supereu*. Em grande angular, os pais transmitem a tradição familiar, de raça, do povo e os requerimentos do meio social. O passado nutre a árvore genealógica. Questões tão caras na clínica da adoção, ante essa origem desconhecida, enigmática, misteriosa, ancorada no sinistro.

As descobertas da nossa ciência sobre a importância do psiquismo fetal, das primeiras relações com os objetos primários, das funções parentais na constituição do psiquismo, fundamentam a necessidade de oferecer às crianças que sofrem do D.C. um abrigo psíquico para a vida mental (Lisondo et al., 2005), Nele são necessários modelos de identificação masculinos e femininos constantes e qualificados que sejam uma companhia viva (Alvarez, 1994) para encorajar as funções mentais, dosar e transformar a angústia, simbolizar os traumas nas brincadeiras, teatralizações, pintura, escrita, modelagem plástica, narração e criação de histórias etc.

A estrutura dos ideais precisa ser criada.

A clínica nos surpreende com o tratamento de bebês, crianças e adolescentes, capazes de desenvolvimento psíquico, ao encontrar a função analítica. Se o diagnóstico depende do paciente, o prognóstico depende do analista. Certos pacientes parecem ter construído um objeto – colcha de retalhos – usando os diferentes personagens e experiências vitais da vida.

Desamparo estruturante (D.E.) da condição humana

O desamparo estruturante é uma dimensão essencial do funcionamento psíquico que se desprende do modelo biológico, objetivo e das situações acidentais (Pereira, 1999). Ele é um protótipo da fragilidade da condição humana, que não se deixa amarrar às situações traumáticas, porque a elas transcende. Está associado ao trauma do nascimento, à mortalidade, à angústia e ao filogenético, às memórias dos tempos da glaciação. O D.E. é trófico e permite, ante a consciência da mortalidade, não negada, que se alcance a tetradimensionalidade (Meltzer, 1976) e as transformações em "O" (Bion, 1965). A concepção da filogênese recupera e permite a circulação heurística da história primordial da família humana. Não há garantias ultimas, nem Deuses salvadores ante o D.E. ontológico, nas areias do Édipo, os limites da historicização e do simbolizável. A dimensão do irrepresentável, do mistério, do umbigo inatingível são as fronteiras deste D.E. A morte, na sua dimensão objetiva e mítica, é o limite, marca da impotência (Lisondo, 2009).

Quando há uma recusa a aceitar o vazio da morte, Deus, nas variadas religiões, aparece como figura todo-poderosa, protetora e idealizada, com a promessa de oferecer ao homem o paraíso celestial e eterno para compensar as incertezas e a fragilidade da existência. Freud (1921) estuda a igreja e o exército. O pânico aparece nas massas militares, quando os laços recíprocos têm cessado e se libera uma angústia neurótica sem sentido. O D.C. aparece quando os vínculos parentais não sustentam psiquicamente o *infans*. Há privação ou distorções nas relações afetivas que impedem dosar o impacto do perigo, na gênese do terror.

É importante destacar que o desamparo muda de estatuto nos escritos póstumos do mestre; o ser humano é desamparado porque é um ser para a morte (Pereira, 1999). Com a vida, também nos legam a morte, limite intransponível que sela nossa impotência.

O encontro com o objeto nunca é perfeito, paradisíaco. Porque o ideal de completude narcísica é impossível, o desamparo faz parte da condição humana. A fragilidade e vulnerabilidade do ser humano são ontológicas, pela imaturidade neonatal. O bebê nasce numa dependência absoluta do meio ambiente. Mas, no encontro com as funções parentais, uma mente pode vir a ser construída, nutrida, fortalecida ou lesada.

Os traumas na mente frágil e vulnerável

Quando a mente é frágil e vulnerável, a brutalidade traumática real, da privação das funções parentais, com sua violência mansa ou barulhenta, arrasa o psiquismo. Há uma ruptura na vivência de continuidade do *self*, como aparece na verdade transferencial.

Um colapso psíquico, uma carência maciça, ante a falha do ambiente, numa fase precoce demais, sem continência mental, para que o *self* possa significar simbolizar, enfrentar, integrar e memorizar o trauma. É justamente a *rêverie* materna (Lisondo, 2010) que constrói a mente, encoraja o aprendizado, inspira a mudança catastrófica, modula o terror, arma a conjunção constante, cria a analogia e as funções incipientes, alinha os fatos para que sejam acontecimentos significativos numa narrativa.

Não se trata de reduzir a realidade traumática a uma verdade histórica objetivável, num modelo diacrônico, determinista, causal, lineal, evolutivo e obsoleto. Tendo em conta as ciências da complexidade e o entrelaçamento, importa, com capacidade negativa, observar a multiplicidade de fatores conhecidos e desconhecidos, que tecem em cada ser a realidade psíquica. Freud

(1939/1980) relaciona o trauma às impressões vivenciadas precocemente na infância, anteriores à linguagem. O efeito traumático surge do transbordamento das capacidades de paraexcitação e da avalanche quantitativa de estímulos que tomam o *eu* de surpresa. Além das experiências sexuais e agressivas, o mestre aponta as mortificações narcisistas, caldo de cultivo do D.C. e os efeitos dos fragmentos filogenéticos, a herança arcaica.

Os excessos de excitação não significados pelo objeto, o sinistro, o bombardeio pelas identificações projetivas do ambiente humano, as regras contraditórias, as mensagens duplas, as sentenças condenatórias, os enunciados fanáticos nem sempre podem ser contidos e assimilados pela mente incipiente que é transbordada pelo choque emocional. O corpo pode ser a sede desse excesso tóxico nele evacuado. Por sua vez, as graves cisões e o isolamento constroem as muralhas autistas. Longe da configuração neurótica, no alvor do psiquismo não há aparelho mental constituído, nem membrana de contato, formada por elementos alfa, flexível e semipermeável, para separar a consciência do inconsciente. Anos-luz da representação, e da simbolização, restam as marcas mnemônicas, num tecido mental roto e esburacado. Não se trata de uma desorganização, mas de um derrube violento das funções mentais em estado nascente.

Para Rosenfeld (2011), às vezes, o encapsulamento autista é um santuário que protege as experiências primordiais infantis da fragmentação psicótica, para preservar a identidade incipiente.

Ante as perdas traumáticas, como parte do processo de sobrevivência, há uma blindagem das identificações primordiais para preservar o *self* da catástrofe total. Partes não psicóticas, não autistas estão coaguladas no espaço mental à procura de resgate.

A privação do objeto compreensivo leva a desistência, passividade e repetição daquela submissão traumática, marca da impotência, para dominar a situação. O paradoxo é que na tentativa de elaboração há uma quase repetição do trauma como força demoníaca, figura do destino na subjetividade humana. A força do transgeracional e a dimensão incognoscível do inconsciente, enraizado no ancestral, potencializam o poder diabólico das marcas mnemônicas, os registros arcaicos, os fantasmas persecutórios que atormentam a vida kafkaniamente.

Mas na dialética entre o mesmo e o diferente, as invariâncias e as transformações, à mudança catastrófica, o novo nascimento psíquico às vezes pode ser conquistado, como nos revela a clínica.

Para o mestre (Freud, 1939), no seu trabalho póstumo, o *id* alberga todo o herdado, o estabelecido constitucionalmente, e as pulsões. Há um vínculo pré-formado entre a percepção sensorial e a ação muscular para alterar o mundo, no domínio do *Eu*.

Mas, quando o choro não é compreendido, escutado, significado, o incipiente trabalho mental de ligação (*Bindun*) de *Eros* não forma articulações em unidades cada vez maiores porque se perde o sentido. O movimento psíquico para procurar o objeto é detido. O valor da própria existência entra em questão, ante a privação do investimento narcísico do bebê. O *Eu* não é constituído, ou seus fiapos não podem formar uma instância. Na linguagem de Bion (1992), os tropismos, matrizes da mente, atrofiam, murcham e congelam.

Esta leitura pessoal pretende diferenciar a destruição, obra de Thanatos, do aborto da vida psíquica pela apatia, privação, falta de maturidade, loucura do objeto real externo, nas patologias em que o *déficit* é um fato selecionado. A impossibilidade de transformar os elementos beta em alfa, para formar uma barreira de contato flexível e permeável, não permite a diferenciação entre o consciente e o inconsciente.

Gêneses do desamparo catastrófico

Etimologicamente o desamparo *hilflosigkeit* deriva de *hilfeloss*, em alemão, e *helpless*, em inglês.

Para Freud (1895, 1926), no modelo neurofisiológico do projeto e na teoria da angústia, o estado de desamparo e desajuda estão ligados à impotência original do bebê em face de suas necessidades; essa impotência é geradora de sofrimento por extravasamento do sistema paraexcitação, o qual só a intervenção do objeto pode conter, amortiguar, transformar. Aqui há esperança de encontro com esse objeto.

O desamparo inicial do bebê é o protótipo da situação traumática. Ora, no modo primário, o objeto e a satisfação desejados são alucinados sem demora por reinvestimento dos traços mnésicos deixados pela experiência real. Ante sua inoperância surge o princípio de realidade. Ora, no modo secundário se busca a relação com o objeto real, perdido e reencontrado com o valor de "compreensão mútua".

Ou seja, nesta vivência de desamparo já houve uma experiência com esse objeto real que se busca via alucinação, via contato com a realidade com a esperança do reencontro. No D.C. não há funções parentais disponíveis capazes de oferecer compreensão psíquica para parir a mente e dar sentido à existência.

O bom encontro com o objeto legitima e encoraja a comunicação humana.

No D.C., a necessária simbiose psíquica de uma mente para dois, as experiências de *at-one-ment*, de comunhão, entre o bebê e a mãe, como útero psíquico, a sincronia, harmonia na comunicação, não acontecem pela fratura prematura e traumática no vínculo.

A técnica ante o desafio do desamparo catastrófico

Ante uma nova compreensão metapsicológica, uma nova abordagem metodológica se impõe.

É preciso coragem e fé na nossa ciência para encarar o tratamento desses pacientes com esperança revitalizada e não se tornar outro objeto morto, ou em perigoso conluio com o qual petrificar a "análise". A criação do *setting* já é um desafio, e é necessário muito tempo para que este seja internalizado. Ele permite o *holding*, o espaço comum compartilhado. É guardião e condição do processo.

A nossa contratransferência é uma hipótese, que surge como útil ferramenta de trabalho, a ser pensada como aquilo que o paciente nos faz sentir e não pode expressar na linguagem verbal. O perigo é quando ela é atuada pela intensidade e a qualidade das emoções comunicadas, sem elaboração.

O analista pode vir a ser um "outro objeto que abandona", não pela dimensão folclórica do *setting* nas férias, as interrupções, o fim de semana, os silêncios, mas especialmente na ausência de entendimento durante a sessão (Mitrani, 1996).

Acho importante reconhecer a realidade dos acontecimentos traumáticos como uma verdade histórica a ser conjeturada, intuída, reconstruída na transferência em que o passado o futuro e o presente se amalgamam. A construção e reconstrução de uma história mítica numa narrativa (Pereira da Silva, 2013) permitem a ressignificação dos traumas, atravessar a encruzilhada entre o narcisismo e o socialismo ao compartilhar essa temática inconsciente, perceber as identificações num processo de historicização e costurar o tecido psíquico. A experiência emocional precisa ser privilegiada como o único fato (Bion, 1962, 1977/1991) ou evidência verdadeira em que podemos basear nossas interpretações de maneira confiável, sobre esse início de vida intolerável, sem continência, sem desejo.

É preciso promover identificações projetivas realistas. O analista é um catalisador semântico para processar acontecimentos e sentimentos intoleráveis. Também para facilitar a introjeção de um objeto continente, compreensivo, transformador, inspirador e bondoso. O analista é um parteiro dos aspectos infantis, precoces, embrionários, fetais, que ainda não foram concebidos.

Estes pacientes colocam à prova a capacidade de tolerância do analista. Também quer ter evidências do compromisso do analista quem é auscultado nas entranhas.

A análise lhe propicia uma nova experiência inédita.

Nós aceitamos os desafios da clínica e a ela não renunciamos porque apostamos nos tropismos criativos, nas preconcepções à espera de realização ao encontrar o objeto compreensivo, capaz de sonho alfa para propiciar um novo nascimento metafórico de inspiração na maiêutica (Alvarez, 1994; Mendes de Almeida, 2008). Porque *a priori* não sabemos a qualidade de relação que podemos criar com o paciente, o percurso, nem as conquistas possíveis. A capacidade negativa é um valioso instrumento de trabalho.

Sem memória, sem desejo e sem compreensão, para que o analista não sature com preconceitos e teorias a dimensão de mistério do nosso complexo objeto. A capacidade de observar intuitivamente o que está acontecendo na sessão é nossa bússola para nos aproximar do desconhecido.

A neutralidade é ideológica, e não afetiva. A regra de abstinência sacode o narcisismo e as pretensões onipotentes do profissional. Mesmo quando o paciente pressione para que o analista ocupe o lugar de deus-pai-todo poderoso, é preciso metabolizar a tormenta afetiva, a ela dar sentido, sem cair nas atuações. O paciente tem direito a demandar funções divinas do analista, mas é o profissional que precisa pilotar o processo nessas areias movediças e escorregadias. Esse lugar é vazio. É essa a realidade. Em vez de falsas garantias e promessas, pode surgir o projeto. O paciente poderá fazer do D.C. uma fonte de vida para seu desenvolvimento, e não uma muralha que o isole dela.

Palavras a dizer

O D.C. é um poderoso fator de risco que impede ou dificulta o desenvolvimento emocional.

É importante que os profissionais da saúde possam detectar os sinais de alerta da deterioração mental tão cedo quanto possível. O encaminhamento para uma avaliação psicanalítica de bebês, crianças e adolescentes sempre será oportuno, e pode prevenir a rígida cronicidade da patologia mental.

Quanto antes se inicie um tratamento psicanalítico, melhores serão as possibilidades de transformação psíquica.

Vinheta clínica

A mãe de Fênix precisou fazer uma histerectomia devido a um câncer invasivo quando recém-casada e sem filhos. Estes lutos pela saúde e a fertilidade perdidas não foram elaborados. A esterilidade foi um trauma que potencializou a insegurança, a baixa autoestima, a desvalorização, o pânico, a culpa. Após enorme peregrinação, e outras tentativas de fertilização assistida, adotaram o primeiro filho com 2 meses de vida, no sul do país para garantir a raça. Fênix tinha ficado hospitalizado aguardando pela adoção durante um mês e logo foi transferido a um abrigo. Chorou intensamente na primeira semana, após a adoção, baixou de peso e logo "virou santo".

Consultam quando F., uma "criança linda, apática, rosto de anjo de porcelana", completa os 5 anos. Ele não fala e para a mãe parece que ele não entende consignas, pedidos, conversas. No momento da avaliação psicanalítica, está sem medicação psiquiátrica ante o conselho do pediatra.

A mãe está aterrada com o diagnóstico de autismo que recebeu de vários psiquiatras.

Ela relata que de pequeno F. ficava com a mamadeira na boca semiaberta, mesmo quando vazia, segurando sua orelha, quieto, ambos assistindo TV. Ela tinha muita pena de sua história. Chegou sem nome. Ela confessa que se sentia plena, cheia, aquecida por ele no seu colo.

Hoje ele é adicto à TV. Assiste a *Ben 10*, *Pica-Pau*, *Shrek*, *Monstros vs. Alienígenas* e aos DVDs. Quando a TV é desligada pelo pai, ele diz "NÃO!"

Mostro que então ele fala e entende. A minha tentativa é resgatar tanto as potencialidades de F. quanto o mérito das funções parentais abaladas.

Eles mudam de estado, após a adoção, para que o pai complete o doutorado. A mãe fica muito deprimida ao estar sozinha numa nova cidade, com um bebê que lhe exige muito sua presença e sem poder exercer sua profissão de nutricionista. Mãe e filho não podem se separar, compartilhando o mútuo desamparo. Quando pequeno, F. fazia graça, estendia os braços para ser pego. Ela não tolerava seu choro. Com o pai a relação foi sempre diferente. Ele se acalmava quando o pai lhe explicava o que iria fazer. Desligava a TV, e iniciava a leitura de historinhas. Com três meses, após a adoção, F. teve refluxo. Ante o perigo de engasgar e ter inóxia, a mãe ficava "grudada nele" dia e noite no colo.

Ante o conselho do pediatra, com 1 ano e 6 meses F. foi a uma escolinha para que a mãe pudesse se separar e começar a trabalhar. Só que na escola ele ficava isolado, com a mamadeira ou com a chupeta na boca permanentemente.

Ela se sente culpada, se martiriza e tem uma exigência cruel por tê-lo "largado numa escola depósito. Não sabemos que fazer. O sofrimento e a impotência são muito grandes". "Eu temo pelos preconceitos. Adotado e autista é demais!"

Na nova escola, muito chorou. Ele não brinca, não participa das atividades propostas. Precisa ser muito incentivado pela professora auxiliar e logo desiste das atividades. Foi levantada a suspeita de surdez. Foi muito avaliado com EEG, ressonâncias, exames metabólicos, exames audiométricos. A herança desconhecida é continente do sinistro (Freud, 1919).

O pai percebe que ele quer usar a camiseta que tem a estampa do desenho a que assiste na TV.

Mostro que ele é capaz de realizar relações e perceber semelhanças. Tento iluminar a força de *Eros* ante a escuridão.

Já durante o processo de avaliação os pais começam a retirar a chupeta, a mamadeira e apresentam o copo. F. começa a falar sílabas significativas, para nomear objetos, quando não tem o mundo a seus pés.

Trabalho uma vez por semana com os pais antes de me encontrar com F.

A evolução é surpreendente. Os pais apostam nas suas capacidades parentais e acreditam nas potencialidades adormecidas e não desenvolvidas de F.

Cito os complexos fatores destacados na configuração de uma conjunção constante, pelas repercussões e ressonâncias emocionais, e não como coisas em si mesmas. Levo em conta a presença de outros fatores desconhecidos: a história traumática dos pais – histerectomia, câncer –, os traumas de F. – abandono, institucionalização –, a permanente superproteção, a mudança geográfica; o privilégio da sensorialidade, o incentivo da passividade; o projeto identificatório de ser anjo e coitado, o oferecimento de TV como calmante durante longas jornadas, entre muitos outros fatores. Os pais limitam o tempo de TV na casa, brincam, cantam, leem histórias. Entendem a busca do filho pelos refúgios regressivos: "ele adora se fazer de bebê".

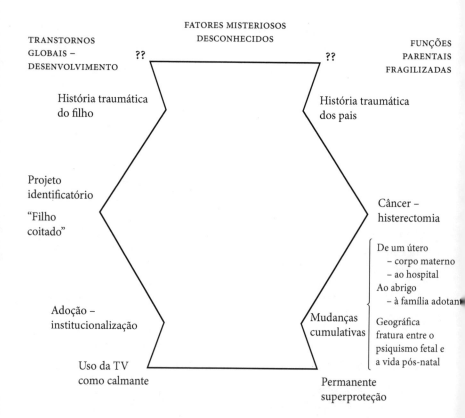

Primeira hora de avaliação psicanalítica

Na sala de espera, F. está enroscado com o pai. Ele está bem encostado e o agarra.

É um menino lindo, pele branca, olhos claros, mas rosto muito triste. Segura na mão um coelho com a camiseta do Brasil. É a época da Copa do Mundo de futebol. O pai me apresenta com muito respeito. Após um tempo de indecisão, ainda na sala, ele se agarra na calça do pai, com mais força ainda. Ele se solta, ante o pedido e a explicação do pai. Entra de boca aberta. Olha-me e olha os brinquedos por muito pouco tempo. F. se detém na sua mão, que posiciona como se fosse uma concha. Fica assim uma eternidade.

A: "Ohh!! F., você está aqui com Alicia e me conta que precisa de um canto firme, seguro".

F. abre o velcro do bolso timidamente só uma vez, e tenta colocar a mão dentro.

A seguir movimenta o zíper do agasalho para baixo e para cima lentamente.

(F. explora o corpo, os espaços, aparece a tridimensionalidade e a reversibilidade. Parece uma criança em câmera lenta que desperta a vontade de encorajar, incentivar, liberar das amarras)

Fica de joelhos no chão em gesto de suplica, me olhando de soslaio.

A: F. precisa de ajuda.

Perde o contato de olho. Em pé anda pela sala evitando o rejunte das cerâmicas do chão. Encontra uma formiga e tenta pisá-la com o pé. Não consegue. Ela escapa por debaixo da porta.

Penso em rituais obsessivos. Será que ele se identifica com a insignificante formiga? Será que pode aparecer a raiva, a força, e sair da identificação do menino-anjo? A formiga é outro predador? Que ser é este que desaparece?

Com a boca aberta e a língua projetada para frente deambula pela sala, escorrega saliva da boca que mancha seu agasalho.

Ele percebe a cor mais escura dessa mancha no agasalho. Observa a porta por onde a formiga escapou.

O pai tosse muito barulhentamente. Ele parece relaxar ao ter notícias do objeto. F. lambe a saliva que escorrega e a mucosidade do nariz.

No fim da hora guardamos na caixa o material, que eu nomeio peça a peça. Ele busca e procura o coelho que estava no chão.

A: "Que será que F. busca? Onde está o coelho do Brasil? Onde está o papai?"

Hipóteses diagnósticas e prognóstico

Levanto a hipótese de se tratar de um quadro de Transtorno Global do Desenvolvimento por déficit das funções parentais. Vislumbro um bom prognóstico com o tratamento psicanalítico e as entrevistas com os pais, aliados no processo.

F. fica adesivamente colado no pai na sala de espera, mas ele pode se separar quando encontra o sentido desta consulta e entende o desejo do pai. O coelho, vestido com a camiseta da copa, o acompanha. A boca aberta e a língua projetada revelam a falta de introjeção de um objeto continente. Elas congelam um grito mudo. F. pode me olhar e olhar a sala, só que rapidamente perde esse contato, e se retira fixando sua atenção na sua mão. Ante minha interpretação, ele explora timidamente o zíper do agasalho que abre e fecha. A reversibilidade assoma. Ele encontra o bolso no agasalho.

Quase coloca sua mão dentro, intento arriscado de descobrir a tridimensionalidade, o interior do objeto. A ação fica inibida, interrompida. Seus movimentos são lentos e restritos. A exploração dos espaços é pobre como parece ser seu mundo mental.

De joelhos no chão parece pedir ajuda. Perde o sentido do gesto e o contato do olhar. Parece temer não encontrar o objeto compreensivo. A seguir ele deambula pela sala, com rituais obsessivos, isola o afeto após sua súplica comovente. F. evita pisar no rejunte da cerâmica, marcas da união.

Quando aparece a formiga ele quer pisá-la com braveza. Ela apresenta seu *self-objeto*? Será um predador ameaçador que precisa ser assassinado? Ela é um terceiro entre nós que ameaça a relação de fusão, dual? A formiga que escapa dá figurabilidade à mãe biológica que desaparece? Por que ela desapareceu? Pela sua fúria?

Quando não consegue matá-la, ele perde o tônus, a força, de novo a boca aberta e a saliva caindo de sua boca. Um continente sem esfíncter que não segura o conteúdo. A fragilidade de seu *self* agora é notável e contrasta com a força de quando queria matar a formiga. F. percebe que a saliva, ao cair de sua boca, molha o agasalho, que fica mais escuro. Nesta hora, ele observa a parte inferior da porta por onde a formiga escapou. Será que a porta é o significante da cesura? Ela marca o lugar através do qual o objeto desaparece. Sua imagem corporal apresenta os buracos da boca e das narinas por onde saliva e a mucosidade escorregam. Não há esfíncteres fechados, nem continentes a sustentar conteúdos. A consequência é a pele-agasalho suja, molhada.

A forte tosse do pai que ele escuta reassegura a presença de *outro* objeto, num *outro lugar*. Ele, ao lamber a mucosidade, tenta recuperar, segurar conteúdos corporais para não se esvaziar.

A caixa é o continente, *nosso* espaço transicional. Dentro dela guardamos o alfabeto concreto, o material que eu nomeio. Ele tem memória. Registra a presença do não coelho que busca e encontra sem desespero. Talvez ele recupere a esperança de vir a encontrar o objeto compreensivo que o encoraje a percorrer os caminhos do desenvolvimento mental.

Na primeira sessão desenha "O caminho". Uma letra E invertida. Uma bandeira onde os contornos não se encontram. Numa ilha, no fim do caminho, uma caixa? Um continente? Uma pele psíquica? A esperança de encontrar seu *ser* após longa travessia?

Desenho da primeira sessão: "O caminho":

Legenda explicativa:

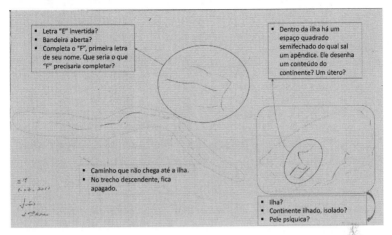

Referências

Alvarez, A. (1994). *Companhia viva.* Porto Alegre: Artes Médicas.

Alvarez, A., & Reid, S. (1946). *Autism and personality: findings from the Tavistock Autism Workshop.* London: Routledge.

Aragonés, R. J. (1999). *El narcisismo como matriz de la teoría psicoanalítica.* Buenos Aires: Argentina: Nueva Visión.

Athanassiou, C. (1982). A constituição e a evolução das primeiras identificações. *Rev. Fr. Psychanal,* 46(6), 1982.

Balint, M. (1968/1993). *A falha básica: aspectos terapêuticos da regressão.* Porto Alegre: Artes Médicas.

Bick, E. (1968). The experience of the skin in early object-relations. *International Journal of Psychoanalysis,* 49(2), 484-486.

Bion, W. R. (1962). *Learning from experience.* London: Tavistock.

Bion, W. R. (1965). *Transformations*. London: Heinemann.

Bion, W. R. (1977/1991). *A Memoir of the Future: books 1-3*. London: Karnac Books.

Bion, W. R. (1987). *Clinical seminars and four papers*. Oxford: Fleetwood Press.

Bion, W. R. (1992). *Cogitations*. London: Karnac Books.

Bleichmar, H. (1997). *Avances em psicoterapia psicoanalítica: hacia una técnica de intervenciones especificas*. Buenos Aires: Argentina: Paidós.

Botella, C. (2003). Figurabilidade e regrediência. *Revista de Psicanálise de Porto Alegre, 10*(2), 249-341.

Botella, C. (2007). Rêverie – rêverie e o trabalho de figurabilidade. *Rêverie: Revista de Psicanálise de Fortaleza, 1*(1), 77-83.

Candi, T. (2010). *O duplo limite: o aparelho psíquico de André Green*. São Paulo: Escuta.

Cortiñas, L. P. (2011). *Sobre el crecimiento mental: ideas de Bion que transforman la clinica psicoanalitica*. Buenos Aires: Argentina: Biebel.

Ferro, A. (1999). *A psicanálise como literatura e terapia*. Rio de Janeiro: Imago.

Ferro, A. (2008). *Técnica e criatividade: o trabalho analítico*. Rio de Janeiro: Imago.

Freud, S. (1895). Proyecto de psicologia. In *Obras Completas de Sigmund Freud* (Vol. 1, pp. 323-390). Buenos Aires, Argentina: Amorrortu.

Freud, S. (1914/1979). Introducción del narcisismo. In *Sigmund Freud: obras completas* (Vol. 14, pp. 65-101). Buenos Aires: Argentina: Amorrortu.

Freud, S. (1919). De la historia de una neuroses infantil (el Hombre de los lobos) y otras obras. In *Sigmund Freud: obras completas* (Vol. 17, pp. 1-117). Buenos Aires: Argentina: Amorrortu.

Freud, S. (1921). Dos masas artificiales: Iglesia y ejército. In *Sigmund Freud: obras completas* (Vol. 18, pp. 89-95). Buenos Aires: Argentina: Amorrortu.

Freud, S. (1926). Inhibicion, sintoma y angustia: pueden los lejos ejercer el análisis? In *Sigmund Freud: obras completas* (Vol. 20, pp. 71-164). Argentina: Amorrortu.

Freud, S. (1927/1998). El porvenir de una ilusión. In *Sigmund Freud: obras completas* (Vol. 21, pp. 1-56). Buenos Aires: Argentina: Amorrortu.

Freud, S. (1930[1929]/1998). El malestar en la cultura. In *Sigmund Freud: obras completas* (Vol. 21, pp. 57-140). Buenos Aires: Argentina: Amorrortu.

Freud, S. (1937/1998). Análisis terminable e interminable. In *Sigmund Freud: obras completas* (Vol. 23, pp. 211-254). Buenos Aires: Argentina: Amorrortu.

Freud, S. (1939). Moisés y la religión monoteísta. In *Sigmund Freud: obras completas* (Vol. 23, pp. 1-52). Buenos Aires: Argentina: Amarrortu.

Graña, R. B., & Piva, A. B. S. (2001). *A atualidade da psicanálise de crianças: perspectivas para um novo século*. São Paulo: Casa do Psicólogo.

Green, A. (1983). La mère morte. In *Narcissisme de vie, narcissisme de mort* (pp. 222-253). Paris: De Minuit.

Green, A. (1993). *El trabajo de lo negativo*. Buenos Aires: Argentina: Amorrortu.

Green, A. (2010). *O trabalho do negativo*. Porto Alegre: Artmed.

Houzel, D. (1999). *Identificação introjetiva, reparação, formação de símbolos*. São Paulo: SBPSP. 12 p.

Kancyper, L. (2010). *Resentimiento terminable e interminable*. Buenos Aires: Argentina: Lumen.

Klein, M. (1946/1978). *Notas sobre alguns mecanismos esquizoides*. In J. Riviere (Org.), *Os progressos da psicanálise*. Rio de Janeiro: Zahar.

Klein, M. (1952/1991). Algumas conclusões teóricas relativas à vida emocional do bebê. In *Inveja e gratidão e outros trabalhos* (Vol. 3, pp. 85-118). Rio de Janeiro: Imago.

Korbivcher, C. F. (2007). Bion e Tustin. Os Fenômenos Autísticos e o referencial de Bion: uma proposta de aproximação. *Rev. Bras. Psic, 41*(2), 54-62.

Korbivcher, C. F. (2010). *Transformações autísticas: o referencial de Bion e os fenômenos autísticos*. Rio de Janeiro: Imago.

Laplanche, J. (1989). *Vie et mort em psychanalyse*. Paris: Flammarion.

Laplanche, J., & Pontalis, J. B. (1974). *Diccionario de psicoanálisis*. Barcelona: Labor.

Leclaire, S., & Nasio, J. D. (1975). *Desenmascarar lo real*. Buenos Aires: Argentina: Paidós.

Levinzon, G. (1999). *A criança adotiva na psicoterapia psicanalítica*. São Paulo: Escuta.

Levinzon, G. (2004). *Adoção clínica psicanalítica*. São Paulo: Casa do Psicólogo.

Lisondo, A. B. D. (2001). Na simbiose patológica, uma concha autística para dois na psicanálise, nasce o ser e a linguagem. In

R. B. Graña & A. B. S. Piva (Orgs.), *A atualidade da psicanálise de crianças: perspectiva para um novo século* (pp. 165-180). São Paulo: Casa do Psicólogo.

Lisondo, A. B. D. (2004). A subjetividade é construída na intersubjetividade. *Revista da Sociedade Brasileira de Psicanálise de Porto Alegre*, 6(2), 255-281.

Lisondo, A. B. D. (2005). O sentido de um abrigo psíquico para uma vida mental. In *XX Congresso Brasileiro de Psicanálise*, Febrapsi, 11-14 de novembro, em Brasília.

Lisondo, A. B. D. (2008, setembro). Simbiose patológica (s.p.) e estados autísticos: a mudança catastrófica (m.c.) para o crescimento mental. In *XXVII Congresso da FEPAL: Persona y Presencia del Psicoanalista*. Santiago do Chile, Chile.

Lisondo, A. B. D. (2009). A experiência emocional na relação com o paciente próximo da morte real: exemplo clínico. *Boletim do Núcleo de Psicanálise de Campinas e Região* 11(16), 111-1131.

Lisondo, A. B. D. (2010). Rêverie re-visitado. *Revista Brasileira de Psicanálise*, 44(4), 67-84.

Lisondo, A. B. D. (2012a). *As novas tecnologias que permitem a psicanálise a distância inovam a tradição? Ou elas dificultam a compreensão das novas inovações teóricas e técnicas da psicanálise contemporânea?* Montevidéu: Federação Psicanalítica da América Latina.

Lisondo, A. B. D. (2012b). *A inovação na tradição. Estados autistas: desenhos do paciente, traços e formas a serem resgatados. Desenhos do analista, recurso técnico para a interpretação gráfica.* Trabalho encaminhado para concorrer ao Prêmio Fepal.

Lisondo, A. B. D., Protti, A. M. Q. G., Conti, C. A. M., Garbellini, E. G. L., Lombardi, L. G., & Rocha, N. J. N. (2005, 14 de novembro). O protomental não realizado como fundamento dos transtornos do pensamento, simbolização e aprendizagem. In XX *Congresso Brasileiro de Psicanálise (ABP)*. Brasília, DF.

Malva, M. F. R. (2005). O narcisismo na relação analítica: experiência básica de ruptura. *Revista Brasileira de Psicanálise, 39*(3), 47-58.

Mattos, J. A. J., & Braga, J. C. (2009). Consciência moral primitiva: um vislumbre da mente primordial. *Rev. Bras. Psicanál., 43*(3).

Meltzer, D. (1976). Terror, persecution, and dread. In *Sexual states of mind* (pp. 99-106). Strathtay: Clunie Press.

Mendes de Almeida, A. (2008). O investimento desejante do analista frente a movimentos de afastamento e aproximação no trabalho com os transtornos autísticos: impasses e nuances. *Revista Latinoamericana de Psicanálise, 8*, 169-184.

Mendes de Almeida, A. (2010). O desejo no neurótico obsessivo. *Psic. Rev. São Paulo, 19*(1), 33-57.

Mitrani, J. L. (1995). Toward an understanding of unmentalizes experience. *Psychoabalytic Quarterly, 64*(1).

Mitrani, J. L. (1996). Unintegration, adhesive identification, and psychic skin: variation on some themes by Esther Bick. In *A framework of imaginary, clinical explorations in primitive states of being* (pp. 65-88). London: Jason Aronson.

Montagna, P., Herrmann, K., & Urribarri, F. (2012). *Os desafios da psicanálise contemporânea*. Projeção do filme: Percurso de André Green 1960-2011. Entrevista com Fernando Urribari. Homenagem a André Green, SBPSP, 26 maio 2012.

Peiter, C. (2011). *Adoção: vínculos e rupturas, do abrigo à família adotiva*. São Paulo: Zagadoni.

Pereira, M. E. C. (1999). *Pânico e desamparo*. São Paulo: Escuta.

Pereira, M. E. C. (2003). *Psicopatologia dos ataques de pânico*. São Paulo: Escuta.

Pereira da Silva, M. C. (2013). Uma paixão entre duas mentes: a função narrativa. *Revista Brasileira de Psicanálise*, 47(4), 69-79.

Quinodoz, J. M. (2007). *Ler Freud: guia de leitura da obra de Freud*. Porto Alegre: Artmed.

Rosenfeld, D. (2011). *El alma, la mente y el psicoanalista*. México: Paradiso.

Sor, D., & Senet de Gazzano, M. R. (1988). *Cambio catastrófico*. Buenos Aires: Argentina: Kargieman.

Sor, D., & Senet de Gazzano, M. R. (1992). *Fanatismo*. Buenos Aires: Argentina: Ananké.

Tustin, F. (1984). *Estados autísticos em crianças*. Rio de Janeiro: Imago.

Tustin, F. (1986/1990). *Barreiras autistas em pacientes neuróticos*. Porto Alegre: Artes Médicas.

Tustin, F. (1992). *Autistics states in children*. London: Routledge.

Winnicott, D. W. (1960a). Ego Distortion in Terms of True and False Self. In *The Maturational Processes and the Facilitating Environment: Studies in the Theory of Emotional Development* (pp. 140-152). London: Karnac Books.

Winnicott, D. W. (1960b). The Theory of the Parent-Infant Relationship. *Int. J. Psycho-Anal.*, 41, 585-595.

Winnicott, D. W. (1970/1989a). The mother-infant experience of mutuality. In E. J. Anthony & T. Benedek (Eds.), *Parenthood: Its Psychology and Psychopathology* (pp. 251-260). Boston: Little, Brown & Co.

Winnicott, D. W. (1971). *Playing and reality*. London: Tavistock.

Winnicott, D. W. (1972). Mother's madness appearing in the clinical material as an ego-alien factor in Giovacchini. In P. L. Giovacchini (Ed.), *Tactics and techniques in psychoanalytic therapy* (pp. 375-382). London: Hogarth.

Winnicott, D. W. (1974). Fear of breakdown. *Int. Rev. Psycho-Anal.*, 1, 87-95.

10. O desamparo e a mente do analista

Carmen C. Mion

> *A 'Linguagem de Êxito', se empregada para elucidar a verdade, deve ser reconhecida como derivando não apenas das experiências sensoriais, mas também de impulsos e disposições muito distantes daquelas comumente associadas à discussão científica.*
>
> Bion (1970)

Desde o seu início com Anna O., a psicanálise impôs-se como um método que praticamente inventou a si mesmo, por meio do encontro entre duas pessoas. Inevitavelmente, o encontro entre duas pessoas desperta turbulências emocionais relacionadas às fantasias conscientes e inconscientes da dupla, com maior intensidade ainda na sala de análise, onde inconscientes se apresentam e reapresentam na relação transferencial e contratransferencial. No dizer de Ogden (2005), reinventamos a psicanálise a cada novo paciente que recebemos. Aproxima-se da concepção de Winnicott (1986) de que a cada sessão "criamos" um mundo próprio de acontecimentos a cada encontro, jamais visto ou conhecido por nenhum dos dois participantes, de tal forma que, ao fim do encontro, cada um se sinta enriquecido e com maior compreensão do humano.

Odilon de Mello Franco Filho (2008) ressalta que, do seu ponto de vista, com o qual concordo inteiramente, o principal instrumento de trabalho do analista é a sua personalidade. Não por acaso Bion (1963) afirma que os elementos da psicanálise são funções da personalidade e que os objetos derivados deles, as associações e interpretações, contêm extensões nos domínios dos sentidos, dos mitos e da paixão. Creio que não poderia ser de outra forma, já que em psicanálise seu instrumento de investigação e seu objeto de estudo se confundem, de tal forma que cada experiência implica o des-envolvimento de duas subjetividades. A uma delas, no entanto, cabe a responsabilidade pela finalidade do encontro, a função analítica. O diálogo analítico que acontece no interior de uma relação tão específica pode desenvolver-se porque existe o *setting*, um espaço para intimidade e continência, favorecedor de espontaneidade, intensidade emocional e autenticidade.

A intimidade e profundidade da relação analítica contrasta com os significados de intimidade do senso comum, levando frequentemente a sentimentos paradoxais e questionamentos relacionados aos seus limites. A psicanálise se utiliza de formas de pensar e de se comunicar muito distantes do senso comum. Freud (1914) tem uma observação relacionada ao *setting* que sempre me impressionou:

> *Tornamos a compulsão inofensiva, na verdade útil, oferecendo-lhe o direito de se manifestar em um campo definido. Nós a admitimos na transferência como em um playground* (tummelplatz) *no qual ela pode se*

expandir em liberdade quase completa e na qual se espera que ela nos revele tudo.

Eu penso que Freud escolheu essa palavra, *playground*, para definir o campo no qual a psicanálise acontece com a intenção de evocar associações com o brincar da criança e a seriedade com que elas o fazem na mente do analista. Winnicott (1971/1989, p. 1) propõe um conceito semelhante que denominou fenômeno transicional e espaço potencial para designar uma área intermediária da experiência humana de criatividade à qual contribuem tanto a realidade interna como a externa. Ela resulta de um acordo tácito entre aqueles que o constroem, nesse caso analista e analisando, de suspender o fosso criado pelas antinomias entre interno e externo, fantasia e realidade, mente e corpo, consciente e inconsciente. A dupla contém e sustenta os paradoxos.

Freud (1914) caracteriza a transferência como uma luta ou, mais dramaticamente, como uma batalha. Estendendo o campo para incluir no modelo de Freud a intersubjetividade e a contratransferência, penso que nosso desafio diário como analistas consiste em promover e fornecer um *playground* para a constituição de um espaço para o brincar, o "sonhar", um espaço intermediário onde ocorrem os diálogos e se desenvolvem as relações emocionais. Penso que Freud tinha clareza de que, permanecendo o método psicanalítico e a possibilidade de promovermos um *"playground"* no encontro com nossos pacientes, novos modelos teóricos surgiriam, levando inevitavelmente a uma evolução natural das teorias, e de que seu edifício teórico jamais seria concluído.

Há muito a sexualidade feminina deixou de ser o principal motivo de recalcamento, a repressão sexual não é mais o tema predominante nas conversas que se desenrolam entre analistas e pacientes na intimidade dos nossos consultórios. As configurações do sofrimento psíquico com as quais lidamos atualmente apontam outra direção: o vazio, a ausência de sentido da vida, questões narcísicas com sentimentos de insuficiência e não existência, vivências psicossomáticas, em que os objetos têm uma função utilitária e as relações de intimidade estão ausentes. Pacientes nos quais a aspiração de se tornarem eles mesmos é mais urgente e demandante do que tornar o inconsciente consciente, de reintegrar o projetado, ou mesmo de desenvolver pensamentos a partir das experiências emocionais. Situações em que me parece que a necessidade de converter a experiência emocional em sonhos torna-se mais importante do que converter sonhos em experiência consciente racional, como propôs Freud.

As agonias impensáveis descritas por Winnicott (1963/1994), assim como os terrores talâmicos e subtalâmicos mencionados por Bion (1978/1980), embora contidos em referenciais teóricos distintos específicos de cada autor a partir de premissas muito distintas, referem-se ambos a experiências primordiais somato-psíquicas. Na medida em que não alcançam representação, essas experiências não estão associadas com referências de tempo e espaço, o que as torna sofrimentos sem vislumbre de fim e sem possibilidade de serem vividas emocionalmente como travessias. Temos atualmente ampla bibliografia relacionada ao nível de funcionamento psíquico mais intimamente associado com o não representado, experiências pré-verbais da mente primordial e/ou traumas precoces, de estados de profundo desamparo psíquico e/ou de desintegração/ não integração.

Para nós, psicanalistas, essas questões de um espaço e tempo ou não espaço e não tempo são matérias do dia a dia de nossos consultórios. Como indica Bion (1977/1989), para o analista essas questões são práticas, não teóricas. Não há maneira de fazer um bebê entender que "mamãe está chegando", um atraso é incomensurável e infinito. O trauma aparece aqui como terrores e agonias que não podem adquirir sentido e que excedem em intensidade a capacidade de serem experenciados pelo sujeito. Em outras palavras, tudo que não pode acontecer no contexto de uma relação humana e ser experenciado como realidade compartilhada e/ou sonhos tende a ser colocado no campo do não humano, torna-se impensável e desperta terrores e agonias inomináveis.

O sentimento de desamparo profundo é parte constitutiva da condição humana. Freud (1926) já considerara que a dependência biológica absoluta para sobrevivência ao nascer, diferente das outras espécies, constitui uma marca fundante do desamparo psíquico humano, e aparece em sua obra como um ponto permanente de referência, algumas vezes como o interjogo impotência ↔ onipotência. A dependência absoluta do objeto externo pelo bebê para sobreviver e desenvolver existência psíquica está na origem da grande importância atribuída ao objeto desde o início, das angústias de separação e perda do objeto e da necessidade de ser amada que acompanha a criança pelo resto da vida. Posteriormente, inúmeros autores britânicos, como Francis Tustin, Donald Meltzer, Esther Bick, Donald W. Winnicott e Wilfred Bion, abordaram o tema a partir de diferentes e ricas descrições clínicas. Vou me deter mais profundamente nos modelos e aproximações teóricas de Bion.

A partir de sua experiência com pacientes psicóticos e por meio dos modelos de *rêverie* materna e da relação continente ↔ conteúdo, Bion (1962) expande o conceito de intimidade consigo mesmo e com o outro na sessão analítica. O modelo da relação mãe/bebê e dos objetos parciais seio/boca, inicialmente descrita por Freud e depois modificada por Klein, torna-se mais complexa e envolve outros fatores além de gratificações, frustrações, as pulsões e suas consequências para o desenvolvimento do bebê. Segundo Bion, o psiquismo e a capacidade de sonhar (função-alfa) desenvolve-se a partir da *rêverie* materna com o seu bebê, sendo capaz de conter, além das suas, as experiências emocionais comunicadas a ela por identificações projetivas do bebê para poder sonhá-las, elaborá-las e nomeá-las devolvendo-as transformadas ao bebê de forma tal que ele possa acolhê-las.

Com a afirmativa de que para nascer um psiquismo é necessário outro psiquismo, capaz de pensamento onírico, Bion abre o campo do intersubjetivo na relação analítica. Com isso, a presença da subjetividade do analista adquire importância na sala de análise. A sessão passa a ser considerada a partir de uma sucessão de movimentos resultantes da interação das duas mentes desde o início do encontro. Bion (1962) sugere que o foco do analista deve ser o material para o qual ele tem evidência direta, isto é, a experiência emocional da dupla analítica (o "O" da sessão); e que a tarefa analítica consiste em sonhar nossas emoções e as do paciente por meio da capacidade do analista para *rêverie*, os seus pensamentos oníricos de vigília. Com isso, na cena analítica, o aqui e agora da relação da dupla vem para o primeiro plano. Ao invés de focar principalmente nas ansiedades, defesas, cisões, retorno do reprimido ou expectativas de encontrar fantasias inconscientes, embora elas se revelem na interação da dupla, o analista se volta para a possibilidade de fortalecimento ou mesmo desenvolvimento de capacidades e funções psíquicas do analisando.

Bion não se refere propriamente a uma estratégia técnica, mas a um estado de mente do analista na sala de análise, no aqui e agora da sessão, a um ficar consigo mesmo para poder ficar com o outro. Para conhecer o seu paciente, o analista necessita ter uma relação muito íntima consigo mesmo, só possível por meio de uma análise profunda, que o capacite também ao exercício de uma "disciplina": ir ao encontro dos seus pacientes na sala de análise sem memórias, sem desejos e sem compreensões. Como um marinheiro em meio a tempestades precisa esquecer mapas e cartografias, o psicanalista deve poder perder-se e, levantando os limites da atividade racional e da lógica que é própria da vigília habitual, desprender-se do amparo fornecido pelas estruturas teóricas e do "já conhecido". Oferecer uma escuta acolhedora e continente, contando mais com a própria capacidade negativa, conceito de Keats (citado por Bion, 1992), que é a capacidade que um homem possui de estar em incertezas, mistérios e dúvidas, sem qualquer tentativa de alcançar fato e razão; continência suficiente para ficar no papel em que o analisando o colocar, incluindo aqui a possibilidade de não existência do próprio analista; certo estado de mente aberto à recepção de todos os objetos, quer sejam sentidos como bons ou maus, vindos do analisando (*rêverie*); capacidade de função-alfa e movimentos PS↔D, do que com eventuais compreensões e atribuições de significados. Um analista presente de "corpo e alma" na sessão, capaz de transformar em presença a ausência irrepresentável, de transitar através de suas próprias cesuras entre as diferentes dimensões psíquicas sem se assustar ou se deixar imobilizar e transcender seus próprios vértices, sem perdê-los nem se perder de vista. Um processo sustentado no tempo pela presença do analista num *setting* capaz de oferecer estabilidade, continuidade e autenticidade, as condições fundamentais na constituição do sentido de si no processo de integração. Destacando a importância da linguagem utilizada pelo analista na experiência da sessão, Sapienza (2008) sugere a leitura assídua de poesia pelos analistas como um auxiliar valioso na função de desintoxicar terrores talâmicos e subtalâmicos, assim como romper bloqueios mentais e encapsulamentos autísticos.

A direção em que se movimenta a investigação psicanalítica se sobrepõe aos espaços infinitos de Pascal e segue até alcançar os recessos profundos do Hades. Bion coloca-nos em contato com a angústia de conviver com o incerto, tolerar mistérios e dúvidas;

com a percepção de que se pode estar cego, enganado nas próprias percepções, escolhas e decisões que acarretarão inevitáveis repercussões no futuro, mas sabendo também que essa limitada percepção é o único instrumento de que dispomos.

Os espaços infinitos são por demais assustadores. Para que os pensamentos oníricos sejam possíveis, torna-se condição necessária ao analista a tolerância à dúvida e a um sentido de infinito. A experiência clínica apresenta-nos continuamente evidências de algo que é remanescente de estados de mente que poderíamos localizar na pré-história de alguns pacientes adultos (Cassorla, 2009; Korbivcher, 2005; Mattos & Braga, 2009; Mion, 2006, 2012; Sapienza, 2008). A atmosfera emocional da sessão, as impressões do analista, o estado emocional da dupla analista-analisando, os próprios pensamentos oníricos são as únicas bússolas disponíveis. No entanto, esse estado de mente do analista em sessão (Mion, 2009), de insaturação psíquica, torna-nos sensíveis ao que "não é", ao que "não se encaixa", dificuldades, incômodos ou "pré-sentimentos" não assinalados ou mesmo nem percebidos pelo paciente, mas que, uma vez captados pelo analista, podem funcionar como sinalizações que geralmente se apresentam na forma de intuição (*feeling*), imagens, lembranças oníricas, mitos, sonhos, sensações etc.

Outro capítulo dessa história seria a abordagem das condições psíquicas a serem privilegiadas no nosso *vir-a-ser* por psicanalistas que nos habilitem a estar em estado psíquico de receptividade e atenção, com a possibilidade de viver uma mente em trânsito, sem portos seguros para atracar. Penso que só podemos adquiri-las por meio de uma análise que alcance as cavernas mais profundas nos recessos de nossas mentes. Como pergunta Bion (1977/1989) ao falar desses estados de mente: "qual é o grau de facilidade com que você pode mudar mentalmente a sua posição, seu vértice, de tal modo que possa quase ver ambos os lados?". Penso que ele se referia às partes psicóticas e psicossomáticas dos próprios analistas. Bion sugere compreender essas transformações do paciente e seu analista (Tpβ e Taβ) da mesma forma que fazemos para, por exemplo, compreender a música, utilizando nesse caso a disciplina e as regras que, por assim dizer, regem as alucinações. Seria esse o domínio a que pertencem transformações de e em "O", que Bion (1970) tenta definir verbalmente como "realidade última", "a verdade absoluta", "a divindade", o seu conceito mais controverso, apenas parcialmente alcançado pelo entendimento racional. Estar em uníssono (*at-one-ment*) com "O" descreve a experiência de *tornar-se "O"*, de ser (*being*). Estar em uníssono com "O" depende da capacidade para integrar os estados mais primitivos da mente com as funções mentais superiores pelas quais as evoluções de "O" podem ser experenciadas (Willians, 2010). É necessária a capacidade de ser uma parte e ao mesmo tempo estar separada da experiência.

A própria análise pessoal vai capacitar ao analista tolerar as experiências emocionais que envolvem o confronto com a incoerência, não compreensão, sentimentos de dúvida e até mesmo persecutoriedade. Não é fácil esse caminho, sempre na contramão da cultura. Viver um processo contínuo de aprendizado e desenvolvimento só é possível enquanto o analista mantiver sua paixão pela investigação e exploração das profundezas do inconsciente infinito.

Como ilustração clínica utilizarei uma vinheta da análise de uma paciente que está em análise há alguns meses. Roberta é uma professional muito bem-sucedida e atualmente ocupa o cargo de C.O. em uma importante empresa. Ela me foi encaminhada pelo seu psiquiatra e a sua única queixa era de que sofria de ataques de pânico.

A paciente retorna após minhas primeiras férias de quinze dias desde que ela iniciou análise. Essa é a primeira sessão da semana, segunda pela manhã. Como sempre, muito elegantemente vestida, ela chega pontualmente, cumprimenta-me com um sorriso formal quando abro a porta, entra na sala de análise, deita-se rapidamente no divã e começa a falar sobre o seu trabalho e as coisas que tinha para fazer na semana. Tudo se passa sem qualquer referência verbal, ou mesmo corporal, ao fato de que não nos vemos há quinze dias. Eu permaneço em silêncio, impressionada com a sua aparente supressão de tempo e espaço naquele momento em que conversa comigo como se tivéssemos nos encontrado no dia anterior. Roberta faz uma pequena pausa e começa a contar sobre uma viagem de três dias à praia que havia feito com o marido e o filho no último fim de semana. Conta-me que no sábado começou a sentir-se ansiosa sobre o seu retorno à cidade, com um inexplicável receio de que, se ficassem até o domingo à noite, como habitualmente o faziam, algo terrível aconteceria. Sua ansiedade foi crescendo ao longo do dia, até o momento em que o marido lhe disse que não via razão para retornarem ao meio-dia como ela pedira. Ela disse que precisava voltar ao meio-dia no máximo, porém não conseguia lhe dizer por que motivo. À medida que a conversa com o marido prosseguia, ela começou a sentir o coração acelerado, suas mãos ficaram geladas, começou a suar frio, e finalmente teve uma crise de pânico, a primeira desde que ela havia iniciado a medicação, um ano atrás.

Roberta: "Eu não consigo compreender por que toda essa comoção que senti sobre voltarmos à noite... Eu estava aterrorizada, sabia que algo terrível iria acontecer. Claro que meu marido concordou em voltar naquela hora mesmo. Na volta, assim que visualizei a cidade comecei a me acalmar. E eu não sei por que eu precisava tanto voltar antes..."

Analista: "Eu acho que você queria muito me ver..."

Roberta: "Não... não pode ser... Não faz nenhum sentido... (pouco depois, com um tom um pouco constrangido) Desculpe, mas para mim você é apenas uma prestadora de serviço!"

Experiências clínicas como essa nos mostram continuadamente evidências de algo remanescente de estados de mente primitivos e que é preciso sonhar os sonhos que não podem ser sonhados. Encontrar as sensações ou emoções que nunca atingiram a consciência e acompanhar os pacientes na travessia de suas cesuras para, no dizer de Ogden (2005), alcançar os seus sonhos não sonhados e seus gritos interrompidos. Freud (1920) já afirmava que os impulsos enraizados no somático já constituem uma atividade psíquica primitiva, porém irrepresentável. Por outro lado, o psiquismo para ele será sempre encarnado, jamais terá autonomia do registro somático.

O medo de Roberta entrar em contato com o desamparo da sua condição humana, por meio da destruição da sua capacidade para sonhar (função-alfa) (Bion, 1962), estende seus efeitos sobre a capacidade da paciente comunicar-se consigo mesma, seu mundo interno, e comigo e sua família, seu mundo externo, como parte da tentativa de destruir seus vínculos com uma realidade que ela sente aterrorizadora. Nesse contexto, o sonho que não desperta associações e a realidade que não desperta sonhos são semelhantes a alucinações.

Nós somos mais nós mesmos sonhando os sonhos que nos sonham (Grotstein, 2000). Muitas vezes imaginação e imagens oníricas estão relacionadas a tentativas de significações, como uma mitologia privada, não necessariamente ao desejo. Por meio dos sonhos e do sonhar nos aproximamos de nós mesmos, guiados por entre passagens ocultas atravessamos as diferentes cesuras: psicossomática ↔ somatopsicótica, Os ↔ D, consciente ↔ inconsciente, interno ↔ externo, passado ↔ presente ↔ futuro, finito

↔ infinito. Entretanto, as defesas organizadas contra as agonias e terrores impensáveis roubam do indivíduo a possibilidade do trabalho-de-sonho-α e pensamento onírico de vigília e, portanto, a pré-condição para o impulso e o viver criativos (Bion, 1962; Barros, 2000; Ogden, 2005).

Voltando a Roberta: ela nos conta duas histórias diferentes, uma com o seu coração e outra que ela chama de "problemas". Bion (1973-1978) sugere a existência de uma dupla linguagem: a verbal e a da doença. Uma contada pelo paciente verbalmente e outra que é contada ao analista fisicamente, pelos seus olhos, aquela encenada ou vivida pelo paciente. A certa altura ele diz: "o que eu poderia dizer (ao paciente) seria retorne ao seu coração e pergunte-lhe o que ele viu. Porém não é senso comum, não é bom falar dessa forma". Como Roberta poderá respeitar-se se ela é o seu coração e o seu coração tem um ritmo diferente dela mesma? Como trazê-la mais próxima de um estado de harmonização ou casamento desses dois estados de mente, duas facetas dela mesma, atravessar essa cesura? Como ajudá-la a viver consigo mesma embora ela não saiba quem ela é?

Na intimidade dos nossos consultórios temos encontrado fundamentalismos de toda sorte, autodefinições pela profissão que exerce, individualidades empobrecidas, homens e mulheres com aspirações de serem eles mesmos. Mais do que falta de percepção da realidade, parece haver um entreter-se com uma realidade paralela, como um desdobramento do real, uma espécie de duplo de si mesmo. No momento de escolha entre si mesmo e seu duplo, dá-se preferência à imagem. As construções que fazemos a respeito de estados ainda sem representação partem dos detalhes fatuais e emocionais das interações aqui e agora da relação analítica que passam a adquirir significado, coerência e continuidade.

A presença da subjetividade do analista na sala de análise amplia as possibilidades de descrição do humano na atualidade para que se possa existir e ser como um lugar básico a partir do qual se opera e não se perca a esperança na possibilidade de encontros. É necessário um psicanalista capaz de receber, conter e "sonhar" as sensações do paciente que não têm representação psíquica, a não ser sentimentos de vazio, pensamento operacional, terrores e agonias impensáveis. A escuta aos derivativos do inconsciente no discurso, no contato com o paciente e a atenção do analista às suas próprias *rêveries* representam dois instrumentos, entre outros citados, que ajudam a construir uma cartografia acurada.

Acredito que Winnicott (1962) aproxima-se dessa questão quando propõe que o maior medo do homem não é a morte, mas um terror muito mais profundo, o de não ser (*not being*). Para ele, um indivíduo saudável é aquele capaz de alcançar uma identificação com a sociedade sem uma perda muito grande dos impulsos pessoais ou individuais, sem perder o sentido de si. A dimensão da singularidade de cada paciente nunca deve ser esquecida.

Da mesma forma Freud (1930) o fez, quase um século atrás, no seu texto *Mal-estar na civilização*:

> *Há muito tempo o homem forjou um ideal de onipotência e onisciência que encarnou em seus deuses, atribuindo-lhes tudo que parecia inacessível a seus desejos ou lhe estava proibido, de modo que bem poderíamos considerar esses deuses como ideais da cultura.... Hoje ele mesmo quase se tornou um deus. O homem chegou a ser, por assim dizer, um deus com próteses: bastante magnífico quando se coloca todos seus artefatos, porém eles não cresceram do seu corpo e às vezes lhe trazem muitos dissabores... (p. 3034, tradução minha)*

Inevitável a associação com as atuais próteses da psicofarmacologia, da nano e biotecnologia, bebês de proveta, clonagens, relações virtuais etc. Numa sociedade marcada pelo declínio da subjetividade e da intimidade nas relações pessoais, assistimos ao surgimento do homem tecnológico em substituição ao homem trágico. A tecnologia, Thecnos, torna-se por assim dizer um ideal do Eu, diante do qual se submete impotente o Eu, camuflando o seu desamparo e medo diante da morte, da indeterminação, do vazio. Pelo hiperdesenvolvimento tecnológico e suas próteses, tentando recusar o acaso, a morte e as dores inevitáveis da existência.

Poderíamos talvez dizer com Freud que o pânico seria por um lado uma manifestação clínica do desamparo e, por outro, uma das expressões do mal-estar que marca na atualidade a relação do sujeito com a cultura. Eu acredito que o nosso desafio como analistas na assim chamada contemporaneidade pós-moderna, em que nos chegam pacientes incapazes de estabelecerem relações íntimas consigo mesmos e com o outro, é promover e fornecer um *playground* para a constituição de um espaço interno para o brincar e o sonhar, quer seja habitado por personagens benignos ou assustadores; fornecer um espaço intermediário onde possam ocorrer diálogos entre o intrapsíquico e o intersubjetivo, o interno e o externo, e possam se desenvolver relações verdadeiras e profundas.

Numa de suas conferências, Winnicott (1986) afirmou que provavelmente o maior sofrimento no universo humano é o sofrimento das pessoas normais ou maduras, e que isso geralmente não é reconhecido nem pelos próprios analistas. A vida do indivíduo saudável é caracterizada por medos, sentimentos conflitantes, dúvidas, frustrações, sentimentos de impotência, lutos e dores profundas, assim como características positivas. Vivendo profundamente nossas experiências, elaborando medos e paixões, tomando responsabilidade pela ação ou inação, sendo capazes de receber crédito pelo sucesso e culpa pelo fracasso, caminhamos todos, pacientes e analistas, em direção ao desenvolvimento e autonomia pessoal.

Referências

Barros, E. R. (2000). Affect and pictographic image: the constitution of meaning in mental life. *Int. J. Psychoanal.*, *81*, 1087-1099.

Bion, W. R. (1962). *Learning from experience*. London: Heinemann.

Bion, W. R. (1963). *The Elements of psychoanalysis*. London: Heinemann.

Bion, W. R. (1970). *Attention and interpretation*. London: Karnac Books.

Bion, W. R. (1973-1978). *Bion's supervisions in São Paulo. Supervision 45*. Recorded, transcribed and presented by Dr José Américo Junqueira de Mattos at Scientific Meetings at SBPSP.

Bion, W. R. (1977/1989). *Two papers: the grid and caesura*. London: Karnac Books.

Bion, W. R. (1978/1980). *Four discussions with W. R. Bion & Bion in New York and Sao Paulo*. London: The Roland Harris Educational Trust.

Bion W. R. (1992). *Cogitations*. London: Karnac Books.

Cassorla, R. M. S. C. (2009). Reflexões sobre não-sonho-a-dois, enactment e a função-alfa implícita do analista. *Revista Brasileira de Psicanálise*, *43*, 91-120.

Franco Filho, O. M. (2008). O principal instrumento de trabalho do analista. *Jornal de Psicanálise, 41*(74), 249-256.

Freud, S. (1914). Inhibición, síntomas y angustia. In *Sigmund Freud, obras completas* (Vol. 3, p. 28-33). Madrid: Biblioteca Nueva.

Freud, S. (1920). Más allá del principio del placer. In *Sigmund Freud, obras completas*. (Vol. 3, p. 250-257) Madrid: Biblioteca Nueva.

Freud, S. (1930). El malestar en la cultura. In *Sigmund Freud, obras completas* (Vol. 3, p. 301-307). Madrid: Biblioteca Nueva.

Green, A. (2008). *Orientações para uma psicanálise contemporânea*. Rio de Janeiro: Imago.

Grotstein, J. S. (2000). *Who is the dreamer who dreams the dream? A study of psychic presences*. Hillsdale: Analytic Press.

Korbivcher, C. F. (2005). The theory of transformations and autistic states: autistic transformations: a proposal. *Int. J. Psychoanal.*, 86(6),1595-1610.

Mattos, J. A. J., & Braga, J. C. (2009). *Consciência moral primitiva: um vislumbre da mente primordial*. Trabalho apresentado em reunião científica da SBPSP, em 2009.

Mion, C. C. (2006). The Stranger. *Int. J. Psychoanal.*, 87, 125-143.

Mion, C. C. (2009). *Psicanálise. O quê? Como? Para quê?* Apresentado em reunião científica da SBPSP.

Mion C. C. (2012). Conjectures about dreams, memories and caesuras. In *Bion International Meeting*, Los Angeles, Califórnia.

Ogden, T. H. (2005). *This art of psychoanalysis: dreaming undreamt dreams and interrupted cries*. New York: Routledge.

Sapienza, A. (2008). Função alfa: ansiedade catastrófica – pânico – continente com rêverie. In *Incontro Internazionale Bion*, Roma, Itália.

Willians, M. H. (2010). *Bion's dream*. London: Karnac Books.

Winnicott, D. W. (1962). The aims of psycho-analytical treatment. In *The maturational processes and the facilitating environment*. Madison: International Universities Press.

Winnicott, D. W. (1963/1994). O medo do colapso (Breakdown). In *Explorações psicanalíticas* (pp. 70-75). Porto Alegre: Artes Médicas.

Winnicott, D. W. (1971/1989). *Playing and reality*. New York: Routledge.

Winnicott, D. W. (1986). *Home is where we start from. Essays by a psychoanalyst*. London: W.W. Norton & Company.

11. O desespero de Peter Pan e sua busca por existir: des-amparo e pensamento onírico da dupla analítica

Ana Maria Stucchi Vannucchi

Um dia, sem mais nem menos, surgiu em minha sala o famoso Peter Pan. Levei um susto! Logo que me recuperei pude perguntar o que ele buscava ali, na minha sala!! Ele me olhava assustado, dizendo que devia ter cuidado com gente como eu, que geralmente quer convencer ou "fazer a cabeça" das pessoas: "Eu tenho uma amiga que me disse assim: a gente tem que tomar muito cuidado com as psicólogas, porque elas querem convencer a gente de tudo!!"

De fato, relembrando a estória, Wendy logo se oferece para ajudar Peter Pan, dispondo-se a costurar sua sombra, como uma boa e prestimosa mulher. Cuidado!! Não vá bancar a Wendy!!... foi o que escutei neste primeiro momento e me vi conjecturando e indagando como poderia lidar com as angústias de separação e intrusão (Green, 1982/1988, p. 178), ou ainda com agonias impensáveis, como nomeia Winnicott (1962/1983).

Para falar a verdade só me dei conta de que se tratava de Peter Pan muito tempo depois. Nesse momento inicial, ele disse que se chamava Flavio e eu me lembrei que a gente já se conhecia bastante, de um convívio anterior. Talvez naquela época anterior fosse mesmo esse seu nome. Flavio vivia aflito com mil dores abdominais e algumas cirurgias. Era um moço muito estudioso, estava numa escola bem difícil e tinha ótimas notas, mas estava também muito triste e deprimido. Era superapegado à sua mãe, e bem distante do pai. Vivia aflito com suas preferências sexuais, sentindo-se atraído por meninos e amedrontado com essas vivências homossexuais. Fomos conversando sobre isso por uns dois anos, ao final dos quais Flavio entrou numa faculdade muito prestigiada, assumiu-se como homossexual convicto, foi de certa forma aceito pela família nesta nova condição e despediu-se de mim satisfeito de se sentir ele mesmo!! Haveria ele encontrado alguma harmonia entre mente e corpo? (Ferrari, 1994/1996, 1995).

Nesta primeira fase privilegiei as angústias identitárias ligadas à masculinidade/feminilidade, que eram vividas de forma indiscriminada, dissociada e desintegrada (Klein, 1945/1981; Ferrari, 1994/1996) bem como as vivências desarmônicas entre mente e corpo. Conjecturei as vivências homossexuais como uma busca da masculinidade (Ferrari & Stella, 2000, Stoller, 1993; Bleichmar, 2006), e trabalhei com a possibilidade de instaurar vivências edípicas, que poderiam trazer triangularidade e uma certa distância da figura materna. A capacidade de sonhar também recebeu atenção e desenvolvimento, levando inclusive a uma ligação entre sonho e cinema, que ele muito apreciava.

Passaram-se alguns anos e eis que me chega Peter dez anos mais velho, procurando sua sombra, que havia desaparecido, e ele achava que eu poderia ajudar a encontrá-la. Parece simples a gente estar sem sombra e querer achá-la, mas eu percebi que Peter estava muito desesperado. Usava muitas drogas e bebia muito. Tinha uma vida sexual predominantemente homossexual, com parceiros eventuais encontrados pela internet ou em baladas gays, mas também tinha encontros eventuais com moças.

Nos primeiros meses de retomada da análise eu escutava relatos bastante crus de sua vida sexual, com mínimos detalhes. Minha sala se enchia de pênis e de bundas que se esfregavam, penetravam, masturbavam, gozavam. Levanto a hipótese de que se tratava de elementos primitivos, concretos, não passíveis ainda de serem sonhados e transformados em psíquicos (Bion, 1962/1980).

Surgiam também relatos de doenças sexualmente transmissíveis, especialmente a aids, vivências de terror e rituais protetores para evitá-los, configurando vivências persecutórias e hipocondríacas. Que vivências estariam sendo anuladas e convertidas em hipocondria? Green (1993/2010) propõe a hipótese de que a hipocondria se produziria sobre um fundo de alucinação negativa na esfera do corpo ou da emoção (p. 190). Este poderia ser um caminho possível para a investigação analítica? O centro de suas atenções era seu nariz, que ele considerava torto, e que poderia ser "retificado" por uma cirurgia. Novamente ele estava às voltas com uma cirurgia!!

Tinha terminado a faculdade e se matriculado num curso de pós-graduação que ele levava em "banho-maria". Este curso ocupava grande parte das nossas conversas, e ele o vivia de forma ambivalente, entre indiferente e maravilhado. Nunca tinha trabalhado, vivia de mesadas do pai, o que habitualmente causava muito conflito entre eles.

Em algumas ocasiões, punha-se a falar de seu curso de forma sofisticada e "erudita", mencionando o livro em que recomeçara a trabalhar. Mencionava que o livro era baseado em entrevistas com filósofos famosos e que seu trabalho traria uma reflexão sobre a relação entre arte e vida. Seu tom era de grandiloquência e superioridade, que lembrava as transformações em alucinose como propõe Bion (1965/2004).

O ponto que mais me chama a atenção diz respeito à profunda cesura (Bion, 1977/1981) existente entre este corpo e esta mente, predominantemente alucinatória. O corpo se esvai em suor e sêmen; um conteúdo que não encontra continente que possa contê-lo, liquefazendo-se: Flavio chega e entra na sala onde estou sentada esperando-o. Olha em volta e diz: "Você pode me dar alguma coisa para cobrir o divã, porque estou suando muito?". Em segundos resolvo atender seu pedido, me levanto, vou buscar uma toalha e lhe entrego. Ele a estende sobre o divã e se deita, ficando alguns minutos em silêncio. Em seguida diz: "Se não fosse a toalha, escorria pelos lados..."

Acredito que essa cena seja consistente com minha impressão de que a mente voa mundo afora, como Peter Pan, deixando o corpo abandonado e desesperado para se sentir existente. Ambos, corpo e mente, se procuram, mas não se encontram. Seria possível esse encontro? Não sei se seria possível, apenas conjecturo que poderia ser um encontro promovido pelo trabalho analítico, pelo seu encontro consigo próprio e comigo, onde estariam ambos presentes de corpo e alma.

Como se teria constituído uma mente assim tão distante do corpo? Lembro Freud (1923/2007) sublinhando o Eu como superfície corporal, e Green (1982/1988) referindo-se a uma paciente, desejosa de fazer com que "sua barriga e sua mente se juntem" (p. 175). Green aponta aqui a impossibilidade de pensar, a solidão intolerável e o impulso corporal, cujo movimento sugere uma busca por constituição e organização de Eu: "a angústia é o que rompe o continuo silencioso do sentimento de existir" (p. 168). Estaríamos diante de um sentimento de inexistência?

Penso que este corpo busca uma alma, um espírito, uma mente que o atenue, propiciando um eclipse, como sugere Ferrari (1995). O corpo contém a alma, mas, ao mesmo tempo e paradoxalmente, a alma contém o corpo... Que complexidade! Considero aqui a dinâmica continente/contido tal como proposta por Bion (1962/1994) em sua Teoria do Pensar. Esse corpo não estava encontrando um continente capaz de pensar sensações e emoções, e vem em busca disto: um continente, tal como expressa o pedido concreto da "toalha". Poderia eu, como analista, oferecer esse continente?

Conjecturei então que esta era uma busca por sentir-se existindo, real, homem de corpo e alma. Onde estaria o espírito, a mente? Teria que nascer, ou estaria vagando por aí, procurando um corpo que lhe servisse? Essa alma poderosa e ilimitada também se achava perdida, vagando pelo espaço sideral, em busca de um continente que a acolhesse, já que o corpo não podia ter essa função. Ou estaria se deleitando com erudição e grandiloquência, saboreando o livro sobre filosofia?

Penso na noção de mente primordial (Bion, 1975/1989) que envolve indiferenciação entre mente e corpo e aspectos mentais ainda não nascidos, uma protomente. Considero também a proposta de Ferrari (1995) de que é o eclipse do corpo que traz o nascimento da mente. Mas como se faria uma mente assim, tão "avessa" em relação ao corpo? Sabemos, com Green (1993/2010), que o avesso, inverso, simétrico se constituem em várias dimensões no campo do negativo. Penso também no que Green (1988) chama de "não do ID", em que a necessidade é "cuspir ou vomitar" aquilo que não pode ser aceito, e que é excorporado para fora do espaço psíquico, desaparecendo por completo: "o dilaceramento entre o sim e o não, como viciação do trabalho do negativo". O que Peter me apresentava era algo indefinido: nem homem nem mulher, nem criança nem adulto, nem corpo nem mente, nem prazer nem dor. Os sentimentos não podiam ser percebidos e vividos, eram eliminados. Ele próprio não podia existir. Green (1988) acrescenta: "O que eles (pacientes) mostram de fato é que a recusa a optar, recusa de crer, a recusa de investir não é nada mais do que a recusa de viver" (p. 28).

Teria eu condições de formular uma linguagem transitiva, capaz de penetrar a cesura, como sugere Bion (1977/1981)? Ou ainda uma formulação capaz de estar no espaço potencial, entre-dois: "Nem meu, nem seu: vínculo" (Green, 1982/1988, p. 173). O mesmo sugere Winnicott (1971) ao mencionar a área da experimentação transicional, o compartilhar a experiência da ilusão (p. 15).

Depois de alguns meses surgem relatos que expressam violência e agressividade contra si e os outros, envolvendo velocidade, numa verdadeira "guerra" para vencer e fazer "desaparecer" espaço e tempo, elementos fundamentais do existir humano.

Numa sessão Peter relata que, ao sair de casa, andou na contramão de sua rua com o automóvel, até o farol, quase atropelando um moço que vinha de bicicleta, para chegar no horário. Percebo que tenho medo de dizer algo que seja crítico e moralista: me calo, bastante angustiada. De que serviria? Como formular para ele meu pensamento de uma forma que lhe fosse útil? Que linguagem utilizar?

Em seguida lembra-se de que em outra oportunidade "entrou de carro a toda velocidade numa feira pública, sendo quase linchado pelos feirantes". Disse: "eu só queria cortar caminho!! Quase me ferrei!!" Penso que os aspectos ligados à realidade não o "tocam", como o risco de acidente e morte dele ou de outras pessoas.

Não se trata de uma desconsideração por si ou pelos outros, mas, acredito eu, de uma abolição do outro e de si próprio, que me faz lembrar a noção de alucinação negativa. Essa noção me remete a Freud (1915-1917/2010): "Acrescento que uma tentativa de explicação da alucinação não deveria começar pela alucinação positiva, mas sim pela negativa" (p. 97). Posteriormente, Green (1982/1988,

1993/2010) vai retomar essa noção, ampliando-a imensamente. Para ele, temos a duplicidade essencial do Eu: quer ser ele mesmo e também ser um só com o objeto. Ao se defrontar com essa necessidade insatisfeita, pois o objeto tem sua autonomia e é vivido como "objeto-trauma", o eu se "faz desaparecer". Ou mesmo nem chega a existir. Penso que estou diante de uma vivência dessa natureza. Sinto-me amedrontada e angustiada. Des-amparada?

Depois de um tempo, ainda nesta sessão, sou tomada pela imagem de um vulto sobrevoando minha sala. Primeiramente fiquei muito aflita e assustada com esta "visão alucinada". Quando me recobrei, pude me perguntar como poderia utilizá-la. Seria o espírito em busca do corpo? Seria um fantasma? Numa transformação onírica, imaginei que o vulto poderia ser o Peter Pan e essa ideia me inspirou. Imaginei Flavio buscando sua mente, tal como Peter Pan buscando a sombra que havia sido cortada, ao desligar-se do corpo quando a janela foi fechada por Naná, a cachorra-babá da família Darling. Aguardei em silêncio.

Aos poucos ganhei condições para formular e expressar para ele algo mais ou menos assim:

> *Você não se sente deste mundo, se sente mais como um anjo ou um ser que voa pelo céu transcendendo tudo que está na terra, em busca de um corpo onde morar... e seu corpo fica abandonado, suando, tentando se sentir vivo... pensei no Peter Pan procurando a sombra que tinha sido cortada...*

Seguiu-se um profundo silêncio, durante o qual me perguntei se devia mesmo ter formulado para ele esta ideia "maluca", que poderia assustá-lo ou mesmo injuriá-lo. Tive medo de que ele sentisse minha fala como uma agressão ou condenação. Por outro lado tive a esperança de ser uma fala transitiva, capaz de atravessar a cesura.

Ao fim desse silêncio ele me disse: "Puxa, Ana, esta ideia é estranha, mas é boa! Eu nunca tinha pensado nisso!! Olha, eu acho que você falou muito bem o que eu sinto!"

Fiquei perplexa e ao mesmo tempo esperançosa com sua fala. Mas achei-a muito explicativa. Pensei como as palavras são precárias para descrever os sentimentos. Onde estariam eles?

Eu: "A ideia você achou boa, mas o sentimento não apareceu".

Peter se mexe novamente no divã, se remexe e diz: "Ideia bem maluca, um corpo sem alma, dá medo de ser bruxaria".

Podemos pensar como bruxaria o pensamento onírico da analista, o compartilhar a área de ilusão? Estaríamos então em área de mistério, onde o desconhecido pode emergir dessa forma, e proceder à sutura da sombra com o corpo, tal como fez Wendy? Sutura vivida nesse momento como algo mágico, uma vivência de profundo contato e intimidade entre as duas mentes. Acredito que é isso que Bion (1963/2004) denomina paixão, uma das dimensões do objeto psicanalítico. Creio que o fragmento a seguir ilustra essa vivência de *at-one-ment*. A experiência de um O comum a analista e analisando (Bion, 1970/2007) e ao mesmo tempo sua evanescência e transitoriedade (Freud, 1916/2010).

Peter lembra que as poções podem ser usadas para o bem ou para o mal... E diz: "se for para a alma encontrar o corpo... pode ser boa, né?"

Eu digo: "mas se você diz que pode ser para o mal, aí dá medo de ir por este caminho, de procurar a sombra..."

Fica em silêncio e em seguida diz que se lembrou de um sonho:

Eu sonhei que estava voando, como você disse, e de repente vi você lá embaixo na terra. A gente conseguia conversar mesmo assim. Eu não sei se eu queria ir para o chão, acho que não... eu não sei... eu voava alto e me comunicava com você...

Essa comunicação "tão perto e tão longe" faz pensar em intimidade e numa dimensão estética do encontro vivido na sala de análise. Emoção e pensamento conjugados? Sonho a dois? (Perrini, 2015). Duas mentes em uníssono como uma dimensão do objeto psicanalítico? (Bion, 1963/2004). Posso conjecturar que aqui se constitui, neste momento, um objeto psicanalítico? As outras dimensões deste objeto estariam também contempladas?

Como associação, ele se lembra do filme de Wim Wenders *Asas do desejo*. Nesse filme, dois anjos sobrevoam Berlim e, quando um deles se apaixona, perde as asas e leva um enorme tombo, caindo no chão e se machucando. Diz ele: "se a gente se apaixona, vale a pena cair no chão. Se for em Berlim melhor ainda..." Em outro momento menciona: "talvez dê para ter algum prazer como gente e não como anjo... eu não sei..."

Eu lhe digo: "dizem que anjo não tem sexo... mas se o corpo encontra a sombra, a pessoa pode sentir prazer como gente".

Flavio se assusta muito com esta ideia e diz: "vai ver que é por isto que eu não me satisfaço nunca com tanto sexo"... Fica pensativo e passa o restante da sessão em silêncio.

Ao sair me olha e diz: "Obrigada, Ana".

O que será que ele agradece? Habitualmente não diz nada ao sair. Fiquei pensando num filme chamado *Uma relação pornográfica* (1999), em que uma mulher decide procurar por meio de um anúncio um parceiro para viver fantasias sexuais. Ela então começa a se encontrar com um homem que tinha um objetivo semelhante. Ao longo dos encontros, eles se dão conta de que vivem uma ligação amorosa, embora isso tivesse sido evitado por ambos o tempo todo. Pensei que tínhamos vivido um encontro "de verdade" nesse dia e por isso ele me agradecia. Ou seria apenas um desejo ilusório da analista?

Considero que "sentir prazer como gente e não como anjo" pode ser o embrião de uma existência psíquica, em que corpo e mente podem compartilhar o prazer de estarem vivos. Penso outrossim que o prazer de estar vivo e ser si próprio nada tem a ver com o prazer da descarga, ligado ao Princípio do Prazer. Seria o prazer de existir, de ser único na face da terra: "eu sou o único a usar esta toalha, né?" Poderíamos aproximá-lo ao prazer autêntico, em que surgem a graça e o encanto de viver? (Rezze, 2016).

Seria um sonho ou uma alucinação o vulto presente na sala de análise? Penso que, sendo o sonho um fenômeno de caráter alucinatório, a diferença entre ele e a alucinação estaria não na forma, mas na função que desempenham no psiquismo.[1] Assim sendo, a discriminação se faria em função de sua utilização, a serviço de negar ou de se aproximar da realidade psíquica. Considero, com Bion (1965/2004), que as transformações em alucinose podem evoluir para transformações em sonhos ou transformações em O, se puderem servir para ligar, ao invés de terem a função de separar, tal como as transformações em alucinose que Peter vivia, que operavam a cesura entre mente e corpo. Afinal o próprio Freud (1900/2014) afirmou que os sonhos servem para ligar. Bion (1962/1991, 1963/2004) nos mostra que esta função de ligar ideias e pensamentos é realizada pelas emoções.

---

1 Deocleciano Bendocchi Alves, em comunicação pessoal.

Em encontros posteriores, Peter/Flavio nos relata seu sofrimento com a constante oscilação entre PS/PD. Nos traz de volta o desligamento, a fragmentação e o ataque aos vínculos, bem como a tristeza de perceber as oscilações entre amor, ódio e desligamento. De uma vivência amorosa, em que surge o vínculo A (amor) em evolução, tomam o campo as dissociações e os elementos primitivos, não transformados em psiquismo. Seriam objetos bizarros? Seriam ataques ao próprio Eu? Narcisismo de morte? Haveria presença de um vácuo, de uma anulação dos afetos, que precisava ser preenchida por objetos concretos? Essas vivências trazem profunda dor:

> *Eu não queria vir e remexer em tudo o que estou pensando... eu tô contente, tô namorando, tô feliz com o X, ele é um amor... mas eu não consigo ser íntegro e honesto com ele... eu acordo e só penso em sexo, em entrar na internet para achar parceiro pra transar... eu tô chateado com isso, eu preciso te falar... acho que sou adicto... isso é um vício.*

Neste momento, parece surgir uma mente que percebe sua própria existência, seus limites e suas dores e sofre com isso. Estamos neste momento distantes daquela mente onipotente e "voadora" de que falamos no início. Há uma possibilidade de auto-observação, bem como a dor de perceber-se: "cada um sabe a dor e a delícia de ser o que é" (Veloso, 1986).

A relação consigo mesmo e com o outro revela a terrível ameaça trazida pela alteridade, e isso se condensa na experiência emocional com a analista, cujo vínculo é negado e praticamente desaparece em alguns momentos.

Flavio/Peter menciona que, se alguém escutasse seu relato sobre suas aventuras sexuais, se horrorizaria. Eu lhe pergunto se ele acha que também me horroriza.

Ele: "Você não, eu não tenho ligação com você".

Eu: "Como assim, não tem ligação comigo?".

Ele ri e fica sem graça.

Eu: "Veja só o que aconteceu hoje aqui, você falou que pensou em não vir para não remexer em tudo, mas veio... disse que era o único a usar a toalha do divã... teve minha atenção 100% voltada para você, compartilhou suas vivências comigo, e seu sentimento é de não ter ligação comigo... Você não acha estranho isso?".

Flavio cai num choro intenso e fundo por alguns minutos...

Ele diz: "Eu me sinto muito sozinho... mas depois vou olhar e vejo que deixo os outros sozinhos, que te deixei sozinha".

Eu: "Mas agora parece que você se sente em ligação consigo próprio e comigo também...".

Percebo essa constante oscilação entre PS/PD, e um momento de profunda comoção e possibilidade de considerar a alteridade da analista. Cria-se neste momento um espaço mental em que a dor pode ser contida, transformada em palavras, e o outro pode ser acolhido e percebido em sua diferença. Seria um movimento do conhecer para o ser? (Bion, 1965/2004).

Outro dia, conversando sobre sentir-se abandonado e abandonar, eu lhe digo: "Hoje, por exemplo, você não me abandonou, não me deixou sozinha te esperando... quando fui te chamar você já estava me esperando...".

Ele diz: "Nunca pensei que quando eu atraso eu te abandono... acho que você pode aproveitar o tempo para fazer outras coisas, ler um livro interessante, telefonar pra alguém".

Eu digo com ênfase: "Então você acha que no seu horário eu tenho algo mais importante pra fazer do que estar com você?".

Ele: "Ana, eu não quis dizer isso... eu não penso isso".

Eu digo: "Mas você espontaneamente disse isso...".

Ele, depois de um silêncio reflexivo, diz: "Agora pensei que você pode gostar de conversar comigo".

Eu digo: "Bom; esta ideia é mais benigna, reconfortante..."

Ele faz que sim com a cabeça e fica em silêncio por um tempo.

Aos poucos tenho a impressão de que a vivência da alteridade da analista se torna menos ameaçadora e pode emergir em alguns momentos como este. Interessante observar que nestes momentos há espaço mental para o eu e o outro, bem como para o corpo e a mente. Encontro-me aqui diante do duplo limite tal como propõe Green (1974/2001, p. 34)?

Observo também que, além da dor propiciada pela constatação da existência do outro, pode surgir o prazer de existir e estar em companhia com o outro: "Você pode gostar de conversar comigo".

Em outro momento Flavio traz uma lembrança infantil, que me parece referir-se ao clima vivido na sessão: "Eu lembrei da caverna meiga... era um lugar em que a gente se escondia na infância...".

Eu digo: "Curioso nome, caverna meiga, parece um paradoxo..."

Ele: "Parece e é... lugar escuro, soturno, cheio de medos infantis, mas também uma proteção contra eles...".

Eu digo: "Aqui poderia ser uma caverna meiga então... os medos vão aparecendo e a gente vai iluminando cada um deles...".

Flavio fica em silêncio e adormece... depois de um bom tempo eu o acordo e digo que estamos no horário. Ele se levanta meio assustado e vai embora dizendo: "Aquela caverna meiga me relaxou...".

Nessa caverna surgem aspectos muito primitivos e primordiais que parecem não ter sido ainda transformados, sonhados, pensados. Mas o paradoxo trazido na caverna meiga pode ter a função de continência e digestão mental. Os medos infantis de hoje podem ser iluminados ao sair da escuridão, sendo transformados e perdendo assim sua força ameaçadora. Lembro aqui de *Amarcord* (filme de Fellini de 1973), na cena em que a presença materna acolhe o rapaz angustiado e febril depois de sua primeira experiência sexual, dando lugar a uma conversa sobre como começou o amor entre o pai e a mãe. Penso novamente na possibilidade de acolher o estranho (Freud 1919/2010), inclusive o feminino de si próprio, que tanto o amedronta. Afinal, só é possível dormir quando sentimos confiança na possibilidade de transformar nossos terrores em algo menos ameaçador. Acredito que seja essa a função do sonhar, atenuando a frustração que se impõe pelo contato com a realidade de nós mesmos e com a realidade da vida. Sonhar e fazer filmes parece ter algo em comum, como nos mostram Fellini e Kurosawa, que criaram tantos filmes com base em seus próprios sonhos!!

Por muito tempo, as vivências edípicas não puderam surgir. Encontramos Peter/Flavio fundido com a mãe e ao mesmo tempo sem poder perceber a existência do pai. Estamos no campo da bitriangulação, e não da triangularidade, como nos lembra Green (1975/2001, 1982/1988). A constelação edípica (Ferrari, 1995) não pode se constituir, e uma experiência intensamente confusional (Meltzer & Harris, 1998) tem lugar, onde a diferença precisa ser reafirmada, por ser sentida como inexistente: "Meus pais aceitam eu ser gay, eu fumar maconha... Mas eu sei que sou diferente dos meus pais... eu não preciso ser radical, eu sei que sou diferente".

Eu digo: "Você parece que tem dúvidas, então precisa repetir esta ideia de ser diferente para se convencer dela...".

Ele diz: "Eu acho estranho conseguir conversar com alguém tão diferente como você!!".

Eu: "Você imagina que amizade, encontro, amor, só podem existir entre pessoas iguais... Os diferentes são inimigos que a gente precisa evitar... mas aqui comigo a experiência não está sendo esta, vejo que você gosta de conversar comigo, compartilhar suas vivências... mas também percebe que somos pessoas diferentes...".

Ele diz meio perplexo: "Ana parece tão óbvio, mas eu nunca pensei em nada disso!!".

Vemos neste fragmento que Flavio/Peter se surpreende ao perceber a alteridade da analista, mas que isso pode ser vivido sem que represente um abismo intransponível. Além disso se dá conta do trabalho psíquico necessário para se construir como pessoa e poder ser autônomo em relação aos pais: parece que aqui se delineia um embrião da situação edípica.

Percebo como a vivência de ser uno consigo próprio, bem como a de formar uma dupla com a analista, é transitória, e ao mesmo tempo observo como aos poucos Flavio vai "nascendo psiquicamente", e penso que nisso consiste nosso trabalho, que pode trazer o sentimento de existência, mas ao mesmo tempo traz um profundo sentimento de isolamento e solidão.

Em vários outros momentos surge novamente a possibilidade de perceber o outro e também de perceber-se. A analista pode ser considerada em suas observações, e o diferente pode ampliar o espaço mental. Mas, mesmo assim, a vivência da alteridade é muito dolorosa, precisando ser negada e trazendo com ela o isolamento e o sentimento de inexistência, que está sempre rondando, embora retorne de outra forma e com outra intensidade em momentos sucessivos da convivência analítica. Percebo as confusões que se expressam a cada momento, entre masculino e feminino, amor e amizade, pai e mãe, namorado e mãe, pênis e seio (Meltzer & Harris, 1998). Este universo angustiante gravita especialmente na confusão entre o eu e o outro, pois a discriminação é muito dolorosa. No entanto a confusão também o é. Penso que na intimidade do encontro analítico essas vivências tão primitivas vão podendo adquirir sentido e ser expressas em palavras, que, embora insuficientes e precárias, permitem alguma possibilidade de aproximação com a experiência de conhecer-se e tornar-se (Bion, 1965/2004).

Nessas condições, também a analista oscila entre momentos de des-amparo diante do desconhecido e outros em que se vale de algum amparo possível, em que surge a capacidade negativa, gestada especialmente no profundo contato com sua própria mente, alcançado e também perdido em vários encontros de suas análises e re-análises, na interminável travessia do vir a ser psicanalista. Em alguns momentos como este que aqui consideramos, é possível colocar em movimento uma mente transitiva, capaz de atravessar as cesuras entre as dimensões mais concretas e as mais profundas do funcionamento mental da dupla.

Muito tempo depois Flavio começa a se interessar pela possibilidade de encontrar um trabalho. Acredito que um trabalho prazeroso pode ser fonte de um processo de sublimação (Freud, 1923/2007, 1932/2010), representando também um movimento de aproximação com a realidade de sobreviver por si próprio e alcançar autonomia real. Logo num primeiro momento, observo que ele se sente apavorado com essa possibilidade, ao mesmo tempo tão desejada e temida. Essa experiência lhe oferece a oportunidade de viver algum amor por si próprio como ser humano, bem como o reconhecimento de suas potencialidades, que o reasseguram narcisicamente:

Eu gostei de lá, gostei mais do que os outros dois que eu me candidatei. Eles me ofereceram um salário baixo, eu disse que não dava, então eles criaram um cargo novo pra mim... sabe quando você percebe pelo brilho do olho que o cara gostou do teu perfil, do teu currículo?

No entanto observo como logo em seguida ele se sente impedido de sentir prazer com esse fato, ressoando dentro dele apenas uma atitude negativa, que ele identifica nos pais, por meio de ambivalência e reprovação: "agora veio a ficha para preencher e está escrito escolaridade... não sei como preencher... meus pais estão me deixando louco, dizendo que eu não vou ser aceito... acho que não vou ser admitido, não tenho estes documentos...".

Decido mostrar-lhe o que estou observando.

Eu digo: "Aqui não estão seus pais, só você e eu, então acho que você é que se sente preso nesta situação... Mas este não é o ponto, eu penso que o ponto hoje é você não poder ficar feliz de ter arrumado o emprego que você queria... você joga um balde d'água neste teu brilho...".

Flavio fica em silêncio, pensativo. Ao final diz: "Me lembrei de um sonho... sabe, eu comprei uma bola de couro, recheada de areia para fazer exercício em casa, custou caro, mas eu gosto dela".

Eu: "Este é o sonho?".

Ele: "Não, eu comprei mesmo, mas depois sonhei que a bola caiu na água e a areia foi molhando... foram se formando grumos e a bola murchou... nossa, eu lembrei do sonho agora que você falou do balde d'água...".

Eu digo: "Parece que este sonho foi sonhado agora mesmo!".

Ele: "Eu tava murcho mesmo... mas agora te contando me animei...".

Penso que vivemos novamente um momento especial, de *at-o-ne-ment* (Bion 1965/2004), em que algo evolui na dupla analítica, por meio das transformações em sonho, do sonho sonhado na sessão, indicando uma possibilidade de acolher dentro de si as palavras da analista e o prazer de ser ele mesmo, neste momento. Do O comum a ambos, evolve o tornar-se, o ser? Pode o Eu se sentir existindo neste momento? Percebo em mim o sentimento de estar viva e profundamente comovida.

Para terminar, quero dizer que o trabalho analítico se constitui para mim nestes incansáveis movimentos espiralados, nos quais, em raros momentos preciosos, conseguimos ter um encontro verdadeiro com o paciente, e o paciente também consegue se sentir uno conosco. Mas são raros momentos, e por isso mesmo valiosos. No restante do tempo, como diz Bion, fazemos psicanálise, ou melhor, nos amparamos em teorias.

Green (1993/2010) nos lembra: "O trabalho do negativo se resume então a uma questão: como, em face da destruição, que ameaça tudo, encontrar uma saída para viver e amar?" (p. 201). Penso ser este o "drama" da dupla analítica que procuro desenvolver neste trabalho.

Acredito que o movimento entre Peter Pan e Flavio expresse esta busca desesperada por sentir-se existindo, e que o encontro analítico pode, em alguns momentos, propiciar continência, brotos de pensamento e sentimento de existência. Penso também que este trabalho expresse a trajetória desta dupla analítica em dois momentos diferentes, evidenciando uma ampliação de possibilidades e a abertura de novas trilhas em meio à "floresta" do desconhecido de ambos, bem como um gradual aprofundamento das angústias e vivências de des-amparo que vão sendo experimentadas nesta travessia.

Referências

Bion, W. (1959/1994). Ataques a ligação. In *Estudos psicanalíticos revisados* (pp. 109-126). Rio de Janeiro: Imago.

Bion, W. (1961/1977). Una teoría del pensamiento. In *Volviendo a pensar* (pp. 151-164). Buenos Aires: Hormé.

Bion, W. (1962/1980). *Aprendiendo de la experiencia.* Barcelona: Ediciones Paidós.

Bion, W. (1963/2004). *Elementos de psicanálise.* Rio de Janeiro: Imago.

Bion, W. (1965/2004). *Transformações.* Rio de Janeiro: Imago.

Bion, W. (1970/2007). *Atenção e interpretação.* Rio de Janeiro: Imago.

Bion, W. (1975/1989). *Uma memória de futuro: o sonho.* São Paulo: Livraria Martins Fontes.

Bion, W. (1977/1981). Cesura. *Revista Brasileira de Psicanálise, 15*(2), 123-136.

Bleichmar, S. (2006). *Paradojas de la sexualidad masculina.* Buenos Aires: Argentina: Paidós.

Ferrari, A. (1994/1996). *Adolescência: o segundo desafio: considerações psicanalíticas.* São Paulo: Casa do Psicólogo.

Ferrari, A. (1995). *O eclipse do corpo: uma hipótese psicanalítica.* Rio de Janeiro: Imago.

Ferrari, A., & Stella, A. (2000). *A aurora do pensamento*. São Paulo: Editora 34.

Freud, S. (1900/2014). *A interpretação dos sonhos* (R. Zwick, trad.). Porto Alegre: L&PM.

Freud, S. (1915-1917/2010). Complemento metapsicológico à teoria dos sonhos. In *Obras completas de Sigmund Freud* (pp. 151-169, P. C.de Souza, trad., Vol. 12). São Paulo: Companhia das Letras.

Freud, S. (1916/2010). A transitoriedade. In *Obras completas de Sigmund Freud* (pp. 247-252, P. C. Souza, trad., Vol. 12). São Paulo: Companhia das Letras.

Freud, S. (1919/2010). O inquietante. In *Obras completas de Sigmund Freud* (pp. 328-376, P. C. de Souza, trad., Vol. 14). São Paulo: Companhia das Letras.

Freud, S. (1923/2007). O Eu e o Id. In *Obras psicológicas de Sigmund Freud* (pp. 13-92, L. A. Hanns, trad., Vol. 3). Rio de Janeiro: Imago.

Freud, S. (1932/2010). Por que a guerra? (Carta a Einstein). In *Obras completas de Sigmund Freud* (pp. 417-435, P. C. de Souza, trad., Vol. 18). São Paulo: Companhia das Letras.

Green, A. (1974/2001). El psicoanálisis y los modos de pensar ordinario. In *De loucuras privadas* (pp. 31-47). Buenos Aires: Argentina: Amorrortu.

Green, A. (1975/2001). El analista, la simbolización e la ausencia en el encuadre analítico. In *De loucuras privadas* (pp. 48-87). Buenos Aires: Amorrortu.

Green, A. (1982/1988). *Narcisismo de vida e de morte*. São Paulo: Escuta.

Green, A. (1988). O trabalho do negativo. *Revista IDE, 16.*

Green, A. (1993/2010). *O trabalho do negativo.* São Paulo: Artmed.

Green, A. (2000/2002). *La diacronía en psicoanálisis.* Buenos Aires: Amorrortu.

Klein, M. (1945/1981). O Complexo de Édipo à luz das primeiras ansiedades. In *Contribuições à psicanálise* (pp. 425-489). São Paulo: Mestre Jou.

Meltzer, D., & Harris, M. (1998). A comunidade adolescente. In *Adolescentes* (pp. 83-100). Buenos Aires: Spatia.

Perrini, E. A. L. (2015). Em busca de uma experiência estética em Psicanálise: sonho, trabalho de sonho alfa e sonhar a dois. *Revista Brasileira de Psicanálise, 51*(1), 140-149. (Originalmente apresentado na mesa redonda Trabalho de Sonho, Trabalho de Luto, no XXV Congresso Brasileiro de Psicanálise, São Paulo, 2015.)

Rosa, J. G. (1962/1966). O espelho. In *Primeiras estórias* (pp. 77-83). Rio de Janeiro: Nova Fronteira.

Rezze, C. (2016). Prazer autêntico – o belo – estesia: ideias embrionárias. In *Bion: transferência/transformações/encontro estético* (pp. 13-29). São Paulo: Primavera Editorial.

Stoller, R. (1993). *Masculinidade e feminilidade – apresentações de gênero.* Porto Alegre: Artes Médicas.

Vannucchi, A. M. S. (2009). Masculino e feminino: vicissitudes e mistérios. *Jornal de Psicanálise, 42*(77), 65-88.

Veloso, C. (1986). O dom de iludir. In *Totalmente demais.* Phillips Records, LP.

Winnicott, D. W. (1962/1983). A integração do Ego no desenvolvimento da criança. In *O ambiente e os processos de maturação* (pp. 55-61). Porto Alegre: Artes Médicas.

Winnicott, D. W. (1971/1975). *O brincar e a realidade*. Rio de Janeiro: Imago.

12. Sobre o desamparo ante estados de não integração[1]

Anne Lise Sandoval Silveira Scappaticci

> *Um solavanco do trem, mais violento do que o habitual, fez girar a porta do toalete anexo, e um senhor de idade, de roupão e boné de viagem, entrou. Presumi que ao deixar o toalete, que ficava entre os dois compartimentos, houvesse tomado a direção errada e entrado no meu compartimento por engano. Levantando-me com a intenção de fazer-lhe ver o equívoco, compreendi imediatamente, para espanto meu, que o intruso não era senão o meu próprio reflexo no espelho da porta aberta. Recordo-me ainda que antipatizasse totalmente com a sua aparência.*
>
> Freud (1919/1972, p. 309)

Nos últimos anos, ao tentar lidar com a condição humana de contínua tensão interpessoal e intrapsíquica expressa nos pares de solidão/dependência, desamparo/integração, ilusão/desilusão,

---

[1] Trabalho baseado no texto apresentado em reunião científica na Sociedade Brasileira de Psicanálise de São Paulo (SBPSP) em 25 de agosto de 2012. Publicado pela Revista Berggasse, *19*(3), 2-15, em 2016.

narcisismo/socialismo, despertada pela prática clínica, que, como sabemos, nos desafia a evoluir, frequentemente me surpreendo com o "esquecimento" dessas condições em minha própria vida ou ainda na de colegas a minha volta. Com frequência, ficamos mobilizados ao nos darmos conta da presença do humano em nossas vidas: é o impacto do "Estranho" ao envelhecermos ou ao adoecermos, enfim, é preciso lidar com as leis de nossa natureza e, portanto, lidar com o sentimento de que somos feitos da mesma "matéria" de nossos analisandos, somos finitos e perecíveis. Esse esquecimento seria uma defesa para poder seguir em frente, dar conta do viver? Seria um fechamento duro, narcísico e onipotente? Tento permanecer dentro deste estado de inquietude. Contudo, talvez, essa condição inevitavelmente tão sofrida seja de difícil abrigo para a mente, que facilmente "espana" e se retrai a cada vez que dela se aproxima.

Diante dessas reflexões, procurei abordar neste artigo a interlocução dessas vivências perturbadoras a partir de reflexões e vinhetas clínicas, conservando como pano de fundo alguns trechos do primeiro volume da autobiografia de Wilfred Bion (1982), *The long weekend*. Nesta escrita escolhi me ater ao vértice do desamparo ante estados de não integração. Experiência que nos aproxima da essência de nós mesmos, onde a vivência de estados menos integrados da mente, estados de fragmentação própria do modo de ser – talvez até mesmo daquilo que poderíamos considerar uma dimensão grupal da personalidade de cada um –, pode gerar grande turbulência emocional. Enfim, a experiência de desamparo como um autorretrato diante da visão mais próxima de Si-mesmo, a base catastrófica de nossa existência humana. A angústia diante de algo que intuímos, mas que inevitavelmente evitamos: nossa oscilação incessante na Cesura entre fragmentação/reunião, PS/D, ritmo único e pessoal de si-mesmo desde o princípio da vida (Eigel, 1985).

Williams (1985), no texto "The Tiger and 'O'", deteve a sua investigação na passagem onde Bion descreve "The big game shoot" num de seus livros autobiográficos, *Um longo fim de semana* (Bion, 1982) – no qual ocorre significativamente o aniversário dele, menino. Associando o momento do nascimento (*birthday*) com a mudança catastrófica, possibilidade de nascimento mental, gerada pelo impacto do encontro de caça e caçador, ela comenta:

> *através da atividade animal ele (Bion) obviamente está realmente descrevendo a atividade humana – mas a atividade humana real, não aparentemente civilizada; o tipo de rumor primitivo para o qual o homem deve buscar uma escuta antes que seu real conhecimento possa progredir. (Williams, 1985, p. 41, tradução minha)*

Essa descrição evoca a busca de expansão na escuta do analista quanto a sua tolerância de permanecer imerso em seu próprio desamparo sem dar início, quem sabe movido pela própria angústia, a uma construção psicológica artificial da cena. Entretanto, é possível aguardar nas profundezas das expressões parciais que muitas vezes não possibilitam reconstruir aquilo que simbolizam? Será possível não me adiantar e mesmo assim ativamente – e não passivamente – continuar tendo fé na minha utilidade de propor algo novo e, portanto, útil à dupla? Vem à mente uma canção de Lucio Battisti (1970), que, como outros artistas, canta: "entender você não pode. Chame-a como quiser, Emoções"! (*capire tu non puoi, chiamali se vuoi, Emozioni*).[2] Assim, "por estética se entende não simplesmente a teoria da beleza, mas a teoria das qualidades do sentir" (Freud, 1919/1972, p. 275).

---

2 Do álbum *Emozioni* (1970), de Lucio Battisti, músico e cantor italiano.

> *Intensa luz; intensa escuridão; nada entreposto; no crepúsculo. Sol áspero e silencioso; noite negra – escura – e barulho violento. Sapos coaxando, pássaros martelando caixas de lata, sinos estridentes, gritando, rugindo, tossindo, berrando e zombando. Aquela é a noite, aquele é o verdadeiro mundo e o barulho real. (Bion, 1982, p. 23)*

Algumas vezes podemos ficar perdidos e manifestar estados de extrema turbulência e desconforto ao entardecer, como se, ao perder as referências do dia e da noite, na transitoriedade, emergisse um estado mental de profunda dor pela pior espécie de solidão: aquela de não poder contar com a própria companhia. Narra, assim, seu primeiro dia de escola:

> *Chegou o tempo que eu fosse para a escola, para que eu me libertasse de todos aqueles absurdos: naquela época não tinha uma mente, só uma "cabeça". Neste estágio de minha vida tive um crepúsculo. De fato deve ter se tratado da aurora: a aurora da inteligência. (Bion, 1982, p. 24)*

Desamparo? Solidão? No crepúsculo da alma a mente do analista está sujeita a seu próprio safári, ou ao "zoológico psicanalítico" (memória do futuro). É preciso atentar-se correndo o risco de naufragar no desamparo ou de permanecer muito explicativo:

> *Talvez algumas coisas sejam muito para os "grandes", mesmo para os próprios adultos. Somente após muitos anos, me ocorreu pensar que qualquer um de nós que*

está numa posição de autoridade pode ter que resolver problemas que seriam mais adaptados a pessoas "maiores" do que ele. (Bion, 1982, p. 19)

Em sua autobiografia, Bion (1982) conta a dificuldade de sua mente, no claro-escuro do entardecer, de reorganizar-se (Scappaticci, 2014). Para a criança, inicialmente as palavras não têm a propriedade do conceito abstrato compartilhado pelo senso comum, elas são vividas sensorialmente, saboreadas em sua pronúncia, ou ainda exploradas na fantasia em seu apelo visual. Este nível muito primitivo está presente concomitantemente a outro, mais abstrato, ele surge ao entardecer tumultuando algo que já tinha encontrado sossego ou equilíbrio. A ideia de "ser o humano" encontra sua base se, ao olharmos para o indivíduo, encontrarmos inevitavelmente o grupo como no modelo de palimpsesto (Bion, 1992), no qual podemos visualizar tantas estratificações, como em qualquer estrada romana onde num só olhar é possível encontrar o etrusco, o romano, o barroco, o renascimental e o moderno (P. T. Bion, 1996-1997).

Entender o indivíduo na sua dimensão de grupo já é uma concepção do humano em Freud e os exemplos são inúmeros, como em *Totem e tabu* (Freud, 1913/1972) ou ainda em *Psicologia de grupo e análise do ego* (Freud, 1921/1972) quando ele afirma que a psicologia individual e a psicologia de grupo não podem de modo algum serem diferenciadas, porque a psicologia do indivíduo é ela própria uma relação com outra pessoa ou objeto. A dimensão grupal é marcante na vida e na obra de Bion, que, iniciando com *Experiência com grupos* (Bion, 1961), culmina abordando o tema sempre tão presente, de modo mais explícito a partir de 1970, em *Atenção e interpretação* (Bion, 1970) (quando retoma as ideias propostas em *Mudança catastrófica*, de 1966), em sua autobiografia

(Bion, 1982) e por meio dos vários personagens, como num palco cênico, dando corpo às vozes anacrônicas do sujeito em *Memória do futuro* (Bion, 1991). Assim, nesta visão o indivíduo não pode prescindir do grupo nem interna nem externamente. O que somos resulta do funcionamento do grupo intrapsíquico entrelaçando-se com o funcionamento do grupo interpessoal, inter↔ação: calibragem interna e externa. Ao mesmo tempo, a concepção de uma mente multidimensional se faz clara e, portanto, aos nossos olhos tridimensionais, a possibilidade de contato emocional com diversos níveis coexistentes do funcionamento mental e, sucessivamente, a possibilidade de ganhar expressão vai se tornando nossa árdua tarefa: o "espaço mental é tão vasto, comparando a qualquer outra realização tridimensional, que o paciente sente perder sua capacidade para emoção – pois a própria emoção se esvai na imensidão" (Bion, 1970, p. 29). Pietro Bria (1989), estudioso de Matte Blanco, contribui:

> *Se quisermos representar esta realidade infinito-dimensional, a realidade que está atrás, dentro ou muito além do ponto "visível" ou "imaginável" (mas este argumento valeria para a realidade de 4, 5, 6 ou ainda de mais dimensões), nós não teríamos outra alternativa a não ser "desdobrá-la" no espaço-tempo como uma sucessão de volumes – como um ponto desenhado na folha –, sucessão que no nosso caso será infinita. Aqui situa-se o nascimento do conceito de infinito matemático... (p. 133)*

O vislumbrar desta realidade mais misteriosa e desconhecida do mental pode ser feito apenas pela intuição. Esta "visão" lembra cenas do filme *Contatos imediatos do terceiro grau* (1977, direção de Steven Spielberg), em que os personagens lidam com situações e criaturas desconhecidas; algo sem explicação, e, no entanto, "sabe-se" de sua existência. São apreensões que independem do vínculo de conhecimento, ou seja, de Transformações em K. Podem levar à experiência de desamparo do próprio analista, que, como todo ser humano, precisa aprender a lidar com esses estados não integrados em sua própria mente para além da área convencional; continuar a ter fé.

Uma colega comenta a seguinte experiência clínica com um menino que atendia:

> *Naquele dia, olhando pela janela da sala, ele me disse ter visto uma igreja. Num primeiro momento, fiquei impactada e certamente levada pela ideia dos familiares de que ele era uma criança estranha, enfim, com aquela manobra, minha estranheza permanecia justificada e colocada para fora de mim. Até que olhando pela janela, junto com ele, atentei ao reflexo nos vidros espelhados do prédio ao lado e, para minha surpresa, lá estava a igreja, "libertada" dos prédios construídos a sua frente. Pude então redimensionar o impacto do estranho em mim e me aproximar realmente do que estava acontecendo. (Ferrão, 2012, comunicação pessoal)*

Esta experiência evoca o modelo do reflexo das árvores na superfície do lago utilizado por Bion (1965) em *Transformações* e a ideia de que o "clima" pode interferir no meio emocional – se a turbulência é intensa, o reflexo pode não remeter a nenhuma experiência originária, a dupla pode permanecer sem nenhum rastro de emoção, nenhuma pista. Desamparo, solidão, é preciso emergir dos pressupostos básicos do grupo, do senso comum, para realizar uma experiência de si mesmo no vínculo com o outro.

Sapienza e Junqueira Filho (2004) discorreram sobre esses aspectos que tento aqui abordar e deram ênfase à "proposta genial freudiana de isolar o analisando de seu grupo de origem mergulhando-o na vivência de alteridade propiciada pelo setting psicanalítico". Este contexto de intimidade

> *mobiliza angústias primitivas, que só podem ser contidas pela operacionalização daquilo que Bion denominou de "visão de senso-comum" e "visão de comunhão emocional". Só mediante o exercício conjugado destas duas visões é que o indivíduo pode calibrar o seu "senso de realidade psíquica" com o seu "senso de realidade externa. (Sapienza & Junqueira Filho, 2004, p. 2)*

Blikstein (2011), professor de linguística e semiótica na Universidade de São Paulo, comentando o inferno na obra de Graciliano Ramos, demonstra como o inferno (obstinação do menino mais velho pela significação do mundo) é uma "realidade" construída por toda uma rede de discursos intertextuais e polifônicos, produzidos em diferentes épocas e culturas:

> *É justamente contra essa construção semiótica realizada pelo discurso do mundo adulto que insurge Graciliano, em Infância, na medida em que questiona as "certezas" das instituições (família, escola, religião). E não é por acaso que uma dessas certezas questionadas é a existência do inferno. Em Infância, ao negar o inferno, desafiando a própria mãe e a Igreja, Graciliano*

é, na verdade, o menino mais velho de Vidas Secas na busca obstinada pela significação do mundo. (p. 233)

Assim, o autor repropõe a questão proposta a Sócrates por seus discípulos: a relação entre as palavras e as coisas é natural ou convencional?

Pássaros

Estávamos num impasse, eu e minha analisanda, porque tínhamos chegado a uma conclusão compartilhada de que ela tinha um senso de repugnância pelo marido, isso durante a sessão anterior. Entretanto, a partir dessa experiência de intimidade nossa, na sessão atual, ela parecia permanecer sob o seu impacto, a coisa não evoluía, ela só se repetia, lamentando-se de pequenas coisas do quotidiano. Parecia que permanecia no nível sensorial do relato, e eu sentindo-me um pouco entediada e sem ter ideia de como evoluir. Diante de nós, temos uma janela da qual podemos vislumbrar a copa das árvores de um pequeno jardim em frente ao consultório. Secretamente, penso nele como uma espécie de heliporto dos passarinhos, como se fosse uma escala de um voo maior. De repente, surgiram dois pássaros enormes – de 20 a 30 centímetros! Depois descobri tratar-se de falcões-peregrinos – que em geral habitam florestas maiores e quase sempre estão escondidos! –, belíssimos, imponentes e impossíveis de não serem notados: o macho pousou primeiro sobre um galho que se curvou e, depois que ele se foi, parecendo "segui-lo", apareceu a fêmea. Nós duas ficamos muito impactadas, surpresas e praticamente interrompemos a conversa para apreciar uma cena tão única.

Contudo, fiquei ainda mais atônita com a associação da minha analisanda, que comenta logo em seguida: "Olha aí, você cantando para mim!" "Eu?!", respondi espantada. "Sim", ela retifica. "Você é o sabiá-laranjeira, refinado e discreto. Eu sou o bem-te-vi, enlouquecido e barulhento, que grita de formas diferentes: bem, bem, bem, bem! Te vi, te vi, te vi." Num pequeno "salto" associativo surgiu em mim e para nós duas a ideia dela dizendo algo ao marido no lugar de sua mãe: "bem que te vi, bem que eu disse". É claro que o senso de repugnância tinha relação com cenas infantis do pai indo atrás de outras mulheres ou da mãe-bem-te-vi afastando o marido de si mesma, dela e de seus irmãos. Esse nível foi prontamente alcançado por nós duas a propósito da cena primária e das lembranças que fazem parte de um vínculo analítico de muitos anos (mais de dez). Mas a novidade maior qual seria? Não teríamos níveis diferentes atuando concomitantemente? Como deixar em aberto vários níveis, mais organizados e outros mais primitivos ou não integrados da experiência emocional? Cenas de um manicômio ou de intimidade, talvez. Por que é tão difícil deitar no divã, totalmente lúcidos do que estamos fazendo? Não é difícil também o seu inverso, ou seja, permanecer atrás do divã? Trafegar entre a experiência de análise, tantas vezes indizível, e o senso comum...

No final de seu livro *Atenção e interpretação*, Bion (1970) preconiza o desenvolvimento da capacidade do analista de descartar o material conhecido, resistir àquilo que já sabe, por mais familiar que o mesmo lhe pareça, para focar o *desconhecido*. O intuito seria de conseguir um estado de mente análogo à posição esquizoparanoide. Assim, "cunha" os termos *paciência*, para esquizoparanoide, e *segurança*, para a posição depressiva, com a finalidade de retirar uma conotação psicopatológica e assim permanecer mais próximo à experiência emocional na qual, com sofrimento e tolerância à frustração, um padrão pode evoluir: "Considero a experiência de oscilação entre 'paciência' e 'segurança' uma indicação de que (o analista) está conseguindo fazer um trabalho valioso" (Bion, 1970, p. 124).

A partir dessa reflexão, parece-me que a posição esquizoparanoide ganha um novo status, ela passa a ser fonte de criatividade e de inspiração desde que o analista consiga lidar com seu próprio funcionamento, *Paciência*...

1) Quanto é possível aguardar, ter "paciência", até que um padrão evolua para que possa ser comunicado?

2) E como fazer essa conversa? O convite seria desenvolver uma situação mental de espera que possua a qualidade que Kant atribui a um pensamento vazio, que é aquela de poder ser pensado, mas não conhecido. Quanto seria possível permanecer num nível grupal, no interior do bando de passarinhos, até poder cantar um dueto?

Naquela noite tenho um sonho angustiante. Estou com minha analisanda em meu consultório deleitando-me em contemplar os pássaros quando, improvisadamente, eles se tornam objetos bizarros, como os personagens de *Alice no País das Maravilhas* (Carroll, 1865/2009), são objetos parciais, como um peixe-pássaro, pousado em minha árvore. Apavorada, convido minha paciente para sair da sala. Talvez estivesse no trabalho do sonho pensando em não expor minha analisanda aos meus aspectos parciais, bizarros e "psicóticos", preservá-la do primitivo que subitamente emergira do espaço aberto pela Cesura.

> *O par psicanalítico precisa aprender com a experiência de transbordamento da emoção, seja ela positiva ou negativa, precisa ter Fé (Bion, 1970) de que a emoção "solta" será contida pela "memória" do ato procriativo que a gerou. A precariedade e o desamparo*

> *humanos exigem uma modulação emocional, uma capacidade negativa que tolere a ignorância, uma linguagem apofática[3] que tente se aproximar do indizível com humildade e respeito. (Sapienza & Junqueira Filho, 2004, p. 3)*

Atendendo crianças pequenas e pacientes *borderline* na universidade,[4] parece-me presenciar ao vivo o embate e até mesmo os momentos nos quais a pessoa está tomando a decisão entre esvair-se de si mesma ou então buscar com fadiga aproximar para "calibrar" o grupo interno àquele externo, como se neste momento existisse certa intencionalidade em assumir uma direção em sua história ou não, em permanecer anônima nos pressupostos básicos. Contextualizar o indivíduo dentro da pressão do grupo é fundamental seja no trabalho com famílias de pacientes psicóticos, seja com crianças – tendo em mente que o analista sofre o mesmo tipo de pressão. Meu analisando, um menino de 9 anos, não falava nas sessões. Sabia que conversava porque o fazia com sua mãe, na sala de espera, mas passava a sessão mudo, não obstante eu fizesse várias tentativas para interagir com ele. Permaneceu quase que imóvel por algumas sessões, irredutível, sendo que sua expressão revelava extrema angústia. Eu assistia àquele movimento e tinha claramente a sensação de que ele estava escolhendo o caminho de esvair-se dele mesmo. Lembrei-me de uma intervenção que Bion fez em um grupo que atendia, referindo-se ao problema que uma criança no período de latência deve resolver

---

3 A linguagem apofática (*apo* = abolindo ou afastando; *fasis* = falar), descrita por Plotino e utilizada por místicos como Meister Eckhart e Ibn Arabi, consiste na emergência de um significado em função da tensão surgida entre a enunciação de uma proposição e a formulação de outra que a corrige.

4 AMBORDER: ambulatório de atendimento de pacientes *borderline* do Departamento de Psiquiatria da Escola Paulista de Medicina (EPM/Unifesp).

no pátio do recreio da escola (Bion, 1961), quanto a permanecer ou não imerso e indiferenciado na mentalidade do grupo... DES APARE CER no desamparo.

Um dia ele sentou no chão perto da mesa, sentei-me no chão do outro lado, respeitando a distância que ele impunha a nós dois. Sem saber o que fazer, peguei uma folha de papel e desenhei uma carinha e passei por baixo da mesa em sua direção. Após alguns minutos, em que me parecia que ele mal tinha visto meu movimento, pegou o papel e do redondo da carinha escreveu um "ooo" e depois com um movimento empurrou a folha para o meu lado. Embora ele o fizesse como quem faz questão de dar um ar de superioridade, eu fiquei bastante surpresa com a interação e então "cantei" o "o" dando uma entonação de encenação – queria reproduzir um encontro e certa admiração e alegria por ele ter me respondido. Ele, achando engraçada a minha atitude, escreve vogais sem sentido e se diverte em me ver tentando reproduzir "em ópera" aquilo que havia transcrito. Esta e outras sequências ainda mais esquisitas continuaram por um bom tempo até que pudéssemos conversar.

Em 1977, Bion republica seus quatro livros epistemológicos num único fascículo – *The Seven Servents* –, introduzindo-o com a poesia de Rudyard Kipling que tanto o intrigava quando criança.

Os sete pilares da sabedoria são: "Eu tinha seis honestos serviçais / Eles me ensinaram tudo o que sabia / Seus nomes eram O que, Porque, Quando / Como, Quem / Eu os enviei a leste e oeste / Mas após terem trabalhado para mim / Eu dei a eles um descanso (e termina): aquele que falta completa os sete".[5]

---

[5] No original: I keep six honest serving men / They taught me all I knew / Their names are what, why, when / How, where, who / I send them east and west / But after they have worked for me / I gave them all a rest / "the missing one completes the seven".

"O elemento que falta é a marca essencial do humano. Cesura. Permanecemos suspensos na incompletude, submetidos à nossa intolerância para o pensar, ou à espera do vir a ser" (Scappaticci, 2014, p. 130). Bion destaca a distância entre os vértices no indivíduo e no grupo, o que parece ser o pano de fundo de sua escrita e particularmente de seus trabalhos autobiográficos (*Autobiografia* e *Uma memória do futuro*). Bion, mais velho, reinventa-se nos olhos de um menino. Aqui, o Édipo é entendido como uma pré-concepção da humanidade, entrada do indivíduo no grupo. Em sua descrição, Bion observa o método com o qual cada um conhece e lida com a verdade. Contudo, como toda a escrita é autobiografia, assistimos ao relato de um menino curioso, cheio de perguntas que, de repente, desiste de perguntar. Vai ser psicanalista para continuar fazendo perguntas (Scappaticci, 2014).

> *Quando eu era pequeno, eu era habitualmente visto pelos adultos como um garoto estranho, que fazia sempre perguntas. Pediam-me para recitar um trecho do poema de Kypling – The Elephant's Child. Consideravam-me muito engraçado. Mas eu não percebia a anedota. Diziam-me que eu era como o elephant's child que fazia tais perguntas – e, como se eu fosse tolo, fazia outra pergunta – Quem era o pai do elephant's child... Resolvi então ser mais cuidadoso e não fazer tantas perguntas. Levou muito tempo para ousar fazer perguntas novamente. Quem ajudou nisso foi John Rickman, meu primeiro analista. (Chuster, 1997, p. 37)*

P. T. Bion (1996-1997), numa conferência em Turim, enfatizou o aspecto estranho-estrangeiro em seu pai nas várias situações no decorrer de sua vida a partir de sua infância "nômade". Seus avós não eram propriamente ingleses, seu avô era de origem suíço-alemã, enquanto sua avó tinha uma descendência "mista", filha de um missionário com uma mulher também de origem indiana. A família de Bion conviveu com a cultura indiana mais do que outras famílias das colônias inglesas porque o pai de Bion era um engenheiro civil que construiu algumas das primeiras linhas ferroviárias na Índia e longos canais de irrigação – cobrindo distâncias de até mesmo 1.600 a 1.700 km –, cujos percursos, bem como as estradas de ferro, muitas vezes passavam por áreas desabitadas, incluindo a selva. Então, a família mudava com frequência em torno do estaleiro, de mês em mês, de acordo com a realidade rotativa do lugar das obras, basicamente num pequeno grupo: os pais de Bion, ele e sua irmã, e um número muito grande de operários indianos (Bion, 1982). Provavelmente por essa razão, Bion sabia o dialeto hindustano. Essa condição de estrangeiro se manteve em sua vida, e talvez tenha proporcionado um estado mental propício para tolerar conviver com várias dimensões estranhas entre si, mas que costumam coabitar a mente (P. T. Bion, 1996-1997).

Neste trabalho relato trechos autobiográficos que apontam para o aspecto *outsider* de nossas existências: uma epígrafe de Freud envelhecendo, vinhetas de Bion em sua infância e de meus momentos no consultório, que não deixam de ser de cunho autobiográfico. Gostaria, portanto, de pensar a ideia do desamparo ancorada na possibilidade de o analista anotar e permanecer nos estados de não integração presentes na experiência do quotidiano. A meu ver, a "não integração" não é o oposto de "integração" ou de "desintegração", termos que podem encontrar utilidade na descrição de algo mais próximo àquilo que já teve algum nível de apreensão, mais próximo à representação/simbolização, ou ao inconsciente reprimido. A não integração, do vértice que busquei abordar, consiste precisamente em um estado próprio e mais próximo da alma, de difícil acesso, como "fragmentos de si-mesmo";

coexiste na mente num palimpsesto conjuntamente a outras dimensões, Infinito. Este estado pré-emocional (Braga, 2012) surge na intimidade e deve ser acolhido. Outro modo de "visualizar" esse estado é aquele ativado na dupla analítica pela sua grupalidade, no protomental, que está presente em todos nós, em nossa condição pré-humana (transgeracional) dos pressupostos básicos. Nela, o indivíduo não está comprometido com decisões ou escolhas próprias, mas com a mentalidade de grupo, num estado emocional intenso e perturbador, o que muitas vezes o impede de aprender com a experiência emocional e, portanto, paralisa a capacidade de pensar. Nesse sentido podemos entender que a intolerância da mente primordial aos movimentos da pessoa que busca ser si mesma poderá chegar ao extremo de decretar o suicídio dessa pessoa (Braga, 2012; Prada e Silva, 2012). Tragado para dentro da mentalidade de grupo, o indivíduo renunciaria à busca de si mesmo livrando-se de sentir suas próprias emoções...

Contudo, numa outra direção, o grupo é uma fonte fundamental para a realização da vida mental do homem, seja porque o nutre em sua porção de irrepresentável, inexorável infinito, quando o indivíduo tolera permanecer em contato com esse nível evocativo do vivo (Melsohn, 2004), seja porque é no vínculo que é possível aprender com a experiência emocional sobre si mesmo e sobre a vida em geral.

Desejo, portanto, enfatizar a importância da análise pessoal do analista e da disciplina necessária no sentido de permanecer em contato com a realidade, neste hiato de nossa transitoriedade. Ou ainda, para dizer de outra maneira: como permanecer dentro de nossa condição de solidão individual diante de nossa necessidade existencial de um grupo? Nossa condição humana cotidiana de desamparo?!

Referências

Bion, P. T. (1996-1997). *L'apporto di Bion alla psicoanalisi.* Seminari 1996-7. Psychomedia. Recuperado de http://www.psychomedia.it/neuro-amp/96-97-sem/bion-bion.htm.

Bion, W. R. (1961). *Experience in groups and other papers.* London: Tavistock Publications.

Bion, W. R. (1965). *Transformations.* London: Heinemann.

Bion, W. R. (1966). Catastrophic change. *Bull. Brit. Psycho-Anal. Soc., 5.*

Bion, W. R. (1970). *Attention and Interpretation. A Scientific Approach to insight in Psycho-Analysis and Groups.* London: Tavistock.

Bion, W. R. (1977). *The seven servents: for works by W R Bion.* Jason Aronson: New York.

Bion, W. R. (1982). *La lunga attesa. Autobiografia 1897-1919* (B. Draghi, trad.). Roma: Astrolabio. (Publicação original: *The long weekend 1897-1919 – Part of a Life.* Abingdon: Fleetwood Press).

Bion, W. R. (1991). *A memoir of the future.* London: Karnac Books.

Bion, W. R. (1992). *Cogitations.* London: Karnac Books.

Blikstein, I. (2011). O inferno na obra de Graciliano Ramos: uma obsessão semiótica. *Jornal de psicanálise, 44*(8), 233-245.

Braga, J. C. (2012). *As experiências emocionais do analista como fio condutor nos labirintos da mente multidimensional.* Trabalho apresentado em reunião científica da SBPSP, São Paulo, 3 mar. 2012.

Braga, J. C., & Mattos, J. A. J. (2009). *Consciência moral primitiva: um vislumbre da mente primordial*. Trabalho apresentado em reunião científica da SBPSP, São Paulo, 22 ago. 2009.

Bria, P. (1989). *Il cambiamento catastrofico come struttura astratta bi-logica. Il pensiero e línfinito*. Castrovillari: Teda Edizioni.

Carroll, L. (1865/2009). *Alice no País das Maravilhas*. São Paulo: Cosac Naify.

Chuster, A. (1997). O ensino de Bion. *Rev. do Instituto Bion*, 1(1), 30-57.

Eigel, M. (1985). En torno al punto de partida de Bion: de la catástrofe a la fe. *Int. J. Psycho-Anal.*, 66, 321-374.

Freud, S. (1913/1972). Totem e tabu. In *Edição standard brasileira das obras psicológicas completas de Sigmund Freud* (pp. 17-193, Vol. 17). Rio de Janeiro: Imago.

Freud, S. (1919/1972). O estranho. In *Edição standard brasileira das obras psicológicas completas de Sigmund Freud* (pp. 275-314, Vol. 17). Rio de Janeiro: Imago.

Freud, S. (1921/1972). Psicologia de grupo e a análise do ego. In *Edição standard brasileira das obras psicológicas completas de Sigmund Freud* (pp. 91-184, Vol. 18). Rio de Janeiro: Imago.

Melsohn, I. H. (2004). Significação e sentido expressivo na sessão analítica: algumas observações. *Jornal de Psicanálise*, 37(68), 183-189.

Prada e Silva, M. (2012, 18 de junho). *Comentários à supervisão A5. Grupo de Estudos Supervisões de Bion* (Gisèle de Mattos Brito, coord.). São Paulo: SBPSP.

Sapienza, A., & Junqueira Filho, L. C. U. (2004). Fatores de conjunção e disjunção no relacionamento de parceria fértil e criativa. In *Jornada de Bion 2004*, São Paulo.

Scappaticci, A. L. D. S. S. (2014). A autobiografia de Wilfred Bion. Taming. Transitoriedade entre si mesmo e o grupo. *Jornal de Psicanálise, 47*(87), 129-141.

Scappaticci, A. L. D. S. S. (2015, 29 de outubro). Psicanálise: uma atividade autobiográfica. In *Mesa do XXV Congresso Brasileiro de Psicanálise*. Febrapsi, Rio de Janeiro.

Scappaticci, A. L. D. S. S. (2015). A autobiografia de Wilfred Bion: o segredo como fontede si mesmo. *IDE, 38*(60), 175-185.

Scappaticci, A. L. S. S. (2016). Sobre o desamparo frente a estados de não integração. *Berggasse, 19*(3), 2-15.

Willliams, M. H. (1985). The Tiger and 'O'. *Free Associations, 1*, 33-56.

13. "*La muerte del angel*": o desamparo e a mente do analista

Leda Beolchi Spessoto

> *Gracias a la vida que me ha dado tanto*
> *Me ha dado la risa y me ha dado el llanto*
>
> Violeta Parra, "Gracias a la vida"

Introdução

A música apresentada na epígrafe do trabalho fala da possibilidade de sofrer e se enriquecer com os sentimentos, tanto os bons quanto os tristes, integrados na beleza deste canto e compartilhados da mesma forma. Quando essa condição prevalece na mente de um indivíduo ou em uma parceria estabelecida como a que ocorre na análise, ela propicia uma comunhão de afetos e assim registros de desamparo ficam distantes. Trago essa referência aqui para compor um espectro de nuances entre essa condição e outra polaridade onde predominam a miséria, a voracidade, a inveja e que perpetua o desamparo do indivíduo e compromete os vínculos com ele estabelecidos. Esta proposta considera a presença de uma penumbra da parte psicótica e não psicótica da personalidade e a eventual simultaneidade desses mecanismos que podem se manifestar mais ou menos intensamente modulados por inúmeros fatores. Se há uma ideia de que o analista possa ser um continente para receptação e transformação, há também a ideia de que ele vive com o paciente uma experiência emocional e que toma parte dela, participando assim do seu produto final e sofrendo suas vicissitudes.

Mudanças ao longo do tempo nos objetivos da análise

Freud (1914/1969, p. 193) nos fala em seu artigo "Recordar, repetir e elaborar" das "alterações de grandes consequências que a técnica psicanalítica sofreu desde os primórdios", apresentando-nos a psicanálise como um corpo teórico vivo e com possibilidade de reconsiderar seu método à medida que novas questões se apresentam. Freud declara que, em sua primeira fase, a técnica consistia numa catarse que procurava focalizar o momento em que o sintoma se formava. Recordar e ab-reagir era o que se visava a fim de propiciar uma descarga. Com o abandono da hipnose a tarefa transformou-se em descobrir pelas associações livres o que o paciente não podia recordar. Então a necessidade de superar a censura, que impunha uma resistência ao alcance de tal objetivo, se tornou o novo propósito. Deixando o foco inicial para abordar o que emerge nas associações livres, que não parecem tão livres assim, pois remeteriam sempre aos pontos importantes para os sintomas do paciente, o objetivo seria preencher lacunas na memória e superar resistências devidas à repressão. No curso do referido artigo, Freud introduz nova proposta:

> *Aprendemos que o paciente repete ao invés de recordar . . . suas inibições, suas atitudes inúteis e seus traços*

> *patológicos de caráter. Repete também todos os seus sintomas no decurso do tratamento . . . e que devemos tratar sua doença não como um acontecimento do passado, mas como uma força atual. (p. 198)*

As transformações não cessaram

> *Uma mudança ocorreu nos objetivos da análise, que passaram de preocupação predominante com a remoção de defesas, cura de cisões, resolução de conflitos e o desvelamento e decodificação de conteúdos psíquicos escondidos, para a tentativa de promover mais diretamente o desenvolvimento da capacidade criativa do paciente de pensar, sentir e sonhar. Esta transição estava intimamente ligada ao que, sob outros pontos de vista, foi considerada uma transição da psicologia de uma pessoa para a de duas. (Levine, 2016, p. 2)*

Se considerarmos o modo de operar descrito por Levine, a mente do analista passa a merecer nossa atenção tanto quanto a do paciente, assim como o produto da interação de ambas. É nesse cenário que considero a experiência do desamparo e sua contraparte de onipotência em algumas reverberações na dupla. O novo espaço ocupado pelo analista traz novos desafios com mais possibilidade de utilização de suas emoções, porém com mais desamparo, ao contar com menos recursos de respostas apoiadas na teoria que focava o paciente.

O sinistro: o desamparo rondando o par analítico

Em seu artigo "O estranho", Freud (1919/1969) faz inúmeros questionamentos sobre o que seria o sinistro, o estranho e o relaciona ao que é assustador, que provoca medo e horror, algo desconhecido que não se sabe como abordar. Temos algumas incursões pelas áreas de desamparo, mas neste momento a procura de compreensão não está focada no par analítico.

Freud (1919/1969) se pergunta qual é a origem do efeito sinistro/estranho do silêncio, da escuridão e da solidão numa procura de compreensão que articule o mundo externo com o que se passa nos registros sensoriais e emocionais do indivíduo (p. 307). Forma-se uma indiscriminação entre interno e externo. Surge uma experiência nova e assustadora da qual não se pode fugir, pois não há espaço livre, descontaminado. Nessas circunstâncias o indivíduo depende de uma ajuda externa que introduza novos elementos de referência ainda não contaminados. Se o processo de contaminação por projeção estiver muito ativo é possível que toda tentativa seja rapidamente tomada por persecutoriedade. Porém, se algum elemento amoroso sobreviver, ele pode permitir a expansão de vivências mais asseguradoras e calmantes e uma reorganização nesses outros parâmetros.

> *Entre elas (as situações capazes de desencadear o sentimento de sinistro) Freud cita a perda de capacidade de distinguir entre a realidade e a fantasia, entre a loucura e a sanidade, etc., fenômenos aos quais se associa a crença na onipotência mágica do pensamento que, de maneira análoga, exagera o poder da realidade psíquica sobre a realidade concreta. (Quinodoz, 2007, p. 187)*

Nessas circunstâncias, o analista pode se sentir desamparado com suas ferramentas conforme o clima sinistro envolva a dupla.

Com Klein e Bion vamos ampliando a compreensão desses processos, mas nem por isso sofremos menos impotência diante de identificações projetivas e sentimentos muito intensos que atacam os vínculos com a vida. Atribuir o que se passa à ação da pulsão de morte e a fatores como inveja e voracidade pode nos ajudar a propor um mapa para tais situações, mas a navegação por estas águas violentas e turbulentas continua sendo muito difícil.

A emoção gerada pelo contato do par em primeiro plano

Inicio a observação com foco na movimentação do analista, ainda que considere o par analítico interligado em seus vínculos emocionais e suas reverberações.

O analista expulsando o paciente

A expulsão pode ser brusca ou ocorrer em pequenos movimentos de não contenção. Suas motivações podem ser inúmeras: tentativa de dar à luz para desenvolvimento de potenciais criativos, corte de vínculo parasitário, corte de idealização paralisadora ou predominância de sentimentos mais hostis, ainda que travestidos de uma apresentação racionalizada procurando aparência benigna que encubra o possível registro de desamparo ante eles. Reação a movimentos do paciente ou manifestação disparada por transformações alucinatórias do analista podem inicialmente não se distinguir. Se a condição de pensamento for reinstituída, pode haver mudança no curso das ações ou, caso contrário, desenvolver reforço das racionalizações para justificar caminhos escolhidos. Em alguns casos surgem idealizações de outras formas de trabalho, de outro perfil de intervenções, que em geral não resistem a um exame mais acurado de sua fundamentação. Essas constatações trazem um luto à ideia de um analista sempre pronto a acolher e elaborar e introduz o analista com dificuldade para examinar a experiência emocional em curso que o move para tal ou qual direção. Também existem limitações e escolhas de outra ordem, física ou emocional, que podem ser reconhecidas e nomeadas de outra forma. A aceitação de um paciente é algo que poderíamos nos perguntar por que se dá, o que move o analista nessa direção, como se refaz a cada encontro, mantendo assim uma abertura para a observação de um vínculo vivo e mutante (Bion, em seu seminário em Paris, aborda essa questão estimulando o reconhecimento intuitivo que move o analista em muitas ocasiões). Na microscopia de cada sessão também é possível reconhecer movimentos de aproximação e afastamento do par, pelo recuo de uma das partes ou de ambas. Tanto na visão micro quanto na macroscópica a ideia de um amplo espectro de emoções envolvendo o par está sempre presente.

Enrijecimento do *setting*

Com essas considerações feitas, podemos também conjecturar como possível fruto do desamparo do analista seu apego à composição de um *setting* enrijecido que não modula conforme as características do paciente. O uso do divã muitas vezes pode desatender um paciente com a mente muito fragmentada e que se beneficia com o olhar do analista que tem papel integrador maior do que a palavra nessas circunstâncias. Outras vezes esse mesmo olhar é tomado como elemento persecutório, impedindo aproximação e tornando insustentável um contato frente a frente, olhos nos olhos (Spessoto, 2011). Este e tantos outros detalhes podem ou não ser pensados em diferentes circunstâncias segundo o clima emocional predominante.

Reverberações de vínculo parasitário

A vida mental, a criatividade, o desenvolvimento ou qualquer fertilidade que a dupla poderia desenvolver são atacados quando há predomínio da parte psicótica com inveja espoliadora intensa. Um vínculo parasitário (Corvo, 2003) se estabelece com armadilhas mortíferas. Sobre esse tipo de vínculo que Bion nos descreveu, trago um resumo:

> *Instaura-se regime de convivência onde o hospedeiro é e se mantém altamente idealizado, por identificação, com a parcialidade do objeto onipotente, tanto no absolutismo benigno quanto na tirania maligna; por sua vez, o hóspede prende-se a esse grandioso anfitrião como se fosse um apêndice parasitário qual extensão de identificação com objeto mutilado, em intensa desvalia e destituição, altamente ávido de tudo que seja VIDA e que inclui a própria existência do hospedeiro. Desse modo estão criadas as condições atmosféricas para mútua destruição:*
>
> *a) esvaziamento despojador do "dadivoso provedor", potentado absolutista, vaidosamente cego e sem limites,*
>
> *b) com o crescente "envenenamento" tóxico da própria parceria, por invejosa e esterilizante gula na direção de "saco sem fundo". (Sapienza & Junqueira Filho, 1997)*

Dentro do cenário de movimentos violentos, temos considerações sobre o desdobramento para a psicanálise, que os trata como eventos possíveis, e refletir sobre esses movimentos talvez nos ajude a passar por eles, amenizando o desamparo do analista.

> *Subversão, turbulência, rebeldia e catástrofes são propriedades da mente que são ativadas no encontro com o analista. Essas características fazem parte da psicanálise... esses fatos se tornam potentes quando o analista aprende a conviver com incerteza, incompletude, inefabilidade, infinitude, inacessibilidade dos fenômenos mentais, características que fazem parte do pensamento complexo. (Cassorla, 2014, p. 14)*

Pensando a partir de um caso clínico

Para a paciente que chamarei de Marcela, o analista só existe como extensão de si própria, e dessa forma ela espera que permaneça disponível o tempo todo, não como referência introjetada, que não é, mas concretamente um apêndice, ou um pedaço de si. Caso essa expectativa não se realize, um ódio violento irrompe. Sente-se desprezada, abandonada e ataca o analista pela desconsideração que sente. Vive um intenso desamparo, pois, se o objeto não está sob seu controle e tampouco está introjetado, sozinha, sua criatividade está destruída, permanece na precariedade física e mental, sendo incapaz de atos básicos para sobrevivência assim como prover sua alimentação e outros itens. Sua dependência do objeto aumenta e estimula um círculo vicioso destrutivo. O risco de suicídio aparece e o de abandono do analista também. Se algum lampejo de reconhecimento de acolhimento do analista se apresenta, a continuidade do vínculo se faz possível a partir desse registro benigno e certa recomposição da capacidade criativa da sua mente aparece. O analista fica em dúvida sobre o que é capaz de promover essa mudança, parecendo que há um registro hipersensível de qualquer afastamento da mente do analista, assim como de sua possibilidade de assimilar e mudar o tom diante da agressão. A mudança para um círculo virtuoso, amoroso, com gratidão apenas se esboça em raros momentos, predominando inveja de tudo e de todos. Momentos de reconhecimento do que recebe costumam gerar demanda voraz por receber ainda mais. Em um raro momento de reconhecimento do que vive com o analista, consegue evocar a lembrança de um provérbio que a mãe lhe dizia: "se lhe dão a mão quer o braço". Essa situação gera ainda mais desconforto, impede qualquer satisfação e perpetua uma miséria mental enorme. Nessa dinâmica o espaço para sobrevida da análise como desenvolvimento é mínimo ou nulo, predominando um sentido evacuatório de destrutividade. O desamparo do analista é grande dentro da parceria, sendo necessário recorrer muitas vezes às suas reservas amorosas abastecidas em outros vínculos para ter sua mente disponível para esse contato. O que move o analista a esse trabalho? Se for apenas a submissão masoquista, provavelmente não buscará modificação nesse vínculo. Se, apesar das dificuldades, ainda tiver esperança de que seu trabalho traz alguma chance de sobrevivência e alguma expansão, talvez possa continuar. Esse tipo de vínculo pode gerar uma demanda por um trabalho de Sísifo da parte do analista, em que um infinito ciclo de esforços parece não levar a nada útil ou proveitoso, mas é desprovido de qualquer opção de desistência ou recusa em fazê-lo. Vale lembrar que na mitologia Sísifo era considerado o mais astuto dos mortais, por ter conseguido enganar a Zeus e a seu emissário Tânatos, encarregado de levá-lo ao mundo subterrâneo. Valeu-se do artifício de oferecer a Tânatos um colar que era na verdade uma coleira, com a qual manteve a morte aprisionada e assim driblou o seu destino. Outras façanhas se repetem com a mesma temática, porém, no modelo de vínculo que proponho examinar neste texto, conjecturo que a participação do analista também traria a ameaça de impedir a ação tanática plena e, dessa forma, cria-se um impasse de forças antagônicas e de aprisionamento recíproco, tendo como resultado um trabalho de Sísifo.

Haveria esperança para o analista/Sísifo?

Na mitologia, a condenação de Sísifo é eterna e sua astúcia para escapar de Tânatos lhe custou caro. E o analista aprisionado?

Steiner (2013) aponta que a falta de tolerância do analista para suportar seu sentimento de desamparo pode incapacitá-lo para sustentar uma postura receptiva e que, quando conseguia reconhecer e aceitar sua incapacidade e renunciar às tentativas de alcançar o paciente, havia uma mudança na atmosfera da sessão que o paciente notava e favorecia a aproximação de ambos em outros termos. Essa ideia parece próxima à colocação de Bion de que o analista se apresente sem memória e sem desejo, o que incluiria não só uma memória pretérita como também uma memória do futuro, em que a variável do tempo seria suspensa, permitindo assim uma nova organização e criando um novo paradigma.

O que fazer é uma pergunta incômoda, mas que pode nos levar a pensar. Podemos criar muitos pensamentos, ainda que contraditórios, sem apontar uma solução definitiva, mas que amplia nossa imaginação. Trabalhamos assim num sistema aberto que pode gerar alterações na nossa prática. Esse modelo passa a se apresentar como uma possibilidade desde que, em 1927, Heisenberg estabeleceu o *princípio da incerteza* (impossibilidade de se determinar simultaneamente a posição e a velocidade de uma partícula com precisão e prever sua posterior evolução). Essa afirmação implica a concepção de que o observador modifica aquilo que observa, trazendo também para a psicanálise consequências notáveis na teoria e na técnica nos artigos publicados a partir da década de 1950: importância do uso da contratransferência, função continente da mente do analista e predominância dos aspectos intersubjetivos da relação analítica etc. (Fetter, 2012). Aqui há uma consideração de influências no campo da cultura, mas posso considerar também que essa ideia tem procedência interna, como fruto de elaboração das experiências do analista (Coderch, 2001).

> *O analista, em sua prática, dará conta dessa complexidade (e perceberá que faz parte dela) quando mantém um estado de mente que permita conter e transformar esse desconhecido em pequenos saltos que façam algum sentido. Esse sentido terá que incluir a capacidade que ele seja abandonado, ampliado ou alterado frente a novas experiências emocionais. (Cassorla, 2014, p. 14)*

La muerte del angel

Nesta parte do trabalho quero propor um contraponto à música de Violeta Parra "Gracias a la vida", citada na epígrafe, através do "Ciclo do anjo", constituído por quatro músicas de Astor Piazzolla compostas para a peça *Tango del angel*, escrita pelo dramaturgo Alberto Rodriguez Muñoz em 1962. A peça trata de um anjo que procura melhorar o espírito dos moradores de um bairro pobre e violento de Buenos Aires, mas que é morto em uma briga de facas. As músicas do ciclo são denominadas "Introducción al angel", "Milonga (dança) del angel", "La muerte del angel" e "Ressurrección del angel", formando uma suíte narrativa de inocência, engano, violência, morte e reconciliação, tratando simultaneamente de anjos e demônios. Penso que essa complexidade amplia a condição emocional evocada em "Gracias a la vida", trazendo violência e morte para a cena, mescladas e sem distinção ou separação entre felicidade (*dicha*) e quebranto. Violeta Parra se vale da palavra criando uma poesia envolvente, enquanto na música de Piazzolla o clima emocional é criado pelos instrumentos, cuja expressão não verbal se faz de forma intensa. Na análise, além das palavras também temos ações, gestos e tons que compõem o clima emocional e demandam do analista a capacidade de compartilhar, conter, sonhar e transformar a cena, assim assemelhando a psicanálise à arte. Considerando esse paralelo, observo que em estados emocionais muito violentos há sempre o risco da morte do anjo, representante amoroso dos cuidados que pode ser vítima das facas que duelam por inveja, ódio, voracidade, arrogância etc. A morte do anjo traz o paradoxo da figura imortal e onipotente sofrendo com as vicissitudes dos mortais. Isso a remete a uma situação de desamparo que é transformado por meio da ressurreição em uma situação de esperança que permite sobrevivência e revisão da experiência se suportar conviver com a vulnerabilidade em lugar da onipotência.

Pode haver recuperação das condições mentais perdidas de forma rápida e eficiente, ou de forma gradual, ou pode ser que isso não ocorra. O analista se retira, ou o paciente se retira de forma definitiva, ou temos reverberações que se compõem e se desfazem durante a sessão. Essa suíte é escrita pelo par analítico e será sempre uma composição única e singular.

> *A mente, descrita como um campo de funções permite entender que existe uma constante "instabilidade da capacidade analítica" vis-à-vis às transformações das possibilidades emocionais presentes na vida dos anali-*

> sandos [a autora deste trabalho incluiria aqui o analista também!]. Nenhuma dinâmica específica está de fato dominante. Ligações distintas se fazem a todo momento. À medida que uma análise se desenvolve, surge gradualmente uma história inteiramente diferente da que foi trazida nas primeiras sessões, enquanto nos damos conta de que distintos níveis de pensamentos, em graus distintos de desenvolvimento e sofisticação, aparecem numa espiral de argumentos. (Chuster, Soares & Trachtenberg, 2014, p. 83)

Epílogo

Sofrer uma experiência emocional com seu paciente e também ser dela protagonista é a cena em que incluo o analista atual. O enredo é volátil, os personagens buscam autoria e a procura de um saber sobre si mesmo se faz igualmente importante para ambos. A caminhada pode trazer para o par um desenvolvimento criativo e sensível ou ser abortada por forças disruptivas que irrompem em qualquer das partes sem chance de contenção pela outra mente. Lembro aqui que no mito de Eros, quando este adormece e deixa suas setas espalhadas, ao voltar para recolhê-las, algumas setas de Tânatos estavam junto e ele as coloca inadvertidamente em seu arsenal, não ficando eximido assim nem mesmo o amor de gerar emoções mortíferas. Apreensões destas forças que se movimentam em nossas mentes ou em nosso ser são sempre passíveis de nos surpreender. E assim seguimos nosso trabalho escrevendo novos capítulos da história da psicanálise, "aprendendo e ensinando uma nova lição", como nos diria Geraldo Vandré. A nos mover alguma esperança?

Minha fé é no desconhecido, em tudo que não podemos compreender por meio da razão. Creio que o que está acima do nosso entendimento é apenas um fato em outras dimensões e que no reino do desconhecido há uma infinita reserva de poder. (Charles Chaplin)

Referências

Bion, W. R. (1978). *Seminário em Paris em 10 de julho de 1978*. Recuperado de braungardt.trialectics.com/.../psychoanalysis/bion/seminar-in-paris.

Cassorla, R. (2014). Prefácio. In A. Chuster, G. Soares & R. Trachtenberg, *W. R. Bion: a obra complexa* (pp. 11-20). Porto Alegre: Sulina.

Chuster, A., Soares, G., & Trachtenberg, R. (2014). *W. R. Bion: a obra complexa*. Porto Alegre: Sulina.

Coderch, J. (2001). *La relación paciente-terapeuta: el campo del psicoanálisis y la psicoterapia psicoanalítica*. Barcelona: Paidós.

Corvo, R. E. L. (2003). *The dictionary of the work of W. R. Bion*. London: Karnac Books.

Fetter, I. S. C. (2012). O psicanalista e o desamparo. *Revista de Psicanálise, 19*(2), 351-366.

Freud, S. (1914/1969). Recordar, repetir e elaborar. In *Obras completas* (Vol. 12, pp. 193-207). Rio de Janeiro: Imago.

Freud, S. (1919/1969). O estranho. In *Obras completas* (Vol. 17, pp. 275-314). Rio de Janeiro: Imago.

Levine, H. B. (2016). A situação epistemológica fundamental: realidade psíquica e as limitações da teoria clássica. In *Palestra proferida na SBPSP, extraída da Conferência Karl Abraham*, 8 de maio de 2016, Berlim, Alemanha.

Quinodoz, J. M. (2007). *Ler Freud*. Porto Alegre: Artmed.

Sapienza, A., & Junqueira Filho, L. C. U. (1997). Eros tecelão de mitos. In *Bion em São Paulo: ressonâncias* (pp. 185-200). São Paulo: SBPSP.

Spessoto, L. B. (2011). O olhar do psicanalista e outras ferramentas de trabalho: novas recomendações. *Revista Brasileira de Psicanálise*, 45(4).

Steiner, J. (2013). Desamparo e exercício do poder na sessão psicanalítica. In *Livro anual de psicanálise* (XXVII-2, pp. 279-289). São Paulo: Escuta.

14. Desamparo – amparo no pensar[1]

Walkiria Nunez Paulo dos Santos

Hilflosigkeit é o termo que Freud (1926[1925]/1976) utilizou para descrever a condição do recém-nascido por sua dependência total do outro para a satisfação de suas necessidades. Encontra-se ele frágil, impotente, incapaz de promover uma atividade motora coordenada e psíquica suficiente para sua sobrevivência. Freud considera o desamparo original do ser humano advindo da própria condição humana, e esse "estado de desamparo" gera a primitiva situação traumática de angústia.

Perante este início de vida de dependência absoluta, o ser humano persistirá na necessidade, que nunca mais o abandonará, de se sentir amado.

Além desse desamparo original, outros desamparos pertencentes à natureza humana acontecem durante todo o percurso de vida, como o desamparo caracterizado por *falha* de *rêverie* e continência materna.

---

[1] Trabalho apresentado no XXVI Congresso Brasileiro de Psicanálise Febrapsi Morte e Vida: Novas Configurações, em Fortaleza, 2017.

Destacarei neste artigo momentos de desamparo atuais que podem favorecer a aproximação do indivíduo com seu desamparo primário. Nesses momentos, o indivíduo se encontrará diante de duas alternativas: uma delas o levará a se evadir de sua realidade, usando de defesas até mesmo cruéis a ponto de levá-lo à morte psíquica e talvez até à morte precoce; a outra possibilitará a ele enfrentar suas mudanças/catástrofes e se desenvolver com a experiência.

A saída de vida, benéfica, de enfrentamento desses momentos de desamparo e que leva ao desenvolvimento se dá por meio do *processo do pensar* (Bion, 1962), que, ancorado no "vínculo", possibilita ao indivíduo entrar em contato íntimo, "aproximando-se" de seu desamparo. De qualquer maneira, o ser humano estará fadado à "presença do outro" por toda sua existência e, assim, seu *processo do pensar* estará sujeito a relações humanas e generosas, para que se desenvolva satisfatoriamente.

Postulo também que no *processo do pensar* esteja inserido um componente de "vida" essencial: gerar *prazer*. Prazer esse no sentido de livrar a mente não só do acúmulo de excitação e dor, mas de livrar a mente de "objetos internos maus" (Bion, 1962) que impedem o conhecimento – *consciência representativa* (Melsohn, 2001) –, a realização e a autenticidade. Conter a consciência de si mesmo, transformada pelas novas descobertas/experiências, que depende da função α, promove *prazer*, pois há realização experienciada; nesse sentido podemos lembrar-nos de Bion se referindo à busca de conhecimento de K para O.

Sabemos que o desamparo surge devido ao traumatismo primário (Roussillon, 2012), por vivências que não foram metabolizadas, experienciadas. Em contrapartida, se a aproximação do desamparo primário for possível, haverá transformação em experiências significativas (constituídas como experiências do Eu) – amparo ao desamparo.

O sentimento de desamparo pode ser amparado *no* processo do pensar

"Uma teoria sobre o processo do pensar" (Bion, 1962) ancora essa formulação. O processo do pensar refere-se ao *pensar* como "aparelho", que "passa a existir para lidar com os pensamentos", como diz Bion (1962), pela pressão dos pensamentos imposta à psique. A teoria do pensar está vinculada, portanto, a quatro aspectos fundamentais: função α, relação continente-contido, experiência emocional e consciência. É um processo que se inicia com a percepção do nível sensorial e evolui da elaboração à ação/modificação. Em outras palavras refere-se ao sentir, entrar em contato percebendo o sentir, conter (compreensão), transformar e tomar atitudes atualizadas; refere-se à área da mente capaz de se observar, vincular e integrar. O aparelho para *pensar* os pensamentos tem a função de comunicar, de tornar público o que está "escondido", íntimo no indivíduo, e, portanto, o tornar público alivia a pressão dos pensamentos que antes provocara "dor". Dessa forma, momentos de desamparo podem ser "amparados" e integrados na personalidade, levando cada vez mais o indivíduo à sua maturidade (capacidade de usar a percepção de seus momentos de desamparo em benefício próprio e de vida).

Em "Uma teoria sobre o processo do pensar", Bion (1962) diz:

> *É conveniente encarar o processo do pensar como um processo que depende do resultado satisfatório de dois desenvolvimentos básicos. O primeiro deles é o desenvolvimento dos pensamentos. Estes requerem um aparelho que deles se encarregue. O segundo desenvolvimento, consequentemente, é o desenvolvimento do aparelho que provisoriamente chamarei de pensar.*

> Repetindo: *o processo de pensar passa a existir para lidar com os pensamentos.* Deve-se notar que isso difere de qualquer teoria do pensamento como produto do processo do pensar, na medida em que se considere o processo de pensar um desenvolvimento imposto à psique pela pressão dos pensamentos, e não ao contrário.
>
> ... Restringirei o termo "pensamento" à união de uma preconcepção com uma frustração. O modelo que proponho é o de um bebê cuja expectativa de um seio se una a uma realização de um não seio disponível para satisfação. Esta união é vivida como um "não seio", ou seio "ausente", dentro dele. O passo seguinte depende da capacidade de o bebê tolerar frustração. Depende de que a decisão seja fugir da frustração ou modificá-la.
>
> ... a ideia é que o instrumental adequado seria, não um aparelho para pensar os pensamentos, mas um aparelho para livrar a psique do acúmulo de objetos internos maus. O ponto crucial está na decisão entre fugir da frustração ou modificá-la. (pp. 102, 103)

O que proponho é que a fuga às frustrações representa a fuga da realidade e acarreta desamparo; no entanto, é o *processo do pensar* que, por gerar "prazer", leva o indivíduo a enfrentar suas frustrações, a sofrer suas dores mais profundas, e assim, ao se tornar autocontinente, tem a possibilidade de modificar a realidade, na medida do possível, e se desenvolver com as experiências que envolvem esse processo.

O *"processo do pensar"* na clínica

Há muitos anos, dois aspectos principais me chamam a atenção na clínica: o que mantém viva a dupla analítica no decorrer de longos anos de análise; e o que motiva os pacientes a voltarem para suas análises depois de anos de interrupção. Atualmente reflito sobre o que motiva um antigo paciente a encaminhar seu filho para uma análise comigo. Algumas indagações emergem: o que mantém viva a "função de analista"? O que mantém no analista o amor e dedicação à psicanálise? O prazer no processo do pensar fundamentaria essas questões?

O conceito de "prazer no pensar" (o prazer gerado no processo do pensar) surge dessas indagações, observações e experiências clínicas, em que a aproximação do si mesmo no paciente (o "tornar-se", o conhecimento que é transformado na autocontinência) promove sentimentos de satisfação e responsabilidade, aceitação, uma aquietação pelo encontro de sentidos próprios.

O senso comum descreve a palavra "prazer" como alegria, contentamento; também por muito tempo foi atribuído a esse termo um comportamento de euforia. A referência ao "prazer no processo do pensar" é completamente outra: esse "prazer" é sentido e posteriormente percebido no contato íntimo com a dor que passa a ser sofrida, havendo metabolização/digestão e, consequentemente, contenção.

O "prazer no processo do pensar", similarmente, refere-se ao que Bion coloca sobre a pré-concepção, que, em contato com a realização, leva à concepção. Com o trabalho da função α, há o alívio da "pressão dos pensamentos", a mente passa a "lidar" com o excesso e o indivíduo, assim, se "liberta" do estado que antes o aprisionava – é esse processo que gera "prazer". Prazer também significa resposta do organismo ou da mente indicando que nossas ações estão sendo benéficas a nossa saúde e, portanto, nessas ações o teste de realidade deverá estar inserido, ou melhor, o prazer é verdadeiro, real.

Baseando-me nos dois aspectos de minha clínica que me chamaram a atenção, nas observações citadas acima e investigações por meio da evolução de cada caso clínico em relação ao conceito de "prazer no pensar", um trabalho original foi produzido no qual o termo "prazer no pensar" (Nunez, 2013) passa a ser nomeado de "prazer secundário", por representar esse *prazer*, ser distinto do prazer que Freud (1911) descreveu como o "prazer do princípio do prazer".

Para ele o prazer primário é de descarga, de evacuação do excesso de energia direcionada ao aparelho psíquico pelas excitações, sejam elas de origens internas ou externas – excitações com as quais o aparelho não consegue lidar. No entanto, o prazer secundário implica a existência de uma "qualidade integrativa": há a descarga de excitação, o alívio de tensão, mas ao mesmo tempo há consciência da realização ligada ao princípio de realidade. Mas a metapsicologia do conceito de prazer secundário ainda não abrangia totalmente a finalidade. Portanto, foi por meio de mais observações do campo analítico e de pesquisas realizadas dentro da psicanálise (Aiseinstein, 2006; Marty, 1998) e da neurociência (Solms & Kaplan, 2000/2005; Solms & Turnbull, 2002; Damásio, 1999/2000) que um sentido de conceito mais complexo surge: prazer criativo.

O prazer criativo estará disponível no indivíduo se houver a capacidade da mente de expandir; uma área da mente capaz de recriar (criar em moldes atuais) formas de lidar e conter seu desamparo.

Podemos refletir que prazer criativo vem de criatividade, área da mente mais expandida, "sofisticada" e que caracteriza riqueza imaginativa, "realizada". A criatividade é o que nos permite expressar, sonhar, significar, representar, fazer transferências, chistes e sintomas, colocando em movimento o *Eu*, ou seja, a criatividade promove mudanças em "nossa história". Concluímos então que todo o processo criativo gera prazer e aproxima o indivíduo de si mesmo.

Fica-nos claro, portanto, a existência de dois tipos de prazer: prazer "apenas" de descarga e alívio de tensão (princípio do prazer/desprazer – Freud, 1911/1969) e prazer no pensar que envolve descarga e alívio, mas integrado à percepção e que envolve realização e desenvolvimento – prazer criativo.

A capacidade do indivíduo de sentir prazer (prazer criativo) possibilita a ele sair de um "estado de paralisação" e dor, mesmo que para isso ele tenha que enfrentar frustrações, decepções e sofrer suas dores mais profundas, seus traumatismos registrados em vivências que ainda não se tornaram experiências significativas.

O desamparo pode ser amparado no processo do pensar, e o amparo reverbera também a tolerância a sentir *prazer* (prazer criativo). A capacidade de recriar e tolerar prazer inclui não somente o paciente, mas também o analista, características singulares que interferem no campo analítico. A não tolerância ao prazer pode ser devido a um apego ao "estado de mente doloroso".

A própria vida nos impõe que os requisitos básicos da possibilidade de criação e sua existência só serão possíveis se existir a capacidade no indivíduo de formar vínculo. A formação de vínculo origina-se primariamente pela *rêverie* do objeto materno e sua continência (compreensão) e, posteriormente, consigo próprio, por meio da introjeção desse "objeto compreensivo" (Bion, 1959/1967).

A falha de *rêverie* materna associada à falha de continência desencadeia os primeiros momentos de desamparo, e prejudica o futuro do indivíduo em *pensar* as próprias experiências emocionais e, consequentemente, o desenvolvimento da tolerância ao *prazer* criativo.

Criatividade, portanto, pressupõe *rêverie* com continência e tem a ver com fertilidade psíquica e possibilidades no enfrentamento de mudanças/catástrofes, em que as verdades do si mesmo são desveladas e suas transformações são contidas na personalidade.

Em condições de fluidez libidinal intrapsíquica (Freud, 1905/1972), o processo secundário não satura o processo primário, e vice-versa, mas há interação entre os dois processos. Dessa forma, a quantidade de energia livre buscará "recriar" o objeto de satisfação, em um movimento metafórico e complexo permitindo tolerar a ausência objetal e expressar a criatividade do aparato psíquico. A criação aparece com a "presença do outro" e permite a construção do novo.

Em *Transformações* podemos constatar como Bion (1965/2004) lê Freud quanto à capacidade de pensar:

> *Freud (1911) fala sobre a capacidade para pensar como algo que proporciona alívio da frustração, no que se refere ao fato do pensar poder preencher o intervalo de tempo entre o nascimento do impulso e sua satisfação. Ele está se referindo à ação do organismo, sob influência de dor, para mudar seu ambiente. Proponho classificar a transformação que ocorre quando pensamento é expresso, no discurso, sob forma de ação. Antes dessa transformação, o pensamento fica restrito ao âmbito dos elementos β, elementos α e sonhos antes de serem verbalizados. (p. 113)*

Assim sendo, momentos de desamparo poderão ser "amparados no processo do pensar" por meio da análise e, posteriormente, na autoanálise, permitindo que o indivíduo modifique sua realidade, seu "ambiente". O prazer de descobertas do si mesmo poderá emergir, em que a frustração e dor (sofrer a dor) passam a ser utilizadas como molas propulsoras no processo do pensar, para o melhor enfrentamento da vida.

Compulsão à dor – sofrer a dor

Na clínica podemos constatar que muitos pacientes compulsivamente repetem o "caminho" da dor e da evasão, não havendo tolerância ao *prazer*. São indivíduos apegados a um estado de mente doloroso e ilusório afastados da própria realidade, desamparados por imaturidade psíquica e por *falha* de contenção primária. Atuam eles como se houvesse um cultuar o estado de dor que, pela expiação, apenas permitida, os impede de sonhar, de realizar e experienciar a vida de forma satisfatória.

O afastamento da realidade citada pode ser devido às perturbações no desenvolvimento do *aparelho do pensar*, às quais Bion (1965/2004) chama a atenção:

> *O sentido de bem-estar engendrado por uma crença na existência de uma mãe (ou analista) perfeitamente compreensivo(a) fortalece o medo e ódio de pensamentos que são intimamente associados ao "não seio", e podem, portanto, ser sentidos como indistinguíveis do "não seio". A pessoa se aferra a um estado de mente doloroso, que inclui depressão, pois sente que a alternativa é sentida como ainda pior: ou seja, que pensa-*

> *mento e pensar significam que o seio quase perfeito foi destruído.* (p. 78)

Sobre compulsão à repetição da "dor", sobre o estado de mente doloroso, podemos encontrar também sentido na referência que Freud (1914/1969) faz em seu trabalho "Recordar, repetir, elaborar", quando ele diz que o ser humano repete para "lembrar- elaborar"; entrar em contato com vivências traumáticas (desamparos), que não se tornaram experiências significativas. Enquanto não se tornam lembranças, por meio de experiências significativas, essas vivências permanecem e aprisionam o indivíduo, podendo estar ele sob a égide de um superego tanático (rígido e cruel) que impede a realização e a tolerância à experiência de prazer.

O indivíduo aprisionado fica submetido ao que Bion (1961) chamou de "grupos internos", deixando-o sem possibilidades de exercer sua singularidade ou autenticidade.

De qualquer forma, acreditamos que repetem compulsivamente a dor, na tentativa de que alguma experiência nova aconteça proporcionando uma aprendizagem antes inacessível: "O lidar com a dor é que permite ao cliente alcançar satisfação e encanto com a vida" (Rezze, 2017, p. 2). Bion (1965/2004) refere em *Transformações* que: "Realidade tem que ser 'sendo'. . . . O ponto em questão é: como passar do 'conhecimento de fenômenos' para 'ir sendo' aquilo que é real . . . realidade é tornar-se" (p. 162).

Sempre que o indivíduo se torna ele mesmo há experiência de satisfação, prazer de realização e desenvolvimento, e isso é o que permite "o encanto pela vida".

As argumentações expostas não se excluem, e sim se complementam. Referem-se à ideia de que são as "verdades" (como pressão interna e ao mesmo tempo como alimento para a mente) surgidas no encontro com o si mesmo, que por um lado podem até fazer sofrer o indivíduo, mas que, paradoxalmente, são as que lutam contra o "apego ao estado de mente doloroso", ou seja, as "verdades" promovem esperança de mudança e satisfação, encontrando o indivíduo o "prazer" de ser criativo com a própria vida.

Paulo

Paulo me surpreende sempre quando diz: "faço as coisas porque sei fazer, sou habilidoso, mas não faço porque sinto ao fazê-las; não me reconheço como uma pessoa que tem o direito a sentir". Ele lida com sua vida totalmente de forma prática e explicativa. Muitas vezes o temor do que encontrará dentro de si e a responsabilidade pela descoberta (momentos de desamparo) o fazem "dar um tempo", palavras ditas por ele, durante as suas próprias associações, quando algumas vezes se percebe somatizando, ou mesmo quando se percebe "racionalizando demais" por uma dificuldade de suportar-se.

Paulo, ao mesmo tempo, expressa o desejo de aproximar-se de si com intimidade e construir um vínculo comigo, "esperando" que consigamos encontrar de alguma maneira uma via de acesso. Como ele tem a imagem de si "que não sente", não se permite perceber que esse vínculo já existe. Tem claro para si que o sentido de suas buscas está em viver melhor sua própria vida; é a expectativa depositada em seu processo analítico.

Sua infância é marcada por situações excessivamente traumáticas advindas de um casal parental deficitário. Apresenta uma mãe com severa falha de *rêverie* com continência; intrusiva no sentido de "sugar a vida" e o direito a existir de Paulo, não enxergando sua individualidade. A mãe impunha apenas o seu querer, ficando a singularidade de Paulo impedida de "nascer". Comportava-se ela sempre de forma rígida por preconceitos morais inflexíveis que impõe a ele.

Paulo conta sobre uma mãe negligente por não proporcionar cuidados necessários à sua integridade psíquica e física, esquecendo-o várias vezes na escola e o deixando com pessoas severamente comprometidas, expondo-o a situações de risco e sedução; violenta por aplicar-lhe castigos e surras irracionais (não vou deter-me narrando no texto seu pesar nesses aspectos).

Paulo apenas valoriza o fato de a mãe tê-lo forçado a estudar com rigor, sempre exigindo que ele estudasse muito e tirasse sempre as melhores notas, pois hoje consegue usufruir dessa exigência, sendo bem-sucedido profissionalmente; ao mesmo tempo, sabe que valoriza demais o racional e o intelectual.

Os aspectos racional e intelectual usados como sobrevivência por Paulo lembram-me as defesas usadas como "segunda pele" para cobrir os buracos deixados pela falha da "pele psíquica" (Bick, 1968/1991).

A separação entre os pais aconteceu quando ele era bem pequeno, devido ao alcoolismo do pai, traição e comportamentos pervertidos com mulheres e abandono de lar, ficando vários meses sem aparecer. O pai também não tinha disponível um "espaço mental" para Paulo.

Paulo guarda lembranças boas e amorosas do avô materno. É esse avô materno que disponibiliza toda a *rêverie* que Paulo recebeu, pois desde sua mais tenra infância foi sempre ao avô a quem recorreu e recebeu todos os cuidados. Por morarem todos em uma mesma casa, também era esse avô que o "socorria" e intervinha quanto aos castigos que a mãe lhe impunha. Era esse avô que conversava com Paulo e que procurava entendê-lo, mesmo viajando muito a trabalho; sempre que podia ficava com Paulo. A avó materna era falecida e, quanto a seus avós paternos, não teve contato algum.

Era difícil de acreditar que um processo de análise pudesse "dar conta" de tanta tragédia, ou mesmo que Paulo pudesse conseguir um contato mais íntimo consigo, mas, ao mesmo tempo, demonstra coragem, "disposição e força psíquica" para ir gradativamente experienciando registros traumáticos, seus desamparos, junto comigo.

Inteligente e culto – apresenta uma cultura adquirida por meio de muito estudo e esforço. É bem-sucedido também financeiramente. Procura-me com a queixa de dificuldades nos relacionamentos: três vezes casado e divorciado; na época que iniciamos sua análise, mantinha um relacionamento estável, mas se interessou por outra pessoa, mantendo as duas relações ao mesmo tempo, queixando-se que não queria ficar dessa forma, e sim entender o que isso significava e "mudar sua vida".

Transferencialmente eu era mais um "carrasco" que encontrara, e que o torturaria por necessitar de cuidados e depender.

Anos de análise foram necessários para que pudéssemos ir compreendendo que ele era o "bode expiatório", o que deveria sucumbir e morrer pela tragédia que compunha sua estrutura.

Chegou um tempo em que tinha uma ideia fixa: precisava "trocar de pele", pois aquela estava insuportável. Não se tranquilizou até se submeter a vários tratamentos de *peeling* químico facial. Em muitos momentos, contratransferencialmente, eu me percebia extremamente cuidadosa com ele, quando eu o sentia muito frágil – como uma pele rota que necessitava tessitura. Era quase que transparente que, nesses momentos de sua fragilidade, estávamos diante de um nível bem primitivo de funcionamento. Em outros momentos, conversávamos com a parte da sua mente mais amadurecida, ele colaborando com o trabalho analítico, reconhecendo suas partes fragmentadas e, assim, demonstrando estar naquele momento mais integrado – posição depressiva.

Após muito trabalho, vai trazendo para as sessões a percepção do que sente: que por muito tempo via-se como uma "presa – um animal apanhado em uma armadilha" fazendo coisas sem se dar conta; em várias situações se colocava em risco de vida, evidenciando tentativas de suicídio.

Queixava-se de que as pessoas o amarravam e o procuravam só por interesse, pelo que tinha a oferecer, se sentia "usado"; outras vezes dizia que as pessoas em algumas situações o consideravam "bruto e doido". Aos poucos vai expressando que não quer mais "surras", e começa a aceitar que necessita ser bem tratado e cuidado.

Algumas narrativas de Paulo não confirmaram nossa experiência analítica, por exemplo, ele dizia que não tinha sentimentos e que era totalmente frio e distante: "Que era bruto e doido". Nunca foi bruto comigo ou desrespeitoso como dizia ser o "pai" e também não reagia de forma "louca", intrusiva como sua "mãe". Eu sempre o considerei afetivo, responsável, e não se portava como um sedutor ou promíscuo à procura de uma presa em nossa relação de trabalho. Mais perceptivo, gradativamente vai conseguindo suportar as dificuldades que as pessoas podem ter, principalmente em relação a seu pai e mãe.

O pavor maior era em relação ao que a "analista" iria fazer com ele, se permitindo demonstrar estar muito assustado pela disponibilidade que sentia receber de mim e dele próprio em seu processo de análise.

Percebemos que, em alguns momentos, consegue "separar-se" das figuras parentais, separação/discriminação essa que demonstra sentir e perceber quando começa a tomar atitudes diferentes em sua vida; diz sentir prazer quando está na análise e, embora "estranhe" muito esse fato, reconhece que o tranquiliza à medida que vai tendo conhecimento de si, consciência de si.

Paulo diz: "Quero mudanças, mas tenho medo de como me sentirei, estou acostumado a surras, como é não ser surrado, aqui dentro de mim?".

Paulo passa da imagem de vítima para a consciência de agressor, no sentido de que ele violenta e se violenta evadindo-se do contato profundo. Ele se "assusta" com as identificações parentais, ao se perceber repetindo-as. O que repete na experiência comigo, "no início", foi desconfiança de que eu também o violentaria como sua mãe, que eu o abandonaria inclusive, e muitas tentativas de evasão se manifestaram pelo pavor de se dar conta do que sentia e de saber quem realmente era ele.

Seu temor maior era de enlouquecer ou se tornar irresponsável e promíscuo como seu pai. Criticava-se por ter tido três casamentos, mas alegava que rompia ao perceber que a mulher se aproveitava do que ele oferecia a ela, em vez de amá-lo – foi assim nas três vezes. Aprendeu a não confiar e a não se ligar afetivamente. Carecia de um bom casal parental internalizado.

Por meio de seu *processo do pensar* se deu conta de que ele próprio não confiava em si, e que ele é quem se aproximava das "mulheres" apenas para usá-las, não se vinculando afetivamente, e assim ele mesmo se violentava, identificado com as figuras parentais, proibindo-se de ter esperanças e amar.

Todas as vezes que podemos conversar sobre essas diferenças, entre o que acreditava de si (que iria ser surrado a vida toda) e o que experienciava comigo (olhar e escuta amorosa sobre quem ele é) ou mesmo como tratava as pessoas, demonstra responsabilidade nas decisões do que fará com as novas descobertas. Dizia ele poder estar introspectivo e reflexivo ao encontrar novos sentidos, imagens de si. Sentir *prazer* "em estar na própria companhia" começa a ser possível, quando o conhecimento de si e a autocontinência são gradativamente suportados.

Paulo aos poucos vai enfrentando suas necessidades de mudanças com perseverança, e por meio de sua análise demonstra coragem e nítida é sua satisfação em *pensar* novas possibilidades. Dispõe-se a sofrer suas dores, se permitindo perceber seus sentimentos e responsabilidades por suas ações; a partir da *consciência de si*, decide seus próximos passos, agora de forma "criativa", ancorado no tempo atual.

Mais liberto, consegue "brincar" com sua realidade e valoriza quando consegue ter bons momentos na vida.

Vinheta clínica: quando Paulo já consegue transformar desamparo em des-amparo

Paulo traz para a sessão recortes do texto de um cientista que sentiu ter ligação com o "drama" que muitas vezes o invade:

> *Amar é o grande medo do ser humano. Só é comparável ao medo de ser amado. É bom, mas sabemos que pode provocar uma sensação de fragilidade e dependência. A presença do outro se torna vital, e a possibilidade de ser abandonado a qualquer momento nos ameaça tanto que, em geral, optamos pela saída mais fácil: sabotar as possibilidades.*

Isso cria um enorme dilema entre querer experimentar amor e procurar o tempo todo, destruí-lo. Certamente, as tentativas de destruição não são feitas de modo deliberado.

Paulo, em suas associações, compara esse texto com as experiências de um cientista e continua conversando com a analista: um ratinho é colocado em uma gaiola onde anda de um lado para o outro, movido pela curiosidade. Quando sente fome, vai em direção ao alimento. Ao tocar no prato, no qual o pesquisador instalou um dispositivo elétrico, o ratinho leva um choque muito forte, tão forte que, se a experiência se repetisse, ele poderia até morrer.

Depois do choque, o ratinho corre na direção oposta à do prato. Se, nessa hora, pudéssemos perguntar ao roedor se ele estava com fome, certamente responderia que não, porque ainda estava experimentando a dor do choque. Passado algum tempo, porém, o ratinho entra em contato com a sensação de morte vinda de duas possibilidades: uma causada pelo choque e outra pela fome.

Paulo continua: quando a fome se torna insuportável, o ratinho, vagarosamente, vai em direção ao prato, que não está mais eletrificado. Ao chegar quase a tocá-lo, apresenta reações como se houvesse levado um segundo choque: tem taquicardia, seus pelos se eriçam e ele corre na direção oposta à do prato. Se perguntássemos a ele o que havia acontecido, a resposta provavelmente seria: "Levei outro choque".

Se fosse possível continuar o diálogo e quiséssemos saber quantos choques ele levou, ouviríamos que havia levado dois choques. Ele só não sabia que a energia elétrica estava desligada.

A partir daquele momento, o ratinho entra em uma tensão muito grande e decide buscar uma posição intermediária entre a dor da fome e a dor do choque e, aparentemente, fica tranquilo.

Paulo se coloca com responsabilidade e se vincula:

> *Eu sou o ratinho, já reconheço sobre minha fome de vida e também sobre os choques que levei. Atualmente sinto-me percorrendo um caminho que vai fazendo eu me libertar dos "choques" que tomei.*
>
> *Muitas vezes senti muito medo de me aproximar de você, me afeiçoar a você. Você e nossas conversas me fazem sentir "aqueles mesmos choques", lembro-me das sensações, mas posso pensar na hora neles e converso com você aqui e depois comigo e percebo que não levo choque. Aliás, o grande choque que levo agora é diferente, é receber atenção e cuidados verdadeiros. Reconhecer isso tudo em mim me faz sofrer, mas ao mesmo tempo posso ver que não preciso reagir igual a meu pai ou a minha mãe, minha vida agora está se tornando diferente do que a deles, estou conseguindo ser eu.*

Comentários

Experiências dolorosas no passado de Paulo deixaram registros e marcas de um profundo desamparo e medo terrífico de novos contatos humanos, pois os antigos só lhe causaram dor e decepções. Nas palavras de Paulo, "os choques", os primitivos, se repetem, e só há reações. Não conseguia "se casar" internamente, e atuava concretamente casando-se e divorciando-se várias vezes; seus desamparos o submetiam a "não confiar". Mas Paulo não aguenta mais "ficar sem amar", sua fome de amar e ser amado, respeitado por si, fica insuportável, e ele se dispõe a arriscar novamente. Nesta sessão parece-nos claramente que ele enfrenta seu desamparo, se entrega na relação e confia se aproximando do contato com a analista, e do contato íntimo. Sua reação aparece, taquicardia, à espera de um recorrente choque. Paulo percebe que sua "energia estava desligada", paralisado no passado traumático, e metaforicamente se dispõe a se colocar novamente "na tomada" da vida. Paulo ampara seu desamparo por meio do vínculo analítico, por seu "aparelho de pensar os pensamentos" atualmente alimentado e transformado. Agora pode perceber o que não podia antes: que a analista não é igual a sua "mãe" e demonstra afeto por ele; ele, por sua vez, consegue suportar o medo de ser abandonado, pois se percebe amparado.

Com autocontinência por meio de novas experiências, as atitudes de Paulo são diferentes, de quando outrora não tinha um *self* fortalecido para suportar. Um espaço continente, diz Meltzer (1975/1979), só acontece quando há uma função de esfíncter: "a capacidade de um objeto de proteger e de controlar seus próprios orifícios é uma condição prévia para que o *self* realize um movimento nessa direção de continência, tanto quanto de proteção à penetração intrusiva" (p. 200).

Paulo consegue a aquisição de um "esfíncter mental", espaço continente, propiciando um contato com seu mundo interno, e dessa forma já se sente capaz de distinguir a "penetração intrusiva", que, por meio da percepção, deixa de ser tão ameaçadora. Digamos que ele agora pode experimentar uma "penetração amorosa", criativa, ou seja, o entrar e sair do objeto sem correr o risco de cair em um "buraco sem fim", ou repetir vivências de "terror sem nome".

Indivíduos que não percebem que o prato não está mais eletrificado, que o tempo é outro, atual, continuam com o terror de entrar em contato íntimo e novamente reviver o desamparo que outrora aconteceu, repetindo cegamente suas dores.

Experienciar amor é um risco, amparar os próprios momentos de desamparo é amor. Essa possibilidade é acompanhada a cada encontro com o outro e consigo, sendo que o único antídoto perante o risco de sucumbir será a capacidade de *pensar* e se vincular. Além disso, há uma grande vantagem: ou o indivíduo se arrisca a amar, e *pensar* é amar, amparar a si próprio, ou ficará na solidão e verdadeiramente abandonado por si mesmo, como Narciso, sem ninguém para o acompanhar.

A existência de um estímulo (interno e ou externo) muito forte agindo com pressão benéfica, e um Superego apoiado em Eros, possibilitará a permissão para o distanciamento do velho modelo: o indivíduo poderá arriscar-se em um modelo novo, baseado na experiência atual. Mesmo que a estrutura psíquica antiga permaneça sedimentada (pilar psíquico primitivo), uma estrutura nova concomitantemente vai sendo construída e somente assim, metaforicamente, consegue-se o "aproximar-se do prato" – na esperança de que ele não vai mais dar choque, mas alimentar a fome. Essa é a forma em que se pode saborear o alimento: arriscando-se a pensar os próprios pensamentos. O arriscar-se provoca modificações na realidade e é esse processo que promove prazer – prazer criativo amparando momentos de desamparo.

Vale a pena lembrar a diferença entre ato/*acting*/ação. O ato alude uma descarga que implica atividade motriz "sem" atividade imaginativa; *acting* se refere a uma atividade motriz "em lugar" de uma atividade imaginativa; ação se refere à atividade motriz "mais" atividade imaginativa ou criativa. O prazer no pensar leva o indivíduo à ação, a atitude para consigo próprio, como no caso de Paulo:

ele "acolhe e contém" seus momentos de desamparo modificando sua realidade.

Paulo, por meio de sua análise, tornou público que atuava muitas vezes como sua mãe, e como seu pai, não respeitando e "surrando" a si próprio, impedido de se vincular internamente. Esse contato íntimo o tornou mais liberto, passando a se reconhecer em suas atitudes. Não enxerga mais sua realidade apenas como uma reedição de seus traumas antigos.

Para finalizar, trago o poema "Desamparo", de Cecília Meireles (2006):

> *Digo-te que podes ficar de olhos fechados sobre o meu peito*
>
> *porque uma ondulação maternal de onda eterna*
>
> *te levará na exata direção do mundo humano,*
>
> *Mas no equilíbrio do silêncio,*
>
> *no tempo sem cor e sem número,*
>
> *pergunta a mim mesmo o lábio do meu pensamento:*
>
> *quem é que me leva a mim,*
>
> *que peito nutre a duração desta presença,*
>
> *que música embala a minha música que te embala,*
>
> *a que oceano se prende e desprende*
>
> *a onda da minha vida, em que estás como rosa ou barco... (p. 38)*

Referências

Aisenstein M. (2006, novembro). O antipensamento e a psicossomática. *IDE*, 29(43), 142-145.

Bick, E. (1968/1991). A experiência da pele em relações de objeto arcaicas. In E. Spillius (Org.). *Melanie Klein hoje* (pp. 194-198, Vol. 1). Rio de Janeiro: Imago.

Bion, W. R. (1959/1967). Ataques ao elo de ligação. *International Journal of Psycho-Analysis*, 40(5-6), 87-100.

Bion, W. R. (1961). *Experience in groups and other papers*. London: Tavistock Publications.

Bion, W. R. (1962). Uma teoria sobre o processo do pensar. In *Estudos psicanalíticos revisados (Second thoughts)* (pp. 101-109). Rio de Janeiro: Imago.

Bion, W. R. (1965/2004). *Transformações: do aprendizado ao crescimento* (2a ed., P. C. Sandler, trad.). Rio de Janeiro: Imago.

Damásio, A. (1999/2000). *O mistério da consciência*. São Paulo: Companhia das Letras.

Freud, S. (1905/1972). Os três ensaios sobre a teoria da sexualidade. In *Edição standard brasileira das obras psicológicas completas de Sigmund Freud* (pp. 123-238, Vol. 7). Rio de Janeiro: Imago.

Freud, S. (1911/1969). Formulações sobre os dois princípios do funcionamento mental. In *Edição standard brasileira das obras psicológicas completas de Sigmund Freud* (pp. 273-286, Vol. 12). Rio de Janeiro: Imago.

Freud, S. (1914/1969). Recordar, repetir, elaborar (novas recomendações sobre a técnica da psicanálise). In *Edição standard das obras psicológicas completas de Sigmund Freud* (pp. 191-222, Vol. 12). Rio de Janeiro: Imago.

Freud, S. (1926[1925]/1976). Inibições, sintomas e angústia. In *Edição standard das obras psicológicas completas de Sigmund Freud* (pp. 95-201, Vol. 20). Rio de Janeiro: Imago.

Marty, P. (1998). *Mentalização e psicossomática* (A. E. V. A. Güntert, trad.). São Paulo: Casa do Psicólogo.

Meireles, C. (2006). *Viagem e vaga música*. Rio de Janeiro: Nova Fronteira.

Melsohn, I. (2001). *Psicanálise em nova chave*. São Paulo: Perspectiva.

Meltzer, D. (1975/1979). La dimensionalidad como un parámetro del funcionamiento mental: su relación con la organización narcisista. In D. Meltzer et al. (Orgs.), *Exploración del autismo: un estudio psicoanalítico* (pp. 197-209). Buenos Aires: Paidós.

Nunez, W. P. S. (2013). *O prazer no pensar: análises duradouras*. Trabalho apresentado em reunião científica da SBPSP; apresentado no XXIV Congresso Brasileiro de Psicanálise Febrapsi "Ser Contemporâneo: Medo e Paixão", em Campo Grande; aceito no IPA 49th Congress – Boston, Massachusetts.

Rezze, C. J. (2017). Comentário à Supervisão de Bion A 39 no grupo de estudos de Supervisões de Bion da SBPSP em 16 de setembro de 2017.

Roussillon, R. (2012). *O desamparo e as tentativas de solução para o traumatismo primário*. Rev. SBPPA, *19*(2).

Solms, M., & Kaplan, K. (2000/2005). *Estudios clínicos en neuropsicoanálisis. Introducción a la neuropsicología profunda*. Bogotá: Fondo de Cultura Económica.

Solms, M., & Turnbull, O. (2002/2004). *El cerebro y el mundo interior: una introducción a la neurociencia de la experiencia subjetiva*. Bogotá: Fondo de Cultura Económica.

15. Uma psicanalista equilibrista e seu posto de observação

Giovanna Albuquerque Maranhão de Lima

> Para quem começa a trabalhar com um sólido tão duro e quebradiço como a pedra, a falta de experiência, o grande respeito pelo material e o receio de maltratá-lo muitas vezes levam ao entalhe em relevo de superfície, sem qualquer vigor escultórico. A experiência, entretanto, permite que a obra em pedra observe as limitações do material, não seja enfraquecida além do seu potencial construtivo natural, e ainda se transforme de massa inerte em uma composição que existe como forma completa, suas massas de várias dimensões e suas partes articulando uma relação espacial.
>
> Henry Moore (1961)

Esculpindo um jeito próprio de ser psicanalista

Este pequeno texto do escultor Henry Moore, lido durante uma exposição na Pinacoteca do Estado de São Paulo em 2005, veio à minha mente como uma memória-sonho ao dar início à escrita deste trabalho. Essas palavras, que na época me causaram tanto impacto, ficaram guardadas comigo ao longo desse tempo e agora voltam com nova força e significado.

Sinto que hoje a necessidade de revisitá-las é por estar refletindo sobre o ofício de psicanalista. Percebo como essa identidade é algo que vem sendo esculpido a partir das análises, supervisões, dos seminários, e da minha experiência de vida. Um trabalho árduo, diário, apaixonante, e um contínuo "vir a ser".

A inclusão deste novo vértice – minha identidade como psicanalista – tem representado uma mudança significativa na medida em que fui aprendendo a incluir no campo o psicanalista como pessoa, as suas emoções, o seu sonhar, a sua capacidade de pensar – e também as suas limitações. Pude começar a considerar as experiências emocionais vividas por mim e pelos meus analisandos, como uma repercussão do encontro analítico.

Penso em tudo isso se dando de maneira única com cada analisando, a partir do encontro presente, que vai acontecendo de maneira imprevisível e singular. Dessa forma, passei a ficar mais atenta para a importância do que está presente na sessão – do aqui e agora experimentado com o analisando.

A partir desse clima é que emergiu em mim a imagem do equilibrista, já que o ambiente onde o psicanalista se move é mesmo instável e inefável. Passei a me sentir uma espécie de "psicanalista-equilibrista" na vida emocional com os meus analisandos.

Comecei a prestar muita atenção ao clima emocional da sessão, desenvolvendo a capacidade de observar as emoções presentes na dupla, e o que ocorria enquanto a conversa acontecia. Essas transformações foram muito importantes, pois, além de ressaltarem a importância da observação psicanalítica, também ajudaram a "psicanalista equilibrista" a sentir que por vezes tinha onde apoiar os pés.

Penso que esse estado emocional representa para o psicanalista mais uma busca do que algo já adquirido; e, como tal, pode ser constantemente alcançado, mas também pode ser perdido ao longo de uma sessão.

A partir do meu "posto de observação" descobri a singularidade da psicanálise de cada dupla analítica. Essa descoberta significou mais um desafio a ser enfrentado, uma vez que essa psicanálise precisa ser criada, engendrada; ela não existe *a priori*.

Encontro ressonância nas palavras de Frochtengarten (2007), que em seu trabalho "É preciso ser psicanalista. É preciso?" discute a questão da imprecisão inerente ao exercício da psicanálise. Ao referir-se ao *setting*, ele afirma:

> *A proposta de um setting pré-formado ou pré-fixo, pronto e aplicável a todo paciente, evoca a imagem da torre de Babel e o projeto de uma língua única, universal. . . . Não penso em obediência a um setting para que se dê análise, mas sim um setting no analista que lhe dê condições de participar daquela análise. É nesse ambiente que se dá o atendimento psicanalítico de um analisando particular, singular, no qual ele transparece como ser humano em relação com o outro. . . . Na mente humana – e nunca é demais lembrar que isso vale para analistas e analisandos – predomina o sistema inconsciente, território do infinito incognoscível e inefável. . . . É somente em nome do método analítico, da disciplina imposta para conseguir observar dentro de um campo no qual estamos inseridos, que deveríamos manter um setting. (pp. 50-51)*

Assim, por meio do jogo de palavras anunciado no título do seu trabalho, o autor reitera a necessidade de ser psicanalista com a disciplina e o método psicanalíticos introjetados, enquanto põe em dúvida a existência de uma psicanálise precisa, acabada – já que isso seria uma forma de saturá-la.

Mas como criar uma psicanálise que é de cada dupla e que ao mesmo tempo mantém o seu rigor e o seu método? Esse é o grande desafio e a grande busca no dia a dia da clínica psicanalítica.

A *observação psicanalítica*

Penso que a observação é talvez o principal instrumento de que o psicanalista pode se valer na busca por essa psicanálise singular e, por outro lado, rigorosa. Relaciono a observação psicanalítica ao método psicanalítico, pois, do meu ponto de vista, ela representa o elemento essencial desse método.

Sobre esse tema, remeto ao artigo "A grade", de Bion (1963/1997), no qual ele afirma:

> *Para que o analista possa observar corretamente, ele deve ser sensível ao maior número possível de fenômenos incluídos nesses tópicos. Quanto mais ele conseguir se aproximar desse ideal, mais próximo ele estará do primeiro princípio da psicanálise – ou, na verdade, de qualquer outra ciência – isto é, a observação correta. O complemento do primeiro princípio é o último princípio – a interpretação correta. Com "primeiro" princípio eu quero dizer não apenas prioridade no tempo, mas prioridade em importância, pois, se um analista conseguir observar corretamente, sempre há*

> *uma esperança; é claro que isso é um grande "se". Sem o último princípio ele não é um analista, mas se ele possuir o primeiro ele pode vir a ser um analista com o tempo; sem o primeiro princípio ele nunca poderá se tornar um analista, e não há conhecimentos teóricos que possam salvá-lo, por maiores que sejam. (p. 11)*

Essa citação tão profunda contém os elementos essenciais do trabalho do psicanalista: a observação, a interpretação, a esperança e a teoria.

Ao longo deste trabalho pretendo privilegiar o tema da observação psicanalítica como fruto das minhas reflexões e inquietações, pois para mim a observação está na base desses outros elementos: sem a observação, o psicanalista não tem o que interpretar, não pode ter esperança, e fica impossibilitado de fazer articulações com a teoria. Assim, a observação representa para mim uma espécie de alicerce sobre o qual se ergue e se constrói a identidade do psicanalista.

Questões como: *o que é a observação psicanalítica? Em que ela consiste, como ela se dá? O que é mesmo que um analista consegue observar?* Essas questões foram se impondo no meu trabalho clínico, e têm me ocupado bastante.

Apresento, a propósito desse tema, uma vinheta clínica.

A analisanda, ao voltar de uma viagem de trabalho, passa a contar suas aventuras sexuais com colegas da empresa. Ao fazê-lo, me transmite um clima de angústia e culpa. Diz ela: "Acho que me meti em outra roubada! E agora, o que eu faço? Como é que vai ser agora, na minha volta?! Eu estou frita! O que eu faço?".

Sinto-me impactada, pressionada a produzir uma resposta e uma resposta rápida, de preferência. Em seguida, lembro que a frase "Como é que eu vou fazer agora na minha volta?" poderia muito bem ser aplicada à volta às sessões de análise após a interrupção provocada pela viagem. Percebo como essa pergunta, feita dentro daquele clima de angústia e culpa, podia estar ligada a nós duas.

Resolvo ficar quieta e aguardar, não respondendo a indagação da analisanda. Após uma pequena pausa em que parece estar tomando coragem, a analisanda "dispara": "Você ainda gosta de mim?"

Sinto aqui novo impacto, vivo mais emoções. Tenho a impressão de que, quando a "analista-equilibrista" encontrou um ponto de apoio, veio um vento forte e tive que sair em busca de novo equilíbrio. Em seguida eu respondo, como quem recebeu uma espécie de "tiro" e sente-se compelida a tomar uma providência: "Gosto. Eu ainda gosto de você!".

Conseguimos na sequência conversar sobre o medo que ela sente de que eu a julgue moralmente, e sobre sua ideia de que eu só iria gostar dela e, portanto, recebê-la de volta à análise se ela "andasse na linha" (*sic*).

Retomando a questão da observação psicanalítica, penso, a partir dessa experiência que acabo de relatar, que não se trata então de observar o mundo físico com seus dados sensoriais. Talvez o que é passível de ser observado é o que o analista vai experimentando, é o que se passa com ele a partir do encontro com o analisando, e as transformações presentes nesse encontro – tanto as transformações do analista como as do analisando.

Assim, o mundo "real" do psicanalista é constituído de outro tipo de realidade, a realidade psíquica. Ansiedade, alegria, tristeza, medo, amor, raiva são alguns aspectos que compõem essa realidade que precisa ser alcançada, intuída.

Ressalto aqui o fato de que ao longo de uma sessão o analista tem que tomar decisões – *sigo por este ou aquele caminho?* Nessa situação clínica que acabo de relatar, eu resolvo conversar mais coloquialmente com a analisanda ao responder sua pergunta e em seguida refletir sobre o significado dela, ao invés de partir para um caminho mais interpretativo.

Parece-me que, quando o analista consegue levar em conta o que está se passando na experiência daquele encontro, lhe é possível observar, levantar hipóteses, pensar. Mas isso só é viável se ele está permeável às emoções e aos impactos que elas provocam. Trata-se do "grande se" ao qual Bion refere-se na citação acima.

Em *Transformações*, Bion (1965) afirma não estar apresentando uma teoria de psicanálise, mas sim uma teoria de *observação* psicanalítica: "A teoria das transformações e seu desenvolvimento não se relacionam ao corpo principal da teoria psicanalítica, mas à prática da *observação* psicanalítica. As teorias psicanalíticas, os enunciados do analista e do paciente são representações de uma experiência emocional" (p. 49).

Anteriormente, em *O aprender com a experiência*, Bion (1962) já havia afirmado que a teoria das funções e da função alfa também não fazem parte da teoria psicanalítica, mas que elas representam ferramentas de trabalho que podem ajudar o analista a diminuir os problemas decorrentes de pensar sobre algo que é desconhecido.

Dessa forma, a teoria de observação psicanalítica no contexto da obra de Bion diz respeito à *realização* na prática de teorias psicanalíticas.

Apresento a seguir material clínico de três analisandos, com o objetivo de ilustrar algumas *realizações* de *observação psicanalítica* na minha experiência clínica.

"Realizações"

Primeiro material clínico

> *Gosto à beça*
> *Esse coração*
> *Na sua cabeça.*
>
> *(Alice Ruiz, 1984)*

Marcos está cerca de cinco minutos atrasado. Ao entrar na sala, me pergunta com ar distraído, enquanto caminha para o divã:

M: Tudo bom?

Tenho a sensação de que a pergunta é apenas uma fala automática que Marcos me dirige. Resolvo não respondê-la.

Observo que Marcos, como de costume, aguarda que eu chegue à minha poltrona para em seguida, enquanto me sento, deitar-se no divã. Mas reparo que, desta vez, enquanto me aguarda de pé ao lado do divã, Marcos olha para mim. Somente aí sinto que ele me vê, que registra a minha presença.

Deitado no divã, Marcos fica em silêncio. Boceja uma primeira vez, ajeita-se no divã. Faz ruídos com o nariz, como se estivesse inspirando e expirando o ar das narinas. Boceja uma segunda vez, limpa a secreção dos olhos com as mãos. Novos ruídos com o nariz. Mexe-se no divã lentamente, como se estivesse sentindo o divã sob a sua coluna.

Eu continuo acompanhando, e Marcos continua em silêncio.

Após alguns minutos, faço uma aproximação verbal:

G: Sono?

M: É. (pausa) Não. Esta articulação (pondo a mão na articulação do maxilar) está... dando atrito.

G: (sem entender o que é que ele está me falando) Você está me dizendo que a sua articulação do maxilar está dando atrito...

M: É. Preciso dar umas alongadas. (diz isso com humor, rindo)

G: Alongadas nas articulações.

M: É.

Marcos fica em silêncio outra vez.

Aguardo um pouco. Depois digo, enquanto fico na dúvida se deveria mesmo falar ou me manter quieta:

G: Parece que você relacionou o sono a essa articulação...

M: É relaxamento. Não é sono.

G: Ah! Eu bem que pensei enquanto acompanhava você: o Marcos está pausando.

Aqui estou me referindo à palavra "pausa" que ele havia usado na sessão anterior para se referir a sua sessão de análise, e à lembrança que me veio dessa expressão enquanto eu o acompanhava.

M: É. (rindo)

Novo silêncio.

Marcos começa a ficar mais quieto. Ouço sua respiração ficando mais profunda e calma. Olho para ele e vejo que está adormecendo. Sua respiração torna-se ainda mais profunda.

Fico quieta. Procuro não me mexer na poltrona, já que isso poderia provocar ruídos e acordar Marcos.

Passo a sentir a quietude da sala, o clima de silêncio e tranquilidade. Sinto-me bem. Começo a pensar: *este homem, que tem uma relação tão tensa consigo próprio, está conseguindo adormecer aqui!*

Vêm à minha mente imagens de Marcos bebê, um bebê dormindo em seu berço. Em seguida me vêm as lembranças que ele trouxe nas suas sessões, da sua infância, e da sua mãe como sendo uma mulher muito tensa.

Estou envolta nesses pensamentos, quando escuto Marcos ressonando. Meu estado de mente começa a mudar, passo a me sentir desconfortável. Aquele som – seu ressonar – me desperta do estado de sonho em que eu me encontrava.

A minha sensação de incômodo aumenta. Passam a vir à minha mente, imagens de Marcos se despindo. Olho para ele deitado no divã e vejo que, pelo contrário, Marcos está bastante vestido: camisa, cachecol, jaqueta de couro, calça, meias, sapatos. Mas as imagens dele se despindo não me largam.

Até que vou me dando conta do quanto Marcos está se desnudando aqui comigo, agora! Percebo que toda esta situação, o dormir, o ressonar, é realmente uma situação de muita intimidade entre nós.

Surge na minha mente então, com o efeito de um letreiro luminoso, a palavra "confiança". Penso: *para que uma pessoa possa adormecer na companhia de outra, é preciso confiança.* Fico em contato com isso.

Marcos continua dormindo. Após algum tempo, eu sou tomada por uma sensação de exclusão. "*Eu estou fora*", penso. E passo a lembrar das experiências que tenho em algumas sessões de Marcos em que ele "vai embora" e eu me sinto falando sozinha. Sinto vontade de acordá-lo.

Imediatamente na sequência, Marcos começa a se mexer no divã, a acordar. Mexe a cabeça para um lado lentamente, depois para o outro lado, mexe as pernas. Levanta a cabeça devagar e olha para os pés, mexe os pés. Parece conferir se os seus pés estão de fato lá.

Em seguida junta as pontas dos dedos das duas mãos sobre o peito. Lembro que esse seu gesto costuma anteceder uma fala. Isso não se confirma, Marcos continua em silêncio.

Resolvo dizer:

G: Parece que você está pensando... No que será que você está pensando?

M: Hum?

(eu repito a pergunta)

M: Eu dormi?

G: Dormiu.

Aqui, depois que respondo, eu sinto que me apressei. Poderia ter lhe perguntado o que ele achava que havia acontecido.

Tentando reparar, pergunto-lhe:

G: O que lhe pareceu?

M: Achei que não tivesse dormido.

G: Parece que eu fiz a função de testemunha do seu adormecer aqui. Para que você viesse a saber disto.

M: É. (rindo)

G: Parece que você deu um mergulho no seu alongamento aqui comigo.

Marcos fica em silêncio, depois diz:

M: Confiança. É confiança.

Falo para mim mesma: eu pensei nisto! E digo a Marcos:

G: Enquanto eu lhe acompanhava também me veio essa palavra!

Digo-lhe isso surpresa com a sintonia existente entre nós dois, lembrando o "letreiro" que surgiu na minha mente com a inscrição da palavra confiança.

Marcos ri.

G: Eu estava pensando aqui que significado será que podemos dar a essa nossa experiência...

M: Exercício de confiança.

Termino a sessão.

Ao sair da sala, já na porta, Marcos me olha firme e agradece.

Reflexões

Penso que o principal a dizer sobre a experiência dessa sessão é que na maior parte do tempo eu talvez não estivesse ocupada em compreender o que estava acontecendo. A partir disso, ao abrir mão dessa necessidade é que me foi possível "observar". Minhas observações então puderam incluir apreensão de experiência emocional e intuição, já que as observações psicanalíticas se deram sobre o que estava acontecendo naquele momento, e não sobre o que já havia acontecido ou sobre o que iria acontecer.

Nesse sentido, a sessão parece um bom exemplo de uma experiência acontecendo, se dando. Existem emoções intensas, das quais pouco se necessita falar. O que o analisando fala não distrai da experiência e eu tento me manter com ele nesse estado emocional. Pouco se sabia e o que se sabia não nos distraiu do que estava acontecendo.

Foi criada uma área comum na qual a analista pôde viver diferentes estados de mente, alguns deles antecipações de falas do analisando: o sonho alfa da analista.

O clima dessa sessão pode ser associado com o espírito do haicai, poema de origem japonesa que é muito curto, dispensando algumas vezes inclusive o verbo. O que está em jogo na prática do haicai é a tentativa de reproduzir de maneira econômica a experiência de vida retratada pelo poema. A brevidade precisa vir por meio da experiência imediata e pessoal da realidade, liberada de estratégias cerebrais ou retóricas (Guttila, 2009). Tal como o "letreiro" com a palavra confiança, que é visual e verbal, sintético e luminoso. Um haicai?

Segundo material clínico (trecho de sessão)

Cláudia, ao entrar na sala, me cumprimenta com um beijo, enquanto anuncia:

C: Marquei a sessão de *laser* para sexta-feira.

G: Sexta feira... amanhã?

C: É. Amanhã.

Diz isso com expressão de surpresa, enquanto senta no divã, de frente para mim, com as costas apoiadas na parede. E continua, enquanto tira a bota e a apoia no chão, ao lado do divã:

C: Aí as pessoas começaram a me perguntar: mas já, Cláudia? Começou esse negócio de, mas já, mas já... Eu fiquei pensando: o que é que eu vou ficar esperando? Eu tenho várias aplicações para fazer e quanto mais cedo eu começar, melhor.

Cláudia começa a falar rápido e se alonga na explicação sobre a duração do tratamento, o telefonema para o médico etc. Tenho a impressão que está ligada numa espécie de "piloto automático". Digo:

G: Sei. E o que será que você está sentindo agora enquanto me conta todas estas coisas?

C: O que é que eu estou sentindo? O que é que eu estou sentindo... (pausa) Acho que estou na linha das novidades, sabe? Eu queria trazer uma novidade pra cá.

G: Então eu preciso lhe contar que não tem cara de novidade o que você traz.

Agora, ao me ouvir, Cláudia começa a tirar suas meias, dobra as pernas, em seguida as abraça. Agora parece estar debruçada sobre si própria. Diz então:

C: Estou cansada, muito cansada. (pausa) Estou com preguiça.

G: Ah, então é isto o que você está experimentando agora.

C: Decidi terminar o meu namoro. Tenho sentido vontade de ficar mais quieta, introspectiva. Eu não estou conseguindo conversar lá.

G: Você está conversando aqui.

C: É. Eu estou tentando ficar com os meus pensamentos, (pausa) com as minhas verdades. (pausa) Isto é novo pra mim. Mas tá difícil.

G: Será que é esta a novidade? Você aqui dando-se conta da dificuldade que é ficar com os seus pensamentos, com as suas verdades.

C: É! Pode ser.

Reflexões

Senti primeiramente que Cláudia estava em outro tempo (não percebeu que sexta-feira já era o dia seguinte), e que nesse seu tempo ela precisava *fazer coisas* tanto fora da sessão como ali no encontro comigo (falar muito e de forma acelerada e conversar comigo me olhando são alguns exemplos disso).

Comecei a tentar que ela fosse se dando conta do que estava sentindo, tentei lembrá-la que havia um encontro acontecendo. E, quando eu discordei dela dizendo que não tinha cara de novidade o que ela trazia, tratava-se de uma intuição minha.

Uma intuição que estava apoiada na observação que eu estava podendo fazer: a captação do seu estado emocional "piloto automático", o qual tinha uma dimensão alucinatória. Ao mesmo tempo, talvez tenha sido uma forma que eu encontrei de comunicar que eu não sabia o que era que estava acontecendo naquele momento, só sabia que não era "novidade".

A partir dessa percepção é que a analisanda pôde voltar-se para si própria e dar nome às emoções que estava experimentando: "cansaço" e "preguiça". Isso evolui mais adiante na sessão para outra percepção, que é a da dificuldade que Claudia sente de estar consigo própria, de sentir seus sentimentos e pensar os seus pensamentos.

A pergunta que faço a Claudia: "O que será que você está sentindo agora enquanto me conta todas essas coisas?", talvez eu tenha feito a mim mesma, de outra forma: "O que será que está acontecendo aqui entre nós duas enquanto tudo isto acontece? Qual é o clima emocional?" Talvez a possibilidade de observar psicanaliticamente e de intuir tenha partido da percepção deste desconhecimento e da investigação que tal percepção propiciou.

Terceiro material clínico

Paulo entra na sala, senta no divã, tira os sapatos lentamente. Deita, ajeita-se no divã, espreguiça. Após alguns minutos, diz devagar:

P: Sabe que eu com esse monte de coisa que tenho que fazer até o final do ano, essa correria toda, eu tenho resolvido tirar umas férias... Como uma coisa deslocada. Nada a ver com as minhas questões...

G: Hum.

P: Hoje acordei... tomei um bom café da manhã... li um pouco de jornal... agora quando saí, vi que tá sol, céu azul, um dia bonito... (o final da frase é acompanhado por um riso e toda sua fala tem um ritmo lento e relaxado).

Começa a surgir na minha mente a imagem de uma ilha.

Após uma pausa, Paulo continua:

P: Andei conversando com a F. (namorada) sobre o final do ano... a gente quer dar uma saída.... Imagine, é como se eu quisesse que chegasse logo o final do ano, como se eu já estivesse lá.

G: Então, se a gente puder deixar essa cronologia "fim de ano", seria o caso de nos perguntarmos: sair do quê?

Neste momento tenho a impressão de que a minha intervenção foi muito na direção do conhecimento da realidade. Sinto uma tensão entre me manter nessa direção ou seguir no terreno em que o analisando está se movendo.

Vem-me outra vez a imagem da ilha. Digo então:

G: Estou sentindo que você foi para uma espécie de ilha.

P: É (rindo). Neste fim de semana eu fui para B. (cidade de praia). Foi muito bom. Ficamos na praia, tinha moqueca de camarão, uma cervejinha...

G: Pois é. A praia da ilha.

P: É. Fiquei andando pela cidade, é bem arborizada, sabe? E pensei: aqui sim é que deve ser bom de se viver! Sossego, verde...

G: Hum, hum.

Aqui lembro que ele chegou atrasado à sessão e que as suas "questões", como ele gosta de dizer, podem ter ficado na parte da sessão que não aconteceu. A parte que está acontecendo é só sossego, praia, férias. Mas tenho a impressão que, de certa forma, ele sabe disso, e que eu não precisaria lhe dizer isso.

Em seguida, parece que, confirmando essa minha hipótese, Paulo diz:

P: É meio uma fuga. Lembra que quando comecei a análise eu às vezes pensava em deixar tudo e ir embora para o Nordeste?

G: Lembro sim.

P: Eu às vezes ainda penso assim. Aquela vez eu recebi um convite mas agora eu mesmo me convido. Invento que vou deixar essa vida tão ocupada que eu levo: trabalho, estudo, namoro, tudo, e que vou embora para o Nordeste viver como os caiçaras. (pausa) São pequenos sonhos que me alimentam.

G: E que você está trazendo para cá, para a sua sessão.

Paulo fica quieto. Ficamos em silêncio alguns minutos.

P: Tá bom aqui.

G: Quase que se ouve o barulho do mar.

P: Quase. (pausa) Agora lembrei da "Canção da Partida", do Caymmi.

Neste momento, começo a tentar lembrar a letra da música. Enquanto isso, ele me pergunta:

P: Você conhece?

G: Acho que sim, estou tentando lembrar...

Paulo começa, então, a cantar a música "Suíte do pescador", de Caymmi: "Minha jangada vai sair pro mar, vou trabalhar meu bem querer, se Deus quiser quando eu voltar do mar, um peixe bom eu vou trazer"...

Continua, agora "falando" a letra: "Meus companheiros também vão voltar e a Deus do céu vamos agradecer".

Neste momento, eu penso: *é uma partida com uma volta, trazendo um peixe*. Mas não lhe digo isso.

P: Quando começo a pensar nestas coisas de mar, me vêm essas músicas, como "Arrastão", da Elis Regina. (rindo) São as trilhas sonoras dos meus sonhos.

G: Elas embalam os seus sonhos.

Encerro a sessão.

Reflexões

Neste material penso que talvez não haja ainda um "peixe", ou um encontro analista-analisando, mas sim todo um clima de preparação e esperança de que uma pescaria será possível.

A sessão foi permeada pelo *sonhar lá fora* e pelo *sonhar aqui dentro* (da sessão). Existe algo que o analisando chama de "deslocado" e que ao mesmo tempo começa a acontecer na sessão. Ao *falar sobre* as suas férias, seus sonhos, suas músicas, ele vai *experimentando* suas férias, seus sonhos e suas músicas.

Eu precisei de um tempo para perceber onde Paulo estava e o que era que estava vivendo ali comigo. Esse momento pareceu um momento de transição entre não observar e passar a observar (ou a perceber).

Depois dessa hesitação inicial, fui tentando privilegiar a experiência emocional presente e fui sublinhando isso para ele. Por exemplo, quando eu lhe disse que ele estava trazendo para a sessão os seus pequenos sonhos, no intuito de chamar sua atenção para o que estava sendo vivido durante a sessão. Ou seja, que ele agora estava sonhando os seus "quase sonhos", ali na sessão. Surgiu o "quase", o "meio uma fuga".

Penso que a ilha que surgiu como imagem na minha mente estava se dando ali, na sessão.

No final da sessão, quando digo ao analisando que as músicas embalam os seus sonhos, faço uma intervenção em que *falo sobre* o que está acontecendo. Ou seja, eu não canto uma música, eu *falo sobre* a função que a música tem para ele naquele momento. E, ao mesmo tempo, essa minha fala mantém o clima de quase sonho que esteve instalado durante a sessão.

Considerações finais

Gostaria de comentar o surgimento na minha mente de imagens oníricas como "letreiro" e "ilha", presentes em dois dos materiais clínicos relatados. Penso que essa ocorrência é algo que está diretamente relacionado ao tema deste trabalho – a observação psicanalítica – na medida em que expressa a qualidade dessas observações.

O surgimento de imagens oníricas na situação analítica, tanto para o analista como para o analisando, tem sido tema de estudo e investigação para diversos autores psicanalíticos, entre os quais destaco Freud e Bion.

Freud demonstrou e manteve seu interesse pelas imagens e cenas visuais dos seus pacientes desde os primórdios da psicanálise. Esse interesse iniciou com o uso da hipnose, passando pelo surgimento do que depois se tornou o método de livre associação, em seguida pela "técnica da concentração" (pressão sobre a testa do paciente), até culminar com o estudo dos sonhos – tanto os seus próprios como os sonhos relatados por seus pacientes –, o que resultou em seu trabalho *A interpretação dos sonhos*.

Bion apresentou em sua obra a noção da existência de um fluxo inconsciente ininterrupto de pensamentos-sonho nas áreas não psicóticas da personalidade. Em *Cogitações* (Bion, 1992), ele usou pela primeira vez o nome "*função alfa*". Esse termo corresponde a uma abstração insaturada usada por Bion para esclarecer a função mental capaz de lidar com as impressões sensoriais que continuamente atingem a psique, transformando-as em elementos alfa e provendo a mente de pensamentos oníricos, como descrevo nas situações clínicas mencionadas.

Esse autor também desenvolveu o conceito de *evolução*, para distinguir de *memória*. Diz Bion (1992): "Tentei fazer a distinção referindo-me a um deles como 'evolução' termo pelo qual designo a experiência em que alguma ideia ou impressão pictórica aparece como um todo na mente, sem ser convidada" (p. 395). Na sessão, "evolução" aparece como algo que evolui do informe e da obscuridade e "partilha com os sonhos a qualidade de estar totalmente presente ou ser inenarrável e subitamente ausente" (p. 393).

Como num paradoxo, evolução está baseada em experiências que não têm um fundamento sensorial, embora seja expressa em termos derivados de experiências sensoriais. Por exemplo, posso pensar que eu "vi" o letreiro e a ilha, no sentido de que eu pude "intuí-las" por meio de uma impressão visual.

Aqui surge a questão de se a observação psicanalítica se dá então, quando é possível ao analista *ver com os olhos da mente*, e não com os olhos da cara.

Neste trabalho penso que estou o tempo todo em busca do desenvolvimento dos "olhos da mente", acreditando que aí resida a essência da identidade psicanalítica.

Referências

Bion, W. R. (1962). *O aprender com a experiência.* Rio de Janeiro: Zahar Editores.

Bion, W. R. (1963/1997). *Taming wild thoughts. The Grid* (Francesca Bion, ed.; Carolina Ventura, trad.). London: Karnac Books.

Bion, W. R. (1965). *Transformações.* Rio de Janeiro: Imago.

Bion, W. R. (1992). *Cogitações.* Rio de Janeiro: Imago.

Frochtengarten, J. (2007). É preciso ser Psicanalista. É preciso? *Revista Brasileira de Psicanálise,* 44(2), 45-53.

Guttila, W. R. (Org.). (2009). *Boa companhia. Haicais.* São Paulo: Companhia das Letras.

Ruiz, A. (1984). *Pelos pelos.* São Paulo: Brasiliense.

16. A *hybris*[1] e a mente do analista – o excesso[2] na sala de análise: manejos técnicos

Rita Andréa Alcântara de Mello, Raquel Andreucci Pereira Gomes

Na Grécia antiga, a concepção da natureza humana era distinta da concepção moderna. Na época e durante séculos, o homem julgava que o universo era regido por um princípio divino e que os deuses o faziam sofrer para ensinarem a não se igualar a eles. A *hybris* corresponderia, pois, à desmedida do homem nas suas ações e no seu desejo de querer se igualar aos deuses, transgredindo o limite entre o humano e o divino e seus próprios limites. Ou seja, a *hybris* era uma afronta aos deuses e, como estes eram temperamentais, tendo características humanas, e estavam inseridos no

---

1 O termo grego *hybris* pode ser traduzido como a desmesura do homem na impetuosidade, arrogância, como também na excelência, na virtuosidade, na busca pela perfeição, na pureza etc.
2 Do latim *excessus*, de *excedere*, "sair, ultrapassar" – é definido no *Oxford Dictionary* como "quantidade de algo que excede o necessário, permitido ou desejável". A noção de quantidade implica um fator quantitativo não redutível à representação. No *Dicionário Aurélio*, é definido como "aquilo que excede ou ultrapassa o permitido, o legal, o normal. Violência, desmando: vive impunemente cometendo excesso. Extremo, acúmulo".

pathos,[3] se vingavam e castigavam os mortais, fazendo-os sofrer. Como consequência, o humano era concebido como um ser trágico, sofredor e mortal. Nicole Loraux (1992), no seu texto "A tragédia grega e o humano", considera que *pathos* ou paixão é também associado à aquisição da aprendizagem por meio da dor. *Pathos* é o sofrimento, como também a experiência, que nos humanos pode ser adquirida com a dor.

Podemos pensar o inconsciente freudiano como uma manifestação do *pathos*, cuja origem está na *violência primordial*. Sob esse vértice, *pathos* (paixão) pode ser lido como uma "experiência interna elaborativa e não passiva, por meio da presença de um outro, o analista, que toque na modulação dos afetos do paciente" (Pastore, 2012). O analista escuta o *pathos* e o resgata, na singularidade de cada paciente, para que este possa tolerar e transformar o seu sofrimento em uma experiência criativa. A experiência vivida e compartilhada na dupla analítica, por meio da transferência e contratransferência, torna possível pensar o que não havia sido pensado, modulando e transformando a *hybris* e a força das paixões humanas em algo suportável, dando vazão à criatividade, permitindo maior amplitude psíquica e desenvolvimento emocional.

Freud (1920/2010), em sua obra *Além do princípio do prazer*, discorreu sobre a existência de uma pulsão que não possuía nenhum tipo de representação, expressando-se pela repetição. A partir do estudo do modelo estrutural da mente, Freud nos apresenta a ideia de uma relação mais próxima entre id e soma; o id como um "caos, um caldeirão cheio de excitações efervescentes" (Freud, 1923-1925/2011).

---

3 *Pathos* é uma palavra grega que significa paixão, excesso, catástrofe, sofrimento (Wikipédia). Os termos gregos *pathos* e *pathein* dão origem ao termo *passio*, do latim – origem da palavra "paixão" no português.

Levando-se em conta que as pulsões estão na raiz da atividade psíquica, pode-se pensar no *excesso* como uma sobrecarga para a mente, vinculada às exigências corporais das pulsões, onde os derivativos desse excesso são reenviados de volta para o inconsciente, pois sua livre expressão impede a organização psíquica.

Perelberg (2003, 2004) propõe que as noções de "excesso" e "vazio" poderiam ser exemplificadas comparando-se dois tipos de configurações narcísicas. O primeiro tipo relaciona-se com a intolerância ao outro desencadeando violência e expulsão. São os casos dos pacientes que vivem por meio de experiências de excesso e inundação; o segundo tipo de pacientes expressa o seu narcisismo com experiências de retraimento. Ambos os tipos de funcionamento podem provocar reações muito diferentes na contratransferência.

Segundo a mesma autora, citada no parágrafo anterior, o primeiro grupo de pacientes são aqueles que, por meio de sonhos, associações, palavras, impressões, inundam a sala de análise. Podemos pensar que o *excesso* ainda não ganha o sentido de representação, e sua repetição denota algo que está em vias de ser representado. A ideia do *excesso* poderá ser compreendida como um transbordamento de excitação que se expressa na maneira de se relacionar com o analista e com os seus objetos internos. Nesse caso, o analista tem a vivência de ser excessivamente incluído no mundo do paciente.

No segundo grupo, a experiência emocional que esses pacientes provocam no analista é caracterizada pelo *"excesso no vazio"*, algo percebido na mente do próprio analista. São pacientes que trazem sonhos ou associações, mas estes não reverberam na mente do analista, fazendo-o sentir uma experiência emocional depressiva, de aridez, de escassez de memória. O analista sente-se excluído do mundo interno do paciente.

Esses dois grupos de pacientes possivelmente têm em comum algo do irrepresentável em seu mundo interno e o analista encontra na contratransferência um meio pelo qual poderá compreendê-los. Dessa forma, o analista tenta auxiliá-los na ressignificação dos seus objetos internos para que possam ser representados – ganhando assim uma dimensão simbólica. Esse é um longo percurso, que demanda capacidade de receptividade e *rêverie* do analista para processar o material não elaborado do paciente (Ogden, 1997a, 1997b; Ferro, 2002; C. Botella & S. Botella, 2005, 2013; Birksted-Breen, 2011, 2014; Perelberg, 2009, 2013).

Segundo Winnicott (1971/1975), é tarefa do analista, por meio de suas interpretações e do manejo da estrutura da análise, proporcionar condições nas quais o paciente possa criar significados pessoais em uma maneira que ele possa vivenciar e brincar com eles. O analista que trabalha com pacientes *borderline* está sempre tentando abrir um espaço entre símbolo e simbolizado, na tentativa de criar um campo (campo potencial) no qual o significado existe, onde se estabeleçam relações entre uma coisa e outra, possibilitando o pensamento e a compreensão. O sujeito, por meio de seu ato de interpretação, circula entre significados e cria relacionamentos entre símbolos. Cada significado pessoal influencia a maneira do sujeito de construir e inter-relacionar seus símbolos que, consequentemente, afeta seus atos subsequentes de interpretação da experiência.

Paciente, analista e o campo analítico – resultado do trabalho conjunto no *aqui agora* da experiência analítica – resultam na criação deste terceiro campo: o *terceiro analítico*, onde se constitui a matriz da capacidade de pensar (Ogden, 1996, pp. 4-5).[4]

---

4 Thomas Ogden (1996) considera o processo analítico como uma experiência dialética entre sujeito e objeto, ressaltando assim a ideia da intersubjetividade. Dessa forma, da inter-relação das subjetividades do analista e do analisando,

Pensamos neste trabalho destacar que os "excessos" de emoções primitivas abruptas e não digeridas do paciente podem gerar na mente do analista e na experiência emocional da dupla analista/paciente uma dolorosa vivência de total desamparo. E que, havendo capacidade de continência da dor do desamparo, o analista, utilizando-se da contratransferência como técnica analítica, pode evitar o *enactment* e o consequente impasse ou interrupção da análise.

Queremos também apontar que mais importante que o conteúdo da narrativa da sessão é o impacto que ela tem no analista. Por meio dos "excessos" que ficam "ecoando" dentro ou fora da mente do paciente, ou do analista ou no campo analítico, as pulsões se mantêm em um fluxo contínuo em busca de representação e, dessa forma, conseguimos nos aproximar de fatos traumáticos que, nomeados, podem auxiliar o paciente na compreensão do seu funcionamento mental. Lembrando que o objetivo não é encontrar fatos ou o princípio de um distúrbio ou trauma; e sim desenvolver com o paciente a capacidade de pensar o seu funcionamento mental como processo contínuo de transformação e movimento.

Por meio do relato dos casos clínicos podemos pensar o *après-coup*[5] apresentando-se em diferentes dimensões de tempo, como

---

se produz o terceiro analítico. O *terceiro analítico* não é apenas uma forma de experiência da qual participam analista e analisando; é ao mesmo tempo uma forma de vivenciar a eu-dade (uma forma de subjetividade), na qual (por meio da qual) analista e analisando se tornam outros (diferente do que foram) até aquele momento. O terceiro analítico geralmente se manifesta por meio de imagens, sensações ou sentimentos produzidos na mente do analista no momento da sessão analítica. O analista capta o terceiro por meio de sua função *rêverie* e verbaliza essa experiência. Desse modo, analista e paciente vivenciam o passado vivo do analisando surgido intersubjetivamente no terceiro analítico, possibilitando, dessa maneira, a elaboração e transformação.

5 *Après-coup*: com relação ao original em alemão, *Nachträglichkeit*, a tradução francesa tem a vantagem, graças ao *coup*, de incluir, assinalar a dimensão es-

uma estrutura geométrica denominada *Fractal*, em que cada imagem[6] contém uma cópia menor de si mesma e a sequência parece repetir-se infinitamente, como a noção freudiana da compulsão à repetição. Nesse artigo, o "excesso" do qual falamos, expresso em cada um dos casos de uma forma diferente, são indicadores de excesso de excitação que não foi plenamente representada.

O presente artigo pretende descrever três casos clínicos e as possíveis abordagens teóricas e manejos técnicos para lidar com pacientes que evocam experiências afetivas de *excesso* no analista – a *hybris* – e que podem, se não trabalhadas, ou inundar a mente do analista em um transbordamento de excitações, ou ser tomado por um *excesso de vazio*, provocando uma experiência de aridez, escassez e desolação nele. Ressaltamos também neste artigo que a análise é o lugar onde *o aqui e agora* torna-se palco que possibilita a ocorrência do *après-coup*; e no qual paciente e analista tornam-se figuras essenciais desse trabalho.

Caso clínico 1

Apresento uma paciente que se utilizava de múltiplas tatuagens como defesa em relação a angústias de fragmentação. As grandes

---

sencial do trauma nesse fenômeno psíquico tão particular (André, 2008).
Coup: literalmente, golpe, soco.
6 Segundo Freud, as imagens se originam de percepções e são repetições delas. De tal maneira que, originalmente, a mera existência da imagem serve como garantia da realidade do que foi imaginado. O contraste entre o que é subjetivo e o que é objetivo não existe desde o princípio. Apenas surge do poder que o pensamento tem de reviver uma coisa que uma vez foi percebida, reproduzindo-a como imagem, sem ser necessário o objeto externo ainda estar presente. Assim, o objetivo primeiro e imediato do processo de teste de realidade não é descobrir o objeto na percepção real correspondente ao imaginado, mas redescobrir tal objeto (Freud, 1923-1925/2011).

e coloridas tatuagens (caveiras, grades, letras, mariposas, arabescos, dragões, flores, desenhos ...) que cobriam grande parte de seu corpo tinham a força de inundar a analista visualmente, ao tocar-lhe do ponto de vista sensorial, algo que não era comunicado verbalmente pela paciente, pois ela falava muito pouco; e, quando se expressava, era de forma descontínua, interrompida.

Karen tinha 30 anos quando começou seu trabalho comigo. Possuía grandes e elaboradas tatuagens cobrindo o seu corpo que permaneciam na minha mente de forma contínua e duradoura. No início da análise, a minha presença como analista no vínculo transferencial parecia funcionar como uma tela ou ponto de coesão, onde eram impressas as projeções das cenas paradoxais tatuadas em seu corpo, como também aspectos diversos de sua mente. Ela, como imagens distintas tatuadas, e eu, como ponto de convergência e coesão, parecíamos duas pessoas debaixo da "mesma pele".

Notava-se certa indiscriminação, adesividade (Meltzer, 1975), não havia espaço entre uma mente e a outra. Eu teria que me afastar transferencialmente em um tempo suficientemente bom para sair dessa pele, construindo uma vida mental própria e ajudando a paciente a construir a dela, permitindo-lhe dar um passo a mais em busca da sua singularidade.

Durante o primeiro ano de análise, Karen me inundava na transferência com intensos sentimentos de angústia e desamparo, os quais foram vividos desde a infância. Karen pareceu vivenciar o enquadre analítico de quatro sessões semanais não só como meu interesse por ela, mas também "um lugar" próprio, onde podia encontrar alguém que a escutasse e compartilhasse a sua dor com ela. Observei ao longo do trabalho que a paciente buscava de uma maneira precária algumas formas de lidar com seu desespero. Entre elas, na adolescência e no início da juventude, cito a adição às drogas, como algo que anestesiava a sua dor. No entanto, não se perdeu nas drogas, porque algo a impulsionava para a vida, para o sentimento de existir, pertencer. Essa busca incessante se fazia notar em vários momentos da sua vida: no grupo do teatro, nos amigos LGBT,[7] no universo dos artistas, nas tatuagens e na escolha da profissão (artes plásticas) e, posteriormente, no próprio processo analítico.

Pensando sobre a experiência emocional que eu vivia com a paciente no início da análise, foi a maneira como ela se *inscreveu ou tatuou* fortemente sua presença na minha mente. Ao término das sessões me observei carregando a imagem de "Karen – tatuagem".

Parecia que Karen trazia em si a dúvida de não ser apreendida pelo outro, sendo a noção de si mesma muito frágil e precária. A ausência de um "eu" que impressiona conferia à tatuagem o papel de fazer esse "eu" mais integrado na pele ou, na minha mente, que a observava, inscrevendo-se como um *imprinting* em meu psiquismo.

Fazendo uma analogia com o processo transferencial, pensei na função de uma tela mental do analista ao dispor-se como suporte psíquico na "contenção" dos excessos de projeções do mundo interno da paciente. A ideia de dar o seu trabalho como presente seria uma forma de representar de uma maneira mais elaborada essa dinâmica, ao tornar-me espectadora de sua produção artística. Na entrevista inicial, era ela quem me "entrevistava" querendo saber se eu a compreenderia, quando se fez notar pelas tatuagens. Agora ela se representava na arte.

No material clínico, ao longo dos três anos de análise, observei o seguinte movimento: suas idas ao tatuador foram diminuindo, conforme foi desenvolvendo em minha companhia, pouco a

---

7 LGBT ou LGBTTT é a sigla de lésbicas, gays, bissexuais, transexuais, transgêneros e travestis, que consiste em diferentes tipos de orientações sexuais; é também utilizada como nome de um movimento que luta pelos direitos dessas pessoas.

pouco, capacidade para verbalizar suas experiências emocionais que coexistiam com a ideia (hipótese) de ser "vista psiquicamente" e de sentir-se mais integrada, através do reflexo do olhar da analista, assim como em sua disponibilidade para contê-la e escutá-la.

Conseguiu concluir a faculdade, participar de cursos, lutar pelo mestrado e planejar trabalhos. Montou um portfólio de trabalhos em vídeo-imagens, reunindo tudo o que havia feito desde a faculdade, e me deu uma cópia de presente.

O vídeo continha uma imagem de uma massa metálica composta por vários fragmentos de cobre que paulatinamente vão desprendendo-se e caindo no solo, terminando por revelar a existência de um corpo que reunia precariamente todos esses pedaços. E, finalmente, observamos que era a própria Karen que se representava nessa obra em movimento.

Penso que minha paciente, por meio de seu trabalho artístico, ilustrado no vídeo, pode demonstrar que a dureza das placas de cobre representava não só a angústia de fragmentação de um *self* frágil e não coeso, que abalava seu sentimento de identidade, como também uma defesa diante do terror de um colapso psíquico (Zimerman, 1998).

A paciente que reproduzia em si mesma, na pele, a não coesão de suas partes fragmentadas ganha espaço simbólico na representação, já não mais no corpo, mas na tela ou na produção artística. O desejo de ser vista em sua singularidade é transferido para a relação obra-espectador, ao criar neste último um impacto e mobilização emocional. Como mencionei anteriormente, a relação transferencial e contratransferencial entra no cenário com algo que possibilitou esse movimento, ao oferecer um espaço para Karen projetar e reintrojetar na relação dinâmica com seu analista aspectos do seu mundo interno.

Penso na paciente como alguém em busca da sua subjetividade, que vai se configurando na relação dinâmica entre ela e outro, ao ser vista e acolhida dentro da mente da analista. Suas tatuagens e a forte impressão sensorial que despertaram na mente da analista pareciam "imagens-sonhos, compondo um pictograma afetivo, metáfora da pressão exercida pelos objetos internos inconscientes sobre sua vida psíquica, com o qual o seu eu está confrontando-se" (Barros, 1997). Essa busca pode estar representada em seu movimento psíquico de criar novos significados, dando continuidade ao seu desenvolvimento, em um processo contínuo da constituição da sua identidade.

A paciente, no decorrer do processo analítico, foi ampliando sua capacidade de continência psíquica, propiciando metabolizar o excesso de angústia. Observou-se concomitante desenvolvimento na capacidade de criar modelos expressivos visuais, de grande beleza, que ganharam dimensão simbólica na medida em que ela evoluía na experiência da dupla analítica. Agora não eram reproduzidos somente na pele, e sim ganharam espaço na tela mental da analista, na parede, nas telas de pintura e na performance artística de vídeo-imagem.

Caso clínico 2

Pedro foi encaminhado como um "caso difícil" – paciente psiquiátrico com fortes e constantes transtornos de humor e com um histórico familiar conturbado. Em suas primeiras entrevistas mostrou um raciocínio rápido e fugaz. Passava rapidamente por ideias, não se aprofundando em nenhuma delas. Nas poucas tentativas de concluir um raciocínio, Pedro, em sua ansiedade, interrompia a linha de pensamento e outra ideia associativa surgia rapidamente. Era muito difícil acompanhá-lo. Pedro era a representação do excesso – excesso de conteúdo, excesso de expressão, excesso de sentimentos e excesso de velocidade nas articulações das ideias.

No meio de suas falas, lembrei-me do conto "O pequeno herói da Holanda" (Bennett, 1995), em que um menino tenta conter o rompimento de um dique colocando o seu dedo indicador em uma rachadura na parede da barragem e, dessa forma, consegue evitar que seu país seja invadido pelo mar. Estava aí a solicitação de Pedro. Um pedido para conter o seu transbordamento; o desejo de um espaço para uma contenção; um acolhimento dos excessos e de sentimentos que Pedro não conseguia nomear, e muito menos vivenciá-los de uma maneira menos aflitiva.

Pedro dava os primeiros sinais do que estava por vir. Em pouco tempo, suas emoções se manifestaram; tornaram-se intensas, impulsivas e muitas vezes violentas, principalmente na descrição de situações em que a rejeição despontava. Nos seus ímpetos, Pedro mostrou-me sua incapacidade de trabalhar a diversidade de forma mais consistente.

Inevitavelmente, o intervalo das sessões tornou-se uma dificuldade. A solução encontrada por ele nos fins de semana – e, por vezes, entre uma sessão e outra – era o envio de longas e inúmeras mensagens por Whatsapp. Mensagens que por vezes recebiam o meu retorno. Foi a maneira que encontramos para me ter perto quando necessitasse compartilhar angústias intoleráveis, que não podiam esperar. Tentar conter seus transbordamentos que ocorriam nos desentendimentos com a mãe, ou com a namorada – mulheres que não o compreendiam e o rejeitavam. Pedro necessitava recuperar a credibilidade no contato, mesmo que fosse virtual, e eu estava disposta a convencê-lo disso.

Aos poucos, fui conhecendo a história de Pedro e compreendendo melhor as dificuldades. Sua mãe engravidou pela primeira vez aos 20 anos. Uma gravidez indesejada que ocasionou um aborto. Dois anos após esse episódio, nasceu Pedro. Outra gravidez também "fora de hora", como é contado a ele.

Passado o período de resguardo, sua mãe abre o um escritório de assessoria em *marketing*, apesar de a família desfrutar um período financeiro muito confortável. Pedro passa a receber os primeiros cuidados de enfermeiras e babás e, por volta dos 3 anos, sua avó materna assume a sua educação.

Segundo Pedro, sua mãe nunca se interessou em estar por perto nas suas conquistas, não lembra de ela ter participado de sua vida escolar, ou muito menos de se preocupar com suas dificuldades nesse percurso – uma atenção que, segundo ele, era "terceirizada".

Durante sua infância, apresentou dificuldades no aprendizado e muito cedo foi diagnosticado com TDAH (transtorno do déficit de atenção/hiperatividade). Mudou várias vezes de colégio, terminando o ensino médio em um supletivo na periferia da cidade. Conseguiu entrar em uma faculdade, mas, no meio do segundo ano, abandonou a graduação.

Pedro me descreve uma mãe que ao mesmo tempo é autoritária, maldosa, centralizadora e sofredora. Características similares à intenção do controle dos que estão em volta, fazendo uso de um jogo de manipulação, em que os sentimentos predominantes são a vaidade e o egocentrismo. Subliminarmente, a mensagem transmitida a ele podia ser definida pela frase: "Para que você seja bem-sucedido, deverá se espelhar em mim". Situação muito difícil de ser alcançada, devido às dificuldades que Pedro apresentava. O sentimento de culpa era mesclado com raiva, pois, além de não corresponder às expectativas, sentia-se responsável pelas inúmeras doenças que a mãe acabou desenvolvendo.

No meio desse trabalho de reaproximação surgem as férias do fim de ano, que, apesar de curtas, ocasionaram sérias turbulências na relação analítica. Pedro teve uma reação muito negativa dias antes do meu afastamento. Desentendeu-se seriamente com a namorada sem motivo aparente, necessitando da intervenção de vizinhos para amenizar a situação. Após a briga, ligou-me no meio da madrugada e, ainda muito perturbado, tentava desesperadamente uma reconciliação. Percebi no seu desespero a angústia de estar vivenciando um duplo abandono, da analista e de sua companheira.

A descontinuidade criada pelo vazio dentro de si durante o período de férias foi sentida como o equivalente da representação materna faltante – a identificação com a mãe morta (Green, 1988a). Um encontro com o vazio que sempre esteve lá e, mesmo que oculto, era incapaz de ser transferido para a linguagem.

Essa lacuna comprometia sua capacidade de pensar e, consequentemente, o levava a um desespero visceral, com uma forte possibilidade de uma ruptura.

Minha função era transformar seus sentimentos indescritíveis e avassaladores – elementos beta – em pensamento. Exercício difícil e desgastante devido à voracidade e agressividade manifestada por sua frustração e incontinência. Nesses momentos, minha mente também se intoxicava pelos introjetos e tentava buscar recursos (em meu psiquismo, em leituras e na supervisão) para dar conta do contato intrusivo e violento, mas muitas vezes me sentia impotente ante tal situação.

A incapacidade de encontrar palavras para elaborar seu estado torturado apontava para um estado de inundação de afeto ocasionado pelo vazio e revelado pelas minhas férias. Em suas tentativas de se defender contra os ataques agressivos, utilizava seu corpo – por meio da automutilação ou pelo surgimento de sintomas psicossomáticos, tentativas desesperadas de encontrar uma representação para a dor e frustração.

As expressões violentas de ódio e destrutividade – manifestadas por meio dos ataques diretos à atuação e a minha mente – eram compreendidas com expressão de desesperança e da presença de um mundo mental precário sob ameaça de constante desintegração.

Com o retorno das sessões, pudemos trabalhar seu medo de retaliação pelos desejos hostis onipotentes, sua revolta manifestada pela imensa agressividade e sua hostilidade em relação a mim; mas a reaproximação não foi um momento fácil para a dupla.

Houve momentos em que também vivenciei sentimentos de grande desamparo. Tive que lidar com fatores que colocavam à prova a minha *rêverie*, ficar atenta à minha sobrevivência emocional e a capacidade de continuar sonhando as vivências emocionais do paciente.

Pedro precisou reviver a experiência primitiva sofrida como desamparo e ameaça de morte para que houvesse um trabalho de figurabilidade e, assim, elaborá-la (C. Botella & S. Botella, 2005). Depois de muitas explosões e demonstrações de insatisfação pela separação, houve uma lenta e gradual reaproximação e Pedro foi percebendo que, apesar da sua agressividade, a relação continuava íntegra.

Seus ataques foram dando lugar ao refletir, falar e experimentar seus desejos de cuidado. Aos poucos, pôde descrever como essa ausência lhe causou tantos transtornos e compreender que, mesmo longe, estávamos em contato. Assim, como o menino do conto "O pequeno herói da Holanda", ele pôde superar o frio, a escuridão e o terror da solidão e, ao ser encontrado, pôde desfrutar uma maior confiança em si e na nova relação. Acredito que foi uma espécie de "renascimento" para ambos; depois de acolher o meu desamparo, reencontrei o meu lugar dentro do trabalho analítico.

Depois desse período tumultuado, Pedro foi repudiando sua imagem desvalorizada e conseguiu estabelecer uma transferência positiva comigo. Sentiu-se mais acolhido e confiante na relação e as interpretações foram tendo um lugar mais privilegiado. As mensagens por Whatsapp definitivamente deram lugar ao diálogo presencial. Efetivamente estávamos colocando em palavras o seu desespero em relação aos objetos ruins – que serviam como defesa contra a consciência desse vazio. Simultaneamente, Pedro foi me separando desses objetos e oferecendo uma alternativa para o seu vazio.

O trabalho analítico segue e ainda se concentra no problema da falta de representação e dos seus vazios, no terror do abandono. Seguimos lentamente, mas Pedro vai sendo capaz de uma maior reflexão sobre suas experiências internas, favorecendo uma maior simbolização e, aos poucos, privilegiando uma conexão entre seus pensamentos e comportamentos

Caso clínico 3

O exemplo clínico do paciente Artur, 21 anos, nos remete a um outro tipo de excesso. O excesso no vazio, no silêncio, no vácuo. Como poderemos pensar sobre o silêncio em que o paciente exclui a presença do analista procurando podá-lo de toda e qualquer tentativa de trabalho, aniquilando sua presença; ou tornando o analista impotente de qualquer intervenção; ou fazendo-o sentir-se intruso e acreditar (de maneira agressiva e arrogante) que não precisa dele, ao dizer que tudo está bem?

Artur vinha frequentando as sessões há dois anos. Apesar da assiduidade na frequência e no pagamento das sessões, na pontualidade e cuidado ao avisar qualquer atraso, sacava propositadamente com ar provocativo o celular, vez ou outra, depois de grandes períodos de silêncio. Parecia mostrar que lhe interessava se comunicar com outras pessoas que não a analista no aqui-agora da sessão; ou ficava passando imagens aleatórias da internet no celular, apenas para preenchimento do espaço. Os pais estavam muito preocupados e foram os primeiros a me procurar antes de iniciar a análise do filho, pois disseram que ele estava muito apático, sem energia, sem motivação para nada. Informaram-me que ele possuía retaguarda psiquiátrica, tomando remédios para dormir, para oscilação de humor, ansiedade e depressão. Disseram que a vida deles era cuidar desse filho e a mãe se culpava enormemente pelo fato de ele ter sofrido *bullying* na escola; achava que por isso ele teria ficado assim, tão retraído e depressivo. O pai parecia preocupado e atento, mas era a mãe quem ocupava o maior espaço dentro da sala, contando em detalhes a vida do filho e seu sofrimento. No final da entrevista, a mãe revelou que a sua maior preocupação era o fato de achar que o seu filho era homossexual. E que ela procurava indícios no tom da voz, nos trejeitos, no olhar. E que qualquer traço ou indício ela procurava apontar ao filho, e estimulá-lo a tomar cuidados, pois poderia até mesmo ser atacado por homofóbicos. Nesse momento, o pai interveio e contou-me sobre o seu extremo preconceito contra homossexuais quando jovem. O pai procurava me assegurar que todos esses acontecimentos com seu filho estavam fazendo-o repensar seus valores; e que estava sendo difícil e doloroso esse processo.

Procurei selecionar um momento e trecho da análise desse paciente que pudesse servir como exemplo clínico do trabalho de figurabilidade e representação pictográfica e de como foi importante o uso dessa técnica como instrumento que favoreceu uma mudança psíquica na mente desse paciente.

Após vários meses de sessão em que a comunicação era quase nula ou monossilábica, a analista pensou algo que lhe surgia à mente quando atendia esse paciente em especial: era uma pequena planta que ao toque se recolhe toda, fechando as folhas. Serviu-se dessa imagem, comunicou ao paciente, dizendo-lhe que muitas vezes não entendia por que sua voz (da analista) lhe soava como algo que pudesse tocar, machucar, e que talvez ele a sentia como invasiva quando lhe perguntava algo ou tentava se comunicar. O paciente virou-se de lado no divã e, com sua fala, extravasando emoção, comentou que foi numa casa de massagem e que o profissional quis abraçá-lo. Disse que ele se desesperou e colocou um limite ao dizer ao massagista que não podia haver afeto entre eles, pois ele tinha pavor do afeto e da emoção. Disse-lhe também que queria sentir somente o toque no seu corpo.

A analista comentou que ele parecia sentir que o corpo fosse lhe proteger de algo ameaçador e perturbador. E que parecia que o massagista lhe auxiliaria a reassegurar sensorialmente que o seu corpo existia. E que talvez ser mobilizado pela voz do analista a entrar em contato com os sentimentos fazia-lhe sentir vulnerável.

Ele escutou, silenciou. E assim silenciou muitas sessões. Apenas contava suas experiências com o massagista, dizendo que não estava sendo suficiente para descobrir sua sexualidade, a potência do seu pênis. Pois algo impedia de se soltar. Até que ele complementou sua observação dizendo: você sabe... andei pensando se o que me travou na sexualidade não foi o *bullying*, e sim o fato de o meu irmão ter feito aquilo comigo, né?

Disse-lhe que era a primeira vez que me falava daquilo e ele de repente se contorceu no divã, assustado, mostrando raiva e intolerância, dizendo que já havia me contado. Respondi que talvez partisse do pressuposto de ter me dito anteriormente, pensando que eu já soubesse dessa dolorosa história, pois de alguma forma tínhamos construído um vínculo de confiança. E que o susto apenas demonstrou seu próprio susto de ter tido acesso a algo traumático. (Posteriormente, passadas algumas sessões, contou-me que o irmão mais velho forçou-o a ter experiências sexuais com ele quando tinha uns 6 ou 7 anos.)

A partir de então paciente e analista iniciaram um novo processo de trabalho analítico, ambos empenhados na construção de um espaço em que experiências emocionais poderiam ser pensadas. A analista pôde comunicar-lhe uma imagem suscitada a partir da experiência evocada no contato com esse paciente, e isso desencadeou todo um processo que gerou uma mudança psíquica dele. O excesso do vazio na mente do paciente tocou sensivelmente no espaço-mente da analista; mas ela pôde transformar esse montante de projeções em algo simbólico (imagem pictográfica) ou em vias de tornar-se simbólico para esse paciente. Por sua vez, este encontrou nesse caminho uma oportunidade para trazer suas experiências emocionais, agora num espaço continente seguro, para serem pensadas e significadas.

Há silêncios que nos falam muito e que extravasam, como nos longos períodos em que o paciente tece associações livres, mesmo sendo pouco compartilhadas com o analista – devido à resistência ao processo analítico. Porém, são outros tipos de silêncio que gostaria de mencionar; são aqueles em que o paciente parece estar mergulhado num espaço branco sem representação (Green, 1988b, 1998, 1999). E parece haver um excesso no vazio, porque, apesar de estarem vivenciando nesse espaço em branco, eles se tornam extremamente presentes na sessão, ao deixarem no analista um *imprinting* no seu psiquismo, apesar de muitas vezes não haver uma palavra ou "falas de preenchimento sem significado". O vazio pode ser pensado como um vácuo regido pela compulsão à repetição, em que o impulso não encontrou representação. Essa ideia nos remete ao artigo de Freud em que ele nos fala sobre a "lacuna na psique" no mecanismo histérico de defesa, o qual "repousa na conversão da excitação em inervação somática; e a vantagem disso é que a ideia incompatível é forçada a sair da consciência do ego" (Freud, 1893-1895/2016, p. 177). Mesmo quando esse mecanismo está operando no funcionamento mental do paciente, o analista está em contato com a sua realidade psíquica. Porém, percebe estar desligado de uma parte inacessível dela, ao notar que suas intervenções são inócuas, desprezadas ou recusadas, pois o paciente as vivencia como intrusivas e persecutórias (Rosenfeld, 1971, 1987/1988).

Nesse caso, esse tipo de paciente fica imerso num espaço sem representação. O papel do passado assume um aspecto mais complexo (C. Botella & S. Botella, 2013, p. 97), pois muitas vezes não conseguimos fazer o paciente recordar o reprimido. Entretanto, se a análise for bem-sucedida, produziremos uma sensação da *reconstrução* que atinge o mesmo resultado terapêutico de uma memória readquirida (Freud, 1937-1939/2018).

Segundo Perelberg (2017), essas ideias representam uma mudança na teoria da técnica da psicanálise, pois sugerem *o conceito de figurabilidade* do analista nesses tipos de casos. Ele não equivale à *rêverie*, e sim a criação de uma "cena substitutiva" evocada pelo analista diante de uma cena que é inalcançável, inacessível e sem memória do paciente. O trabalho de figurabilidade torna-se a representação pictográfica na ausência de representação. "Tem a função de substituir a memória sem recordação e transformá-la em memória substitutiva, possibilitando-a se tornar encobridora" (C. Botella & S. Botella, 2013, p. 119). Nota-se aqui a construção de uma representação que acontece no aqui e agora da sessão analítica, e não a recuperação de um objeto que foi destruído. Pois, segundo Perelberg (2017), o objeto precisa existir antes de ser destruído.

O excesso no vazio, do silêncio cortante, do espaço em branco não representado do paciente, é captado na analista. E a figurabilidade ou representação pictográfica surgida no aqui-agora da sessão seria uma maneira de criar um objeto para que, a partir dele e no *après-coup* do processo analítico, o paciente possa metabolizar o excesso que foi transbordado; e, dessa forma, o excesso poderia ser pensado e compreendido como uma ressonância dos excessos de uma experiência emocional traumática.

Analista e paciente trabalham conjuntamente e a fragmentação de experiências são variações e transformações das experiências traumáticas infantis que puderam ser reunidas e significadas no *après-coup* do espaço analítico (Perelberg, 2017). A imagem geométrica do *fractal* como metáfora – cada imagem contém uma cópia menor de si, parecendo que a figura se repete na sequência infinitamente – remete-nos à noção freudiana de compulsão à repetição e *après-coup* (Chervet, 2009; Perelberg, 2009, 2013, p. 564).

A tarefa do analista, a partir dos casos clínicos citados, é inaugurar o simbólico e o mundo de representações, ampliando assim a continência psíquica do paciente. A *rêverie* e o uso de metáforas por parte do analista com pacientes que possuem dificuldades de representar e simbolizar funciona como um terceiro elemento, ampliando o espaço psíquico e a necessária triangulação para o desenvolvimento da simbolização (Birskted-Breen, 2014).

Referências

André, J. (2008, dezembro). A violência no rosto. O *après-coup* dos traumas precoces. *Rev. Latinoam. Psicopatol. Fundam*, *11*(4).

Barros, E. M. R. (1997). *O pictograma afetivo: das pulsões à arte de criar significados*. São Paulo: SBPSP (apresentado em Encontro Psicanalítico do Interior, 2, Marília, 26-28 set. 1997).

Bennett, W. (1995). *The Little Hero of Holland*. In The Children's Book of virtues. New York: Simon & Schuster.

Birksted-Breen, D. (2011). "Tempo de reverberação", sonho e a capacidade de sonhar. In *Livro Anual de Psicanálise XXV* (pp. 65-78). São Paulo: Escuta.

Birksted-Breen, D. (2014). Dar tempo ao tempo: o tempo da psicanálise. In *Livro anual de Psicanálise XXVIII-2* (pp. 215-229). São Paulo: Escuta.

Botella C., & Botella S. (2005). *Psychic figurability* (New Library of Psychoanalysis). London: Routledge.

Botella C., & Botella S. (2013). Psychic figurability and unrepresented states. In H. B. Levine, D. Scarfone & G. B. Reed (Eds.), *Unrepresented states and the construction of meaning* (pp. 95-121). London: Karnac Books.

Chervet, B. (2009). L'après-coup. La tentative d'inscrire ce qui tend à disparaitre. *Rev. Fr. Psychanal.*, *73*, 1361-1441.

Ferro, N. (2002). Superego transformations through the analyst's capacity for reverie. *Psychoanal. Q.*, *71*, 477-501.

Freud, S. (1893-1895/2016). *Estudos sobre a histeria* (L. Barreto, trad.). São Paulo: Companhia das Letras.

Freud, S. (1920/2010). *Além do princípio do prazer* (P. C. de Souza, trad.). São Paulo: Companhia das Letras.

Freud, S. (1923-1925/2011). *O ego e o id* (P. C. de Souza, trad.). São Paulo: Companhia da Letras.

Freud, S. (1937-1939/2018). *Moisés e o monoteísmo, compêndio de psicanálise e outros textos* (P. C. de Souza, trad.). São Paulo: Companhia das Letras.

Green, A. (1988a). A mãe morta. In *Sobre a loucura pessoal* (pp. 148-177). Rio de Janeiro: Imago.

Green, A. (1988b). *Narcisismo de vida, narcisismo de morte.* São Paulo: Escuta.

Green, A. (1998). The primordial mind and the work of the negative. *Int. J. Psychoanal.*, 79, 649-665.

Green, A. (1999). *The work of the negative.* London: Free Association Books.

Loraux, N. (1992). A tragédia grega e o humano. In A. Novaes (Org.), *Ética* (p. 27). São Paulo: Companhia das Letras

Meltzer, D. (1975). Adhesive identification. *Contemporary Psychoanalysis*, 11(3), 289-310.

Ogden, T. (1996). *Os sujeitos da psicanálise.* São Paulo: Casa do Psicólogo.

Ogden, T. (1997a). Reverie and metaphor: some thoughts on how I work as a psychoanalyst. *Int J. Psychoanal.*, 78, 719-732.

Ogden, T. (1997b). On holding and containing, being and reaming. *Int. J. Psychoanal.*, 85, 1349-1364.

Pastore, J. (2012). É possível uma existência sem excesso? *Revista IDE*, 35(55), 43-58.

Perelberg, R. J. (2003). Full and empty spaces in the analytic process. *Int. J. Psychoanal.*, 84, 579-592.

Perelberg, R. J. (2004). Narcissistic configurations: violence and its absence in treatment. *Int. J. Psychoanal.*, 85, 1065-1079.

Perelberg, R. J. (2009). Après-coup dynamique: implications pour une théorie de la clinique. *Revue Française de Psychanalyse, 73*, 1583-1589.

Perelberg, R. J. (2013). Paternal function and thirdness in psychoanalysis and legend: Has the future been foretold? *Psychoanal. Q., 82*(3), 557-585.

Perelberg, R. J. (2017). *Sobre o excesso, trauma e desamparo.* Livro Anual de Psicanálise XXXI-2, 271-294

Rosenfeld, H. (1971). A clinical approach to the psychoanalytic theory of life and death instincts. *Int. J. Psychoanal., 52*, 169-178.

Rosenfeld. H. (1987/1988). *Impasse e interpretação.* Rio de Janeiro: Imago.

Zimerman, D. E. (1988). A face narcisista da homossexualidade: implicações na técnica. In R. B. Graña (Org.), *Homossexualidade: formulações atuais* (pp. 173-195). Porto Alegre: Artes Médicas.

Winnicott, D. W. (1971/1975). *O brincar e a realidade.* Rio de Janeiro: Imago.

17. Uma experiência de des-amparo: *rêverie* com continência como possibilidade de des-construção da realidade

Walkiria Nunez Paulo dos Santos, Ivan Morão

Introdução (por Walkiria Nunez Paulo dos Santos)

Este artigo foi inspirado no "encontro" entre dois colegas e membros da Sociedade Brasileira de Psicanálise de São Paulo (os quais são os autores) que, fazendo parte do mesmo grupo de estudos de Bion, conversam sobre psicanálise. Em uma dessas conversas a autora menciona que coordena um grupo na SBPSP em que abordam o tema do "Des-Amparo e a Mente do Analista", e convida o colega a participar das reuniões. Na primeira reunião em que Ivan participa, quando a palavra é "aberta" aos participantes do grupo, ele fala sobre um atendimento que fez a uma paciente, como médico psiquiatra de um hospital geral. Sua conduta, na exposição do caso clínico, chama a atenção dos participantes do grupo, por sua escuta sensível à paciente e, principalmente, pela mudança no quadro clínico. Parece-nos que a *rêverie* do médico psiquiatra, apesar de ter sido "apenas" em um atendimento, proporcionou contenção e metabolização de material indigesto que ocorria na paciente. Podemos hipotetizar que uma transformação aconteceu, pois os sintomas físicos usados como defesas possivelmente encobriam vivências terroríficas, vivências de desamparo. Pensamos que, para essa transformação ter acontecido, tanto a paciente quanto o médico psiquiatra se dispuseram a enfrentar o desconhecido, juntos, e a des-construção da realidade foi suportada/contida.

Após essa reunião teórica-clínica, a autora recebe o convite do colega para escreverem um trabalho juntos. Motivada pelo estímulo clínico, e pela associação que imediatamente faz em relação ao trabalho de Freud (1926[1925]/1976), sobre a formação dos sintomas devido à angústia, trauma e desamparo, ela aceita e se interessa em sonhar a experiência que envolveu a dupla naquele "campo analítico" de hospital.

A primeira ideia que vem à sua mente é: como chamaríamos a paciente? Qual nome nos aproximaria mais de suas dores, seus traumatismos? Surpresos, percebem que o nome Sarah foi sintônico aos dois autores.

Uma experiência de des-amparo (por Ivan Morão)

Sarah, mulher de 32 anos, deu entrada no pronto-socorro de um hospital particular localizado num bairro de classe média alta da cidade de São Paulo, com dor súbita na região abdominal. Após exame físico e de imagem foi diagnosticada apendicite aguda e, imediatamente, encaminhada ao centro cirúrgico para ser submetida a uma apendicectomia por videolaparoscopia. Procedimento realizado com sucesso e com boa evolução pós-cirúrgica, o que permitiu à equipe cirúrgica prever sua alta hospitalar no dia seguinte. Embora não tenha havido febre, dores, mau funcionamento gastrointestinal, má cicatrização das incisões, um inesperado sintoma surgiu: uma rotação rígida dos globos oculares para cima, cuja incapacidade para movê-los trazia intenso desconforto à paciente. Passou a temer pelo seu enlouquecimento, por perceber não controlar seu corpo, desconhecer o que se passava com ela, tornando-se chorosa, inapetente e insone, tendo sua atenção voltada exclusivamente a esse sintoma.

Assim, sua prevista alta hospitalar foi suspensa pelo cirurgião ao se deparar com o inesperado sintoma. Por não compreender seu surgimento, acreditando ser alguma sequela anestésica, chamou o anestesista, que também desconhecia qualquer decorrência de seus procedimentos. O próximo passo foi agendar uma avaliação do oftalmologista, que também não constatou nenhuma alteração ocular que explicasse aquele sintoma.

Em seguida Sarah foi submetida, a pedido do neurologista, a ressonância magnética do cérebro, exame de líquor e reflexos neurológicos, mas sem alteração nos resultados. Foi também examinada a seguir pelo clínico geral, que, após os resultados dos exames, constatou que não houve nenhuma alteração.

Perante a inclusão de todas as investigações, a equipe do hospital sugere uma avaliação psiquiátrica da paciente. Nesse momento a duração da sua internação, que fora prevista para dois dias, já se estendia em uma semana.

Atendimento "psiquiátrico": encontro a paciente na companhia da irmã e do marido, chorosa, abatida, mas receptiva à minha presença. Estando com a paciente, noto-a fixada na sua dificuldade para controlar o movimento dos seus olhos. Teme estar enlouquecendo e o seu choro fácil é a sua expressão mais evidente. Solicitada por minhas perguntas, vai me informando que é a caçula de três filhas, a irmã presente é a mais velha com quem tem bom relacionamento, está casada há três anos e feliz, com o homem que se encontrava ali; sua saúde é boa, não tem tratado de nenhuma doença, apenas fizera anteriormente uma cirurgia, programada, com fins estéticos, das mamas, por isso o não entender por que está lhe ocorrendo essa alteração. Tem curso superior na área de exatas e é muito dedicada e satisfeita com seu trabalho já há alguns anos; é mãe de um menino de 3 anos. Não tem a menor ideia de por que desenvolveu tal sintoma e se alarma ao recordar que viera ao pronto-socorro apenas com dor de barriga (*sic*) supondo que voltaria para a sua casa em seguida. E já se passara uma semana!

Comentários: pelos elementos colhidos na entrevista com a paciente, não tive nenhuma ideia. Resolvo, então, deixar de lado a procura de uma explicação, de uma causalidade com o que se apresentava. O que se apresentava e era acessível não oferecia um "sentido", nem com as informações da paciente, nem com todos os exames realizados. Assim, proponho à paciente que conversássemos livremente, tentando deixar de lado, por um momento, o que a afligia, ou seja, permitir que a "associação livre" de ideias nos ancorasse. Poderia falar de seus interesses, do que gosta, por exemplo.

Sarah passa a falar do trabalho, que é a pessoa de confiança de um conhecido empresário e, no entanto, o trabalho lhe consome muito do seu tempo; por esse motivo seu casamento tem suportado suas eventuais ausências decorrentes, embora faça o que gosta. Adora ser mãe e seu filho é um sonho realizado; também mantém um bom relacionamento com as irmãs. Seu querido pai faleceu há três anos, quando estava no sexto mês de gestação, e o fato de ele não ter conhecido o neto a deixou muito infeliz, por ser o primeiro neto e homem, como o seu pai tanto queria. Ser a predileta do pai e receber dele muitos privilégios tornou a relação com sua mãe muito difícil e cheia de hostilidades. Tinha o pai como seu porto seguro, a quem sempre recorria diante de suas dificuldades e era atendida. Apesar de ser seu pai ciumento e controlador, seu marido conseguiu conquistar-lhe a confiança a ponto de se tornarem bons amigos.

Vinheta clínica

Psiquiatra: suponho que seu pai tenha morrido jovem.

Sarah: Sim, foi uma morte inesperada, ele era uma pessoa muito ativa, o suporte da família, cuidava de tudo e de todos, embora eu percebesse sua preferência por mim; era com quem eu contava nas minhas dificuldades. Após seis meses de doença ele morreu por um câncer no intestino. Nesse tempo fiquei muito próxima e acreditava que ele iria conhecer o seu netinho. Sua morte enfraqueceu nossa família, houve uma queda no nosso padrão de vida.

Psiquiatra: Você me disse que veio ao hospital por uma dor de barriga esperando que não fosse nada grave e que pudesse voltar logo para casa.

Sarah: Sim, eu nem queria vir. Meu marido foi quem quis me trazer.

Psiquiatra: A notícia de que teria que ser submetida a uma cirurgia de urgência deve, então, tê-la surpreendido e deixado com medo.

Sarah: Sim. Fiquei apavorada e comecei a chorar desesperadamente.

Psiquiatra: Embora estivesse num hospital, sendo prontamente assistida pelos médicos, sentiu-se ameaçada. Haveria algo mais que pudesse te acalmar?

Sarah: Sim! Meu pai! Na hora eu pensei que se ele estivesse vivo, ele estaria comigo naquele momento e isso me daria segurança.

Psiquiatra: Penso que essa situação de risco, pelo seu inesperado e pelas formas com que você costuma enfrentá-la, a fez se sentir como uma criança abandonada.

Sarah: É verdade, me senti sem forças e com muito medo, achando que eu iria morrer.

Psiquiatra: E, como uma criança abandonada, pôs-se a procurar o pai. As crianças acreditam que as pessoas vão para o céu quando morrem, e é o lugar no qual você acredita que esteja seu pai. Olhar para cima, para o céu, é a forma que você criou para encontrá-lo. Como ele não aparece, desespera-se, chora.

Comentário: percebo em Sarah seu semblante pacificado, e noto que seus olhos voltam ao normal.

Sarah: Tantos médicos me examinaram e só você me entendeu. Posso te dar um abraço?

Comentários: Sarah me dá um delicado abraço. Naquele momento havia encontrado um pai que pôde dar-lhe continência, presença?

A sua alta hospitalar veio logo em seguida, com as recomendações de procurar um psicanalista, algo que antes não lhe ocorrera.

Pensando sobre Sarah, depois de um único atendimento, percebo que minha contratransferência me guiou, além do instante do nosso contato inicial, no momento em que, depois de descrever de modo um tanto formal os eventos de sua vida, passa a se referir ao pai com expressiva vivência de dor, de tristeza: intuitivamente, penso que estabeleci uma aproximação com sua dor atual e a conexão, sua simbolização, tornou-se possível. Verbalizando e parecendo-me que "sofrendo" sua dor, por meio das associações e do clima emocional do atendimento, o sintoma físico foi desfeito e a emoção toma sua forma.

Sonhando a experiência sobre a dupla (por Walkiria Nunez Paulo dos Santos)

Grande desafio, publicar um artigo sobre uma experiência clínica que não exatamente a própria, e sim fazer comentários sobre o que o estímulo clínico nos fez sonhar, onde nos levou a "caminhar"!

A experiência da dupla, psiquiatra e Sarah, lembrou-me os atendimentos de minha clínica desde 1999 com pacientes psicossomáticos e mesmo os que somatizavam durante suas análises. Pacientes com problemas intestinais crônicos – doença de Crohn e retocolite ulcerativa inespecífica, que repetiam na relação transferencial dores profundas não nomeadas e não reconhecidas por eles, que se apresentavam como elementos *beta*, como acúmulo de tensão sendo descarregados no órgão somático (Nunez, 2008).

No entanto, jamais saberemos o que exatamente aconteceu naquele atendimento, a coisa-em-si, O; podemos apenas sonhar a experiência emocional da dupla.

Está claro que os autores também se desnudam na publicação de um trabalho analítico, mas o compartilhamento com o "leitor" alimenta-nos e contribui para o enriquecimento contínuo da psicanálise.

Após o nome escolhido pelos autores – Sarah[1] –, eu procuro seu significado e me interesso pela descoberta.

Segundo a Torá, palavras e nomes não são dados ao acaso: Sarah Imeinu, ou "Sara nossa Mãe, nossa Matriarca", era conhecida como alguém para emular, "alguém para olhar para cima", alguém para respeitar e honrar. Mas quem era essa mulher realmente? Quais eram seus valores e crenças? De onde ela veio? Todas essas respostas são encontradas nas páginas da Torá e são discutidas entre os sábios do Talmude, comentaristas bíblicos e místicos através das eras.

Sarah teve de fato três nomes em sua vida. Sempre que mudou seu nome, era simbólico de um refinamento espiritual maior. Seu primeiro nome, "Yiscah", literalmente significa "ver". Dois atributos no Talmude eram dirigidos a ela, envolvendo a visão: 1) que nasceu abençoada com inspiração divina, possuindo uma visão espiritual de como percebia o mundo; 2) que era extremamente bela de se ver e, portanto, como o mundo a percebia. Quando passa à adolescência, ela mesma muda seu nome, uma vez que ela compreende a "Tziniút", modéstia e recato, passando a não mais permitir ser olhada pelos outros, escolhendo seu segundo nome, "Sarai". Sarai significa princesa: ela deixa de ser vista pelos outros e adquire uma qualidade mais privada e elevada da realeza (início de uma linha da aristocracia – a nação de Israel). Quando atinge a idade de 90 anos, D'us muda seu nome para "Sarah", que é, em essência, uma aliança dada por ele, representativa da ideia de que só então ele achou conveniente dar-lhe um filho, garantindo a realeza de Sarah.

Na história descritiva de Sarah, o psiquiatra nos relata enfaticamente sobre o "Três" (caçula de três filhas; três anos casada; três

---

[1] Pesquisa realizada no Portal Judaico: http://portaljudaico.com.br/.

anos desde que o pai faleceu; o filho com 3 anos). A Sarah da Torá tem três nomes.

Lembro-me de Bion em *Transformações*, quando fala que uma disciplina só pode ser considerada científica quando se torna matematizada e se utiliza da descrição de Meister Eckhart, sobre a transição a partir da divindade de trevas e desprovida de forma para a Trindade "cognoscível" – introdução do número três. Sarah necessitava nomear seus afetos. "O nomear produz ordem e provê algo sobre o qual o mundo pode se assentar" (Britton, 1998/2003, p. 87).

Em Nunez (2008), podemos ler:

> Freud, em seu ensaio de 1910, "A Concepção Psicanalítica da Perturbação Psicogênica da Visão", levantou a ideia da possibilidade de um órgão estar forçado a servir a dois senhores; é esse conflito que dá significado a um sintoma orgânico (forças contraditórias podem entrar em conflito em um único local somático). Freud fala da importância do sexual, consequentemente do corpo, na constituição do psíquico. (p. 219)

Sarah apresenta um conflito, manifestado nas somatizações. Chama nossa atenção e podemos pensar na relação de sua gravidez com a doença – câncer – do pai e morte (seis meses). Esse fato é bastante evidente e, hipotetizando, pode ter levado Sarah a um grande sentimento de desamparo; necessitava entrar em contato com a angústia-trauma-desamparo, paradoxalmente temia e evadia-se do contato, ou até mesmo adoecer, identificada com o pai amado (dor na barriga) por meio da apendicectomia, repetindo suas "dores".

Não sabemos o que desencadeou o sintoma (dor de barriga) antes da hospitalização, mas ir ao pronto-socorro por uma dor de barriga e ao chegar ter anunciada uma cirurgia de urgência provavelmente trouxe à paciente uma exigência de conter uma sobrecarga emocional da qual não foi capaz, uma vez que foi tomada pela sua fragilidade, com a qual viveu a ameaça, o perigo.

Parece-nos que Sarah precisava permanecer no hospital, à espera de algo que pudesse atendê-la em suas verdadeiras necessidades. Talvez a mudança de sintoma significasse que um traumatismo se "repetia", e que Sarah buscava elaborar.

Penso que a experiência emocional da dupla, paciente-psiquiatra, envolveu uma situação triangular; parte da mente do analista foi capaz de observar, olhar e escutar o interjogo de sentimentos da paciente e de si próprio. Podemos supor um momento de realização da situação edípica, no sentido que Bion parece-me dar sobre o complexo de Édipo, em que o que está implícito é a questão da verdade. Sarah, por meio da relação continente-contido, pôde entrar em contato com suas emoções, material indigesto.

Por que pensa o psiquiatra que Sarah procurava o Pai que está no céu? Que elementos ele intuiu para "escolher" ir por aquele caminho? Sabemos que é o analista que toma essa decisão, do vértice que seguirá, sabemos que em parte a escolha está determinada pela personalidade do analista, embora a partir do que traz o paciente, ou seja, o primordial é seguir os elementos que o próprio paciente arrebatou do seu próprio "infinito vazio e sem forma" (Bion, 1965/2004).

Quando o psiquiatra diz:

> *Pelos elementos colhidos com a entrevista com a paciente, não tive nenhuma ideia. Resolvo, então, deixar*

de lado a procura de uma explicação, de uma casualidade com o que se apresentava.

... Assim, proponho à paciente que conversemos livremente, tentando deixar de lado, por um momento, o que a afligia. Poderia falar de seus interesses, do que gosta, por exemplo.

Parece-me que se assemelha ao que Bion (1965/2004) propôs: "não conhecer para abrir espaço a uma pré-concepção que vai iluminar um problema que excita minha curiosidade" (p. 63).

Outro aspecto interessante no atendimento é que o psiquiatra, com função analítica, se dispôs transferencialmente a *ser* o pai que Sarah precisava naquele momento. Não só o pai interno "objeto humano", mas o pai que dá significado, que propõe nomeação dos afetos – triangulação. Tanto Freud (1911/1969) quanto Bion (1962) pensam a *Consciência* como órgão sensorial receptivo a qualidades psíquicas. Penso então que, a partir dessa captação da Consciência, a experiência emocional da dupla evoluiu para a *language of achievement* (Bion, 1962).

Em *Attention and interpretation*, Bion (1970) desenvolve mais profundamente esse conceito e diz:

> Portanto, a Language of Achievement, se for empregada para esclarecer a verdade, deve ser reconhecida como derivando não apenas de experiência sensorial, mas de impulsos e disposições longe daqueles comumente associados com discussão científica. Freud, como outros antes dele, sentiu a necessidade de isolar-se – insular-se do grupo de trabalho. Isso significaria

nos insularmos contra o próprio material que deveríamos estudar. (p. 3)

Isso nos remete ao analista com "visão binocular", que leva em conta tanto a experiência sensorial – a observação, que Bion privilegia – quanto à experiência não sensorial.

Não me ative exatamente à interpretação dada pelo psiquiatra, mas ao clima emocional da dupla quando a "interpretação" é captada e sentida por Sarah.

Bion[2] diz: "Na teoria, você pode ser o que quiser em todos esses livros analíticos. Mas, na prática, temos de ter um tipo de *feeling* em relação àquilo que o paciente é capaz de suportar".

Refletindo, parece-nos que Sarah necessitava acolher seu sentimento de desamparo, entrando em contato com sua realidade. Não sabemos o que ocorreu com ela após sua alta do hospital, mas, se ela não conseguir fazer os lutos que a própria maturidade psíquica requer, é possível que retorne às defesas somáticas e apareça novamente o quadro de doença depressiva clínica (melancolia). Lembramos que foi sugerido a ela que procurasse um psicanalista.

Discussão pelos dois autores

Por meio da dor, Sarah queria comunicar algo, precisava de um objeto humano com *rêverie* que a ajudasse a metabolizar e conter sua dor, alguém com quem ela poderia falar da dor, ou melhor, falar sobre sua dor.

Toda a investigação clínica já feita até então é deixada de lado e a abordagem é modificada: há a necessidade de "escuta" e de

---

2 Supervisão número S1 de Bion (1973-1974).

"olhar" a paciente, que apresenta o sintoma como linguagem não verbal.

Um fator de importância é não abordar o sintoma, a dor física, isoladamente, mas sempre referido a uma pessoa com uma história de vida, e que se inclua o sintoma na expressão do paciente, da maneira como ele interage, das referências e modulações da emoção e, por fim, da sua habilidade ou não de associar e simbolizar.

A expressão da dor de Sarah sugeria algo fundamentalmente emocional. E como isso é captado? Por meio da contratransferência. A dor não comunicava apenas dor física, mas uma dor psíquica, e isso é empático ao analista, tornando-se, então, participante da "comunicação" que o paciente está sendo capaz de transmitir. Regina Pally (2000) afirma: "As emoções conectam não apenas mente e corpo do indivíduo, mas também mentes e corpos *entre* indivíduos" (p. 181).

Na dor física, dor de órgão, o sintoma é a "dor", a coisa como um ser, sem metáforas, não há simbolização, é o corpo fisiológico, e não o corpo pulsional, que a manifesta, podendo gerar traumas pela sua intensidade. Em Sarah, o sintoma falava pelo "outro", somatizava, pois se encontrava em conflito: pela necessidade de entrar em contato com seu desamparo, ao mesmo tempo pela necessidade de evadir-se de sua realidade, *causado pelo terror do contato*. Como na cantiga popular, "é o perfume do invisível" que o analista, com sua capacidade negativa, *capacidade para tolerar a incerteza, o não saber* (Keats, 1817), será capaz de sentir e perceber os sofrimentos psíquicos comunicados pelas dores corporais. Podemos também hipotetizar que Sarah não se enquadra no tipo de paciente com pouca expressividade afetiva, pobreza de fantasiar e uma concretude de pensamento, característica do pensamento operatório (pacientes psicossomáticos). No entanto, podemos admitir que ela permaneceu por um período nesse estado, talvez até induzida pela abordagem médica que, da forma como fora proposta, impedia qualquer processo mais criativo seu.

Foi no *setting* daquele atendimento que condições foram criadas para que Sarah alcançasse um espaço para representar simbolicamente o conflito psíquico, deixando de investir sua energia psíquica "no corpo".

Freud (1914/1976) demonstra os efeitos da dor corporal na dinâmica psíquica quando avalia a influência da doença orgânica sobre a distribuição da libido: "Enquanto sofre, deixa de amar, isto é, retira suas catexias libidinais de volta para seu próprio ego e as põe novamente para fora quando se recupera" (p. 98). Em seu texto sobre o narcisismo, ele fala da regressão da libido narcísica sobre o eu "para se curar". Costuma-se propor que os sentimentos de quem ama sejam suprimidos e substituídos por indiferença afetiva (ao objeto). No caso de somatização, retira-se todo investimento do objeto, porque se está precisando dele no interior, para a própria "cura". Sarah não sai do hospital enquanto não consegue ser atendida psiquicamente.

Quando Sarah experiencia um "encontro" com o psiquiatra e encontra uma mente que lhe dá continência, ela se vincula, ela se "cura do sintoma" por poder entrar em contato com sua dor.

O que conjecturamos é que a retirada do investimento libidinal, além de investir o ego promovendo uma acentuação narcísica, com a retirada do investimento libidinal do objeto, promove uma "vivência" de perda, de *desamparo*, daí a presença tão comum, em quem sofre, de sentir-se apiedado, objeto de pena (melancolia). A regressão narcísica tem como contrapartida a perda do objeto, o "não luto". Por isso é tão difícil se aproximar de quem está sofrendo, pois confunde o estado de abandono: não foi ele quem se retirou do objeto, mas o objeto que o desamparou, daí o incremento da defesa pela onipotência.

O desamparo irá se repetir quantas vezes for necessário, até que a pessoa evolua para uma condição de entrar em contato consigo, metabolizando-o, passando assim a experienciar o des-amparo.

Quando o desamparo permanece, constrói-se uma fantasia de modelo corporal, com concretude da realidade psíquica; onipotente, fazendo o indivíduo acreditar num mundo criado à imagem de suas crenças internas; diante da frustração, gratifica-se (no sentido de descargas) como compensação.

Dependendo do grau de comprometimento (psicossomatizações), há o ódio à realidade, e o indivíduo se manifesta fechando-se a qualquer ajuda.

Marilia Aisenstein (2006) pontua:

> *Em pacientes borderline clássicos a tendência é querer controlar e dominar o objeto, alguns pacientes tomam a via da negação. Isso quer dizer que em vez de controlá-los, afirmam que ele não existe – o objeto não existe. Nesses pacientes, a crise somática tem o mesmo valor de um acting in ou de um acting out e na maior parte das vezes o corpo é tratado de forma muito particular, como se fosse uma terra estrangeira. A via somática é ligada a recusa do que o sujeito sente, e mesmo às vezes, a uma relação de ódio. É uma hipótese um pouco arriscada dizer que o corpo deles, pacientes borderline, lembra o objeto, porque o corpo, no fundo, é o primeiro lugar em que se imprimem as marcas do primeiro objeto. E assim como há uma luta de morte com o objeto também há uma luta de morte com o corpo. (p. 145)*

Seguindo os autores da Escola Psicossomática de Paris, esse desinvestimento do objeto pode levar a um funcionamento operatório e incapacidade de pensar que, como defesa, afasta o objeto. No caso de Sarah, ela parece se negar a deixar o objeto, o pai é alucinado.

Comentários finais

Sabemos que pela simples dor de barriga Sarah sequer teria ido ao pronto-socorro, não fosse pelo empenho de seu marido. Porém, o insuspeitado diagnóstico de apendicite, com a imediata indicação de cirurgia, trouxe-lhe sentimentos insuportáveis que a conduziram a uma vivência de desamparo.

Pelo inesperado surgimento de outro sintoma, a rotação dos globos oculares, conjecturamos que ela necessitava entrar em contato com o que estava lhe causando angústia, e o que a ameaçava, reagindo à sensação de perigo e desamparo, por meio do "novo" sintoma. Sarah vivencia desamparo psíquico e desamparo físico (Freud, 1926[1925]/1976, p. 191).

> *Denominemos uma situação de desamparo dessa espécie, que ele realmente tenha experimentado, de situação traumática.... Seguindo essa sequência, ansiedade – perigo – desamparo (trauma), podemos agora resumir o que se disse. Uma situação de perigo é uma situação reconhecida, lembrada e esperada de desamparo. A ansiedade é a reação original ao desamparo no trauma, sendo reproduzida depois da situação de perigo como um sinal de busca de ajuda. (p. 192)*

Para finalizar, a partir das proposições da Escola Psicossomática de Paris, poderíamos dividir na sua temporalidade as somatizações em breves e crônicas. Tais fenômenos são conceituados como regressões somáticas, resultado de antigas feridas narcísicas geradoras de desarranjos do funcionamento mental. É o excesso, o desafio diante de uma ameaça (de contato com a realidade), com sua intensidade e peculiaridade, que colocam Sarah diante do desesperador sentimento de impotência.

Considerando ter sido possível estar diante de uma somatização breve, propomos que o acolhimento tenha dado contenção à paciente e tornado possível a ela experienciar psiquicamente sofrer sua dor por meio de seus sentimentos e, com isso, o sintoma físico pôde ser desfeito – no caso de Sarah, uma somatização aguda, tornando-a apta a "enxergar" normalmente (des-construção de sua realidade).

Referências

Aisenstein, M. (2006, novembro). O antipensamento e a psicossomática. *Revista IDE, 29*(43), 142-145.

Bion, W. (1962). Uma teoria do pensar. In *Estudos psicanalíticos revisados (Second thoughts)* (pp. 101-109). Rio de Janeiro: Imago.

Bion, W. (1965/2004). *Transformações* (P. C. Sandler, trad.). Rio de Janeiro: Imago.

Bion, W. (1970). *Attention and interpretation.* London: Tavistock.

Bion, W. (1973-1974). *Supervisões.* Transcritas das fitas gravadas em inglês por José Américo Junqueira de Mattos e pela prof. Paola Moore Thompson, traduzidas por Dr. Junqueira e pelo prof. Amauri Faria de Oliveira Filho.

Britton, R. (1998/2003). *Crença e imaginação: explorações em psicanálise* (Elizabeth Bott Spillius, ed.). Rio de Janeiro: Imago.

Freud, S. (1911/1969). Formulações sobre os dois princípios do funcionamento mental. In *Edição standard brasileira das obras psicológicas de Sigmund Freud* (pp. 273-286, Vol. 12). Rio de Janeiro: Imago.

Freud, S. (1914/1976). Sobre o narcisismo: uma introdução. In *Edição standard brasileira das obras psicológicas completas de Sigmund Freud* (pp. 85-119, Vol. 14). Rio de Janeiro: Imago.

Freud, S. (1926[1925]/1976). Inibições, sintomas e ansiedade. In *Edição standard brasileira das obras psicológicas completas de Sigmund Freud* (pp. 95-201, Vol. 20). Rio de Janeiro: Imago.

Nunez, W. P. S. (2008). Dores intestinais substituindo dores psíquicas. *Revista Construções – ABC, 1,* 217-225.

Pally, R. (2000). O processamento das emoções: a conexão mente-corpo. In *Livro Anual de Psicanálise XIV* (pp. 181-195). São Paulo: Escuta.

18. Dor no corpo, dor psíquica: diálogo necessário na compreensão de um paciente com Crohn

Denise Aizemberg Steinwurz

Introdução

Este trabalho tem por objetivo aprofundar a compreensão do processo de adoecimento psíquico envolvido na doença de Crohn. À luz de um referencial winnicottiano, tomaremos o caso de Felipe, um rapaz de 30 anos, portador dessa doença e que buscou análise.

A doença de Crohn é uma doença inflamatória crônica do trato gastrointestinal. Ela pode afetar qualquer parte do tubo digestivo e, habitualmente, causa diarreia, cólica abdominal, febre e, às vezes, perda de sangue e muco nas fezes. Contudo, além de um adoecimento do corpo, tal enfermidade remete a pensar teoricamente nas questões emocionais nela implicadas.

Já no século XX, no início de seu trabalho de pesquisa e tratamento, Freud deu voz e escuta ao que as histéricas expressavam no corpo. Hoje, sabemos que o corpo humano é ainda mais que os processos fisiológicos que ele abriga. Ele é o palco onde vemos encenadas as histórias conhecidas e desconhecidas de cada um.

A relação que podemos estabelecer entre a clínica e a teoria psicanalítica é fundamental no estudo da mente humana e em seus desdobramentos. Freud (1914/1972) ensina que, na doença orgânica, a distribuição da libido se dá de maneira que ela é investida no próprio ego: uma pessoa que está sofrendo por dor ou mal-estar orgânico deixa de interessar-se pelas coisas do mundo externo e concentra seu interesse e sua libido no órgão que lhe prende a atenção. Nesse sentido, um paciente com um distúrbio psicossomático tem um funcionamento similar ao do paciente psicótico, no qual ocorre a retirada da libido de pessoas e coisas do mundo externo, sem substituí-la por outras na fantasia. Sendo assim, existe um despojamento do vínculo. Essa é a configuração psíquica em que se encontra Felipe, o jovem com doença de Crohn que descreverei a seguir (Steinwurz, 2017).

Quando chegou para tratamento, os sintomas apresentados por Felipe eram sangramento, diarreia, fortes dores abdominais e perda do apetite, que culminou em um enorme emagrecimento. Até chegar no diagnóstico de doença de Crohn, ele passou por um processo difícil e penoso, pois foi internado várias vezes e realizou exames desagradáveis e dolorosos. Em uma de suas internações, teve que fazer uma cirurgia no intestino, e esteve ameaçado, inicialmente, com a possibilidade de ter aids.

Felipe é solteiro. Mora com seus pais, sua irmã e seu sobrinho. Ele manifestou os sintomas da doença de Crohn aos 26 anos pela primeira vez, após duas grandes perdas: a saída de casa de seu irmão para casar-se, o que ele viveu como uma perda; e a morte de seu cachorro de 14 anos. Entendamos mais sobre o que antecedeu esses episódios e o que se sucedeu a partir daí.

Dores encenadas

Felipe sempre reagiu com manifestações somáticas diante das separações. Sempre sentia um mal-estar e tinha diarreia como primeira reação à notícia da perda de um parente ou amigo próximo. Isso acontecia antes mesmo de ele ter a doença de Crohn.

A primeira sessão de Felipe elucida o profundo sentimento de desamparo vivido em suas internações, mostrando que necessita uma mãe-analista capaz de conter suas angústias. Além disso, essa sessão reflete seu pensamento operatório e seu investimento narcísico no corpo.

Primeira sessão

Felipe entra, senta na poltrona e fica quieto, como se esperasse algum incentivo da minha parte.

D: Fale-me um pouco sobre você...

F: Foi mais ou menos no final de 2005. Eu estava com uma vida profissional bem corrida... Eu sou auxiliar de enfermagem. Em dezembro, o meu irmão casou, só que eu nunca consegui assimilar a mudança de separação do meu irmão, da família. Quando ele casou, foi como se estivessem me tirando ele, eu perdendo um irmão, e não ganhando uma irmã, no caso a minha cunhada. Em janeiro de 2006, morreu um dos meus cães mais velhos, com 14 anos... eu amo muito animais... Então, para mim a perda como se fosse de uma pessoa. Eu acho que, entre animais e pessoas, tem pouca diferença: eles só não sabem falar, mas se comunicam da maneira deles. Eu senti bastante essa perda. Em janeiro, com a pressão do serviço, o casamento do meu irmão e a perda desse meu cachorro, eu não soube assimilar o que estava acontecendo e desencadeou no sangramento, que começou no dia 6 de janeiro. Como tenho hemorroida, eu achei que fosse disso. Até aí, tudo bem. Percebi que estava acontecendo alguma coisa diferente, porque eu estava tomando chá para ver se eram gases e se liberava. Em fevereiro, comecei a ter diarreia, e não parava. Por dia, eu ia mais de dez vezes no banheiro, com cólicas tão fortes que, às vezes, eu até perdia a visão; meio que ficava tudo claro de dor. Aí eu comecei a ficar preocupado! Falei com a minha mãe, e ela falou: "Vamos começar a procurar um médico no hospital". Eu falei "não!", pois estava há pouco tempo no serviço; não queria parar e tinha medo também. Geralmente, você tem um câncer, uma coisa mais séria. Eu não queria parar de trabalhar para ir no médico. Eu falei: "Não, eu vou conseguir superar sozinho", e continuei trabalhando. Fui perdendo peso muito rápido; as roupas vão ficando mais largas. Eu comecei até a usar duas calças, para disfarçar. Só que chegou em um ponto que não dava. Começou a me dar queda de pressão, por causa das cólicas muito fortes. Um dia, na hemodiálise, eu fui desligar os pacientes e eu ia desmaiar por cima deles... a minha pressão tinha caído muito, tinha oito por cinco. Aí o meu colega falou: "você não está passando bem?", aí eu falei: "Não, eu estou bem, eu estou bem". Aí eles verificaram a minha pressão, viram que eu estava bem ruim mesmo. Aí só estava tomando Buscopan direto, para ir assim amenizando um pouco a dor, mas não parava, porque a inflamação estava aumentando. O médico de perícia foi fazer o exame e ele pediu para todos retirarem a roupa. Quando ele me viu, ele falou: "Tem alguma coisa errada com essa sua magreza; isso não é normal!". Falei que eu estava sentindo muita dor do lado direito. Quando ele apalpou o abdômen, apertou mais forte na área que ele estava desconfiando, e eu gritei, porque estava muito dolorido, a pele sensível, não podia nem tocar na barriga! Ele me afastou do serviço imediatamente e disse: "Olha, você está com retocolite ou Crohn, você procura direitinho e faça exames, vê se confirma o diagnóstico, mas eu vou te afastar agora". Aí, começou a correria, porque eu estava na carência do convênio, e não tinha como fazer a colonoscopia, que é o exame mais detalhado nesse caso. Aí eu comecei a correr atrás... fui para o Hospital São Paulo, eles me internaram; como eu não morava na região, ficava quatro horas quando eu ia, me davam alta. O médico me orientou a esperar a carência, procurar um hospital do convênio, para ver o que o exame constatava e, então, voltar lá. Achei estranho, né? É uma doença de que eu nunca tinha escutado falar, nem de parente próximo, amigo, nada. Aí, foi passando... no Hospital São Paulo, não consegui. Aí me encaminharam para o Emílio Ribas, que lá é de doenças e moléstias infecciosas. Me disseram que a senhora é especialista em doença de Crohn, daí eu vim aqui.

D: Eu entendo que você se sente muito desamparado, sozinho, enfrentando muita dor e gostaria de encontrar com quem compartilhar todas essas vivências assustadoras e desconhecidas.

F: Eu fui para o Emílio Ribas. Quando dei entrada lá, achei que eu já não andava mais, só com auxílio. Eu estava muito fraco, fraco mesmo. Eu nunca tinha passado uma situação daquelas, entrar na sala com várias pessoas... tinha HIV, tinha paciente com câncer... a gente olha e a gente não vê a diferença... Então, eu olhei para todos e pensei: qual a diferença de mim e deles? É tudo igual!

Aí eu conheci uma senhora lá que me chamou muito atenção. Ela tinha HIV há dezesseis anos e ficava brincando com o pessoal, que levava uma vida normal, trabalhava, tinha filhos... Eu falei: "Meu Deus, é possível viver com uma doença crônica e viver, né?".

D: Então, você sentiu que essa senhora lhe deu alguma esperança, e você se sentiu melhor.

F: Fui fazer colheita no sangue. Quando a médica ia conversar comigo para ver o que estava acontecendo, eu me senti bem constrangido, pois os médicos usam máscara. Eu falei: acho que o que eu devo ter deve ser muito grave! Porque eu nunca tinha passado lá! Precisava de máscara! Aí depois veio o lado profissional. Eu falei: Não, ela não quer me contaminar e não se contaminar; é só um cuidado que ela está tendo. Nada contra a minha pessoa. Aí comecei a digerir de maneira positiva o que estava acontecendo.

D: Talvez aqui também você tenha pensado se eu posso ouvir você sem ficar contaminada, sem entrar em pânico junto com você.

F: Eles me internaram. Aí eu falei: é aqui mesmo que eu vou ficar, até eles descobrirem o que eu tenho. Aí, como a gente da área da saúde tem curiosidade sobre os outros doentes, fui no corredor andar um pouco e olhar nos quartos de isolamento, pela janelinha. O melhor paciente só mexeu o olho mesmo, estava bem em estado terminal. Aí eu olhava e, ao mesmo tempo, ficava em oração, pedindo para Deus, sabe? Dar força para eles e para mim porque eu não sabia o que me esperava pela frente. Eu não sabia o que eu tinha. Eu fui para casa e retornei para buscar o exame de sangue. Meu tio foi comigo, porque a minha mãe estava trabalhando. Quando estava na fila para pegar meu exame, como eu estava muito fraco, desmaiei.

D: Muito fraco ou muito assustado...

F: Meu tio, ao invés de ficar na fila, ficou lá no estacionamento. Ele esqueceu que eu não estava aguentando ficar de pé. Eu fiquei na fila. Demorou muito para ver o guichê, aí que eu desmaiei. Aí foi só correria, né? Porque eu não estava andando... me colocaram na cadeira de rodas, o segurança me buscou. Quando eu menos esperei, estava lá eu de novo... lá dentro. Nisso, a minha mãe chegou, e eu comecei a chorar; eu estava nervoso e não sabia o que estava acontecendo. Eu melhorei, me recuperei, tomei o soro e fui para casa novamente. Minha mãe trabalha no Servidor Estadual, e estava tentando uma internação para mim lá. Aí começou a correria: eu ia para o Hospital do Servidor pelo pronto-socorro, passava pela triagem, fazia exame de toque... Eu estava muito dolorido. Cada vez que eu ia, voltava para casa bem machucado, porque já estava com o intestino inflamado. O médico sempre fazia exame de toque. Eu ia para casa, e nada de resolver. Eu não tinha direito ao hospital, porque era maior de 21 anos e não estava fazendo universidade no momento...

D: Acho que aqui também nós temos alguma coisa importante a descobrir sobre você, mas você me avisa que o contato emocional é muito dolorido e que os outros profissionais têm sido pouco respeitosos e pouco acolhedores com a sua dor.

F: Eu continuei no Servidor e só ficava um pouquinho, só para atendimento de pronto-socorro, e eles me liberavam. Minha mãe ia na diretoria, porque ela trabalha lá e tem uma facilidade maior. Disse para a diretora geral que ela estava perdendo o filho e se não teria como, de alguma maneira, internar lá. Isso porque a gente não tinha como correr para outro hospital! Eu na carência do convênio... Aí a diretora deu uma carta por ela assinada. Eu estava em casa, tinha almoçado, aí em seguida me dava cólica e eu dormia. Sempre assim. Quando estava dormindo, minha mãe me ligou, falou que tinha conseguido uma internação para mim. Para mim, eu ia passar por um exame normal, não ia me internar. Um táxi veio me pegar, porque eu não estava andando. Cheguei no hospital, e não estava bem. A gente fica ansioso, né? Cheguei nervoso no hospital, aí já fui carregado desde o carro. Cheguei na triagem, comecei a chorar porque eu estava sentindo que eu ia ficar no hospital, que eu não ia embora. Aí me deu uma crise violenta lá, e não passava de jeito nenhum. Falaram que eu realmente ia ficar internado e me deram a medicação. Aí fiz a internação e, ali, no momento, uma hora tão difícil para mim, foi quando minha mãe me cobriu e falou que voltava no outro dia, aí me deu um certo desespero de ficar sozinho... não sabia o que ia acontecer... com medo... deu uma insegurança, porque tem pessoas que eu não conhecia. Não sabia o que iam fazer em mim, né? Eu com muita dor... Eu coloquei o avental, jantei e fiquei quietinho.

As dores de Felipe à luz da teoria

Segundo a teoria de Winnicott (1990), a psique não é uma estrutura preexistente, e sim algo que vai se constituindo a partir da elaboração imaginativa do corpo e de suas funções, o que constitui o binômio psique-soma. Essa elaboração se faz a partir da possibilidade materna de exercer funções primordiais como o *holding*, o *handling* e a apresentação de objetos. Para o presente trabalho, é fundamental descrevermos esse percurso.

Para Winnicott (1958/2005), o ser humano traz em si uma tendência inata para o desenvolvimento e a integração. Para que essa tendência se realize, o bebê depende da presença de um ambiente facilitador, que forneça cuidados suficientemente bons. A dupla mãe-bebê constitui uma unidade. O bebê só se torna uma pessoa total, que se relaciona com pessoas totais, por meio de um processo de desenvolvimento gradual, em condições suficientemente boas.

Winnicott (1963/1988) sugere pensarmos no amadurecimento como um caminho a ser percorrido, partindo da dependência absoluta, passando pela dependência relativa, rumo à independência, que é o estado em que, em geral, o indivíduo normal se mantém ao longo de sua vida. Tais estados – dependência absoluta, dependência relativa e independência relativa – implicam sempre e necessariamente a existência de outro ser humano.

Durante os estágios iniciais, o bebê vive a maior parte do tempo em um estado de não integração, em situação de dependência absoluta, o que só é possível graças à adaptação também absoluta da mãe. Assim, não há como descrever um bebê sem falar de sua mãe, pois, no início, o ambiente *é* a mãe; apenas gradualmente o ambiente vai se transformando em algo externo e separado desse bebê. O ambiente facilitador é a mãe suficientemente boa, que atende o bebê na medida exata das necessidades deste, e não de suas próprias necessidades.

Na teoria winnicottiana, o uso da expressão "primeira mamada teórica" refere-se ao conjunto das primeiras experiências concretas de amamentação (Dias, 2003). O estágio de dependência absoluta ocupa, aproximadamente, os três ou quatro primeiros meses da vida do bebê. Nesse estágio, ele está envolvido com três tarefas: a integração no tempo e no espaço (integração), o alojamento da psique no corpo (personalização) e o início das relações objetais, que culminará na criação e no reconhecimento da existência independente de objetos e de um mundo externo (realização). Essas tarefas são de caráter fundamental. Elas expressam as necessidades básicas do bebê, se interdependem e nenhuma pode ser resolvida plenamente sem as outras.

Embora se tornem mais complexas no decorrer dos estágios subsequentes do amadurecimento, é da boa resolução dessas tarefas do estágio de dependência absoluta que depende o estabelecimento das bases da personalidade e da saúde psíquica. Dias (2003) retoma Winnicott, ao discorrer sobre esse aspecto:

Para que essas tarefas básicas sejam resolvidas com sucesso, tornando-se conquistas do amadurecimento, são necessários cuidados maternos específicos: a integração no espaço e no tempo corresponde ao segurar

> *ou sustentar* (holding); *o alojamento da psique no corpo é facilitado pelo manejo* (handling), *que é um aspecto mais específico do segurar, relativo aos cuidados físicos; o contato com objetos é propiciado pela apresentação de objetos (object-presenting). (p. 167)*

De forma mais detalhada, Dias descreve essas três tarefas básicas e os cuidados maternos relativos a elas.

A integração no tempo e no espaço

Inicialmente, o bebê habita um mundo subjetivo. É a continuidade da presença da mãe que lhe dará o primeiro sentido do tempo, por meio dos cuidados que essa mãe lhe oferece.

O sentido do tempo se realiza no bebê em paralelo ao sentido de espacialização, que se refere à possibilidade do bebê de ter um lugar que possa habitar. Em primeiro lugar, é preciso que ele habite seu próprio corpo. Seu corpo não está solto no espaço, e sim seguro nos braços da mãe ou no aconchego do berço; se for deixado muito tempo sem ser sustentado, "o bebê perde o contato com seu próprio corpo, que fica desrealizado, e é isto que caracteriza os estados de despersonalização que estão na base dos distúrbios psicossomáticos" (Dias, 2003, p. 205). Além disso, a temporalidade subjetiva e a coesão psicossomática ficam prejudicadas se houver a imposição pela mãe de seu próprio ritmo, e não das necessidades do bebê.

O alojamento da psique no corpo: personalização

Ao se sentir seguro no corpo da mãe, o bebê entrega-se aos cuidados dela e, nessas condições, a psique pode realizar seu trabalho de elaboração imaginativa das funções corpóreas. Aos poucos, o corpo torna-se soma e vai sendo estabelecida uma conexão entre soma e psique, tornando real o caráter psicossomático da existência. A psique passa a habitar o corpo, tornando-o sua morada.

Na dupla mãe-bebê, estão incluídas as experiências de ser envolvido pela mãe – o que faz o bebê sentir tanto o corpo da mãe como o seu próprio –, sensações táteis ao ser manejado (trocado, acariciado, banhado) e a oposição necessária para o bebê exercer a motilidade. Essas experiências favorecem a coesão psicossomática e contribuem para que o bebê se sinta vivo e real.

Nesta etapa inicial, o amor da mãe é expresso pelo cuidado físico. Um segurar desajeitado, sem consistência, acaba atuando contra a reunião psicossomática, impedindo o desenvolvimento do bebê.

O início do contato com a realidade: as relações objetais

Para que o mundo subjetivo se mantenha vivo e o bebê continue a criar os objetos de que necessita – já que, no início, o bebê se relaciona com o objeto subjetivo – é preciso que a mãe forneça amostras do mundo a ele, de acordo com a sua capacidade maturacional.

Tendo em vista tais tarefas, partimos do ponto de vista de que Felipe teve uma perturbação ou falha no processo de amadurecimento no estágio de dependência absoluta e, mais especificamente, uma falha no cuidado materno que favoreceu uma cisão psicossomática. Vejamos como se deu esse processo inicial e, posteriormente, seu adoecimento.

Baseando-se na teoria winnicottiana, Dias (2003) explica que o soma é o corpo vivo que vai sendo personalizado, à medida que é elaborado imaginativamente pela psique. A psique abrange tudo o que não é soma. Aí está incluída a mente, entendida como um modo especializado do funcionamento psicossomático. A psique começa "como uma elaboração imaginativa das partes, sentimentos e funções somáticas, isto é, do estar vivo fisicamente" (p. 105).

Winnicott (1949/2000) parte do princípio de que o psique-soma inicial prossegue ao longo de uma linha de desenvolvimento, desde que sua continuidade de existência não seja perturbada. Para que isso se dê, é necessário um ambiente bom no qual as necessidades do bebê sejam satisfeitas. Um ambiente mau é sentido como uma invasão, contra a qual o psicossoma (ou seja, o bebê) precisa reagir. Essa reação perturba a continuidade de existência do bebê.

Com o desenvolvimento maturacional, a necessidade desse ambiente bom torna-se relativa. Se a mãe é suficientemente boa, o bebê se torna capaz de compensar suas deficiências por meio da atividade mental. A compreensão do bebê libera a mãe dessa necessidade de ser perfeita, embora ela, normalmente, tente manter o mundo do bebê tão simples quanto possível.

Alguns tipos de fracasso materno, especialmente um comportamento irregular, produzem uma hiperatividade do funcionamento mental. Há um crescimento excessivo da função mental como reação a uma maternagem inconstante, e ocorre o desenvolvimento de uma oposição entre a mente e o psicossoma. Em reação a esse fracasso, o pensamento do bebê começa a controlar e organizar os cuidados ao psicossoma, ao passo que, na saúde, essa é uma função do ambiente. Quando há saúde, a mente não usurpa a função do ambiente, mas permite que ocorra a compreensão de suas falhas.

O resultado mais comum de um precário cuidado materno *tantalizante* (Winnicott, 1949/2000) nos estágios iniciais é que o funcionamento mental se torna uma coisa em si, passando a existir por si mesmo, substituindo a mãe boa e tornando-a desnecessária. Trata-se de um estado de coisas extremamente desconfortável, especialmente porque a psique do bebê se deixa atrair por essa mente, afastando-se do relacionamento íntimo que originalmente mantinha com o soma. Disso resulta uma mente-psique como um fenômeno patológico.

Assim, o que ocorre é que a mente e o pensar do bebê o capacitaram, e ele cresce adquirindo um padrão desenvolvimental, passando sem os aspectos mais importantes do cuidado materno. Winnicott (1965/2005) nos ensina que

> *isto resulta na inteligência inconfortável de alguém cuja boa cabeça tornou-se explorada. A inteligência está ocultando um certo grau de privação. Em outras palavras, existe sempre, para aqueles cujo cérebro foi explorado, a ameaça de um colapso da inteligência e da compreensão para o caos mental ou para a desintegração da personalidade. A inteligência e o pensar podem ser medidos, usados e apreciados, mas deve-se lembrar que a inteligência pode ser explorada e que ela pode ocultar coisas tais como a privação e a ameaça de caos. Um colapso parcial é clinicamente representado por uma organização obsessiva, com a desorganização achando-se sempre na virada da esquina. (p. 122)*

No processo vivido por Felipe, ele se utilizava de defesas obsessivas contra a ameaça de caos, que podemos entender como sendo as agonias impensáveis. Elas são de caráter psicótico, compostas, de acordo com Winnicott (1963/2005), de um retorno ao estado não integrado e do cair para sempre, além da perda do conluio psicossomático, do senso do real e da capacidade de relacionar-se com objetos. Felipe teria entrado em colapso total se ficasse entregue a essas agonias impensáveis. Pela possibilidade de usar as defesas obsessivas, ocorreu um colapso parcial.

Nesse sentido, podemos considerar a existência de dois níveis de doença: quando há a dissociação da psique com o soma, já existe uma doença do ponto de vista psicanalítico, mas não é observável pelo observador externo. Essa dissociação aconteceu no início da vida de Felipe bebê, em função de uma maternagem não suficientemente boa. A doença de Crohn – entendida como uma doença psicossomática – manifestou-se aos 26 anos, quando o equilíbrio precário que Felipe conseguiu manter por meio de defesas obsessivas se rompeu com as duas perdas que teve: a morte de seu cachorro e a saída de seu irmão de casa.

O irmão de Felipe, de alguma forma, era alguém que tinha essa função de cuidado e que efetivamente cuidou dele. Quando viveu o casamento do irmão como uma perda, ele desequilibrou-se, e a doença de Crohn começou a se manifestar. O que ocorreu com Felipe é que ele já estava com uma estrutura e uma integração psicossomática precárias.

O cachorro de Felipe, que morreu aos 14 anos e foi muito importante para ele, tinha, possivelmente, uma função de objeto transicional. Quando ele o perdeu, mais uma vez, o equilíbrio – que já era instável, mas que ainda conseguia manter – *caiu por terra*. Os sintomas de sangramento e diarreia de Felipe foram expressões de algo que se esvaiu, ou seja, não puderam mais ser segurados e mantidos sob total controle.

A doença psicossomática, como a doença de Crohn, é uma forma de viver uma dor que seria psíquica, ao nível do corpo. É uma maneira de comunicar que o corpo também adoeceu e que há necessidade de haver uma integração entre a psique e o soma. Ela ocorre quando o soma *reclama* por uma elaboração imaginativa. Quando o soma busca essa integração, podemos falar em conluio psicossomático.

Uma pessoa doente acaba recebendo um cuidado maior de todo o ambiente que o cerca, seja dos médicos ou dos familiares, como que requerendo novamente uma maternagem, que não lhe foi dada de maneira suficientemente boa no início de sua vida. O doente parece, realmente, transformar-se novamente em um bebê. Isso se reflete especialmente na doença de Crohn, na qual o tubo digestivo, assim como no bebê, é a preocupação principal, tornando-se palco das sensações e das dores. Nesse momento, é como se voltasse a ser um bebê, que está vivendo o alimentar-se, o digerir, o ter dor de barriga, o evacuar como aquilo que tem mais importância para a sua sobrevivência.

O contato com Felipe me fez levantar a hipótese de que sua mãe tenha tido depressão, pois, em uma época em que o bebê não teria que se preocupar com nada, é sua mãe quem deveria se preocupar com ele. Supondo que ela estivesse impossibilitada por estar deprimida, então foi o bebê quem teve que usar a sua mente, hipertrofiando-a, em um momento em que deveria estar tranquilo.

Outro ponto que chama a atenção na análise de Felipe é que ele se sentia perseguido pelo medo de ter aids, antes que o diagnóstico de doença de Crohn estivesse feito. Essa ideia persecutória parece, para Felipe, melhor do que a possibilidade de sentir agonias impensáveis, pois as primeiras refletem, pelo menos, algum tipo de organização. A pessoa assolada por agonias impensáveis está diante de algo muito pior, algo completamente desagregado, psicótico, que não tem qualquer organização de ego. Na maior parte do tempo, Felipe mantinha um controle obsessivo, em um nível neurótico; em outros momentos, porém, apresentava um grau leve de nível psicótico, quando estava muito paranoico.

Esse controle obsessivo era uma forma de não entrar em contato com suas emoções, as quais temia. Elas eram sentidas como uma força disruptiva, que desorganizaria o que ele tentava rigidamente controlar, como se elas pudessem ser um rio caudaloso ou que, tal como as cataratas do Iguaçu, viriam com toda a força e destruiriam as paredes finas que ele conseguiu construir para manter um equilíbrio, ou seja, as paredes finas de seu ego tão frágil. Ele parecia colocar *comportas* para segurar essas emoções.

Felipe quase nunca relatava seus sentimentos; ele narrava apenas datas e fatos de maneira cronológica e detalhadamente, como em uma memória de arquivo. Falava dos medicamentos tomados e exames feitos durante suas internações, bem como de sua cirurgia. A dor de Felipe, assim como a de outros pacientes com uma configuração psicossomática, era vivida no corpo, porque ela não tinha representação simbólica. O pensamento, nesse sentido, era concreto.

O pensamento operatório (Marty & M'Uzan, 1994) estava presente em Felipe e se caracterizava pela carência da atividade imaginativa e pela pobreza afetiva. No contato comigo durante a análise, houve pouquíssimo envolvimento afetivo. Suas associações ficavam ligadas à materialidade dos fatos e não a produtos da imaginação ou a expressões simbólicas. A possibilidade de criar representações psíquicas como o sonhar, o fantasiar e a associação de ideias era muito limitada.

Fatos como passar seu aniversário no hospital, ou ter uma nova crise quando pensava já estar melhor, eram contados por ele sem emoção, denotando o medo de se desequilibrar. Ele também parecia não poder demonstrar a raiva, quando, por exemplo, seu convênio-saúde foi cortado, e ele teve que ficar à procura de outros hospitais, além de não poder fazer alguns exames e a cirurgia no prazo que queria. Na sessão, ele não expressava raiva; apenas relatava os fatos.

Qualquer ânsia de vida era difícil de ser vivida por Felipe. Penso que vida se refere a movimento, e ele parecia precisar ficar imóvel, preso entre paredes rígidas; senão, temia perder-se e aí sentir agonias impensáveis. Um exemplo foi quando, ao sair de um hospital, quando já estava bem e poderia usufruir desse bem-estar, ele se sentiu tonto e não muito bem.

Um ponto importante na análise de Felipe é um total desconhecimento de seu próprio corpo, o que evidencia a deficiência de elaboração imaginativa das partes de seu corpo, que não foram inscritas simbolicamente. Esse desconhecimento expressava-se também por meio da indiscriminação entre homem e mulher, quando ele relatou que não tinha dilatação suficiente para fazer um exame[1] em que um tubo seria introduzido pelo ânus. Comentou esse fato associando ao caso de suas irmãs, que não puderam ter parto normal pois não tinham dilatação, igualando a dilatação do reto e da vagina.

A busca da própria identidade estava sempre presente em seu relato de vida. Se pensamos em uma pessoa que teve o desenvolvimento emocional primitivo tão prejudicado, podemos entender que ele não tinha uma identidade bem constituída e que não

---

1 Retossigmoidoscopia: exame para visualizar o intestino grosso.

apresentava uma sensação de existência, que teria sido dada pelos cuidados maternos.

Parece que Felipe precisou recorrer a uma hipertrofia da mente, de modo que sua parte espontânea ficou atrofiada. Na teoria winnicottiana, o gesto espontâneo é visto como aquilo que vem de dentro da pessoa e que mostra o que é mais vivo e real de dentro dela. Portanto, Felipe é como uma *fachada* construída a partir de sua inteligência, um *falso self*, conforme denomina Winnicott (1960/1988). É como se ele se sentisse como uma casca e não encontrasse o recheio; o recheio estava longe dele, e não existia ligação entre casca e seu conteúdo. Para constituir uma identidade, precisava fazer uma costura entre as duas partes, sendo a mente apenas a casca.

Felipe necessitava contar detalhadamente o que significou ser internado. O modo como ele o fez mostrou que a experiência que viveu teve um efeito traumático, uma experiência de profunda sensação de desamparo vivida na hospitalização. Essa experiência remeteu a traumas por um desamparo no início de sua vida como bebê, mostrando ter sido uma reedição de desencontros de sua relação com a mãe. Podemos entender essas vivências iniciais como o primeiro trauma, que foi seguido por outras situações vividas como traumas. A situação de desamparo durante suas internações era o trauma que podia ser contado atualmente por ele.

Dores narradas na análise

Para que o indivíduo possa se constituir, Winnicott (1951/1975) mostra ser fundamental a função especular da mãe. Ele define que o precursor do espelho é o rosto da mãe. Para Abram (2000), Winnicott parte da ideia de que, *a fim de olhar criativamente o mundo, o indivíduo antes de tudo deve ter internalizado a experiência de ter sido olhado e que ele depende das respostas faciais da mãe quando olha seu rosto para que possa formar seu próprio sentimento de self.* (p. 158)

O processo psicanalítico pode ser um modo de vivenciar, no presente, o cuidado materno suficientemente bom que não se teve no passado, impedindo a pessoa de se desenvolver. Assim, segundo a teoria winnicottiana, Felipe teria a possibilidade de viver comigo, como sua psicanalista, uma situação de regressão, para acessar a experiência traumática do desamparo na relação com o outro e, dessa forma, atualizar aspectos fundamentais da constituição de si, dando uma outra possibilidade de buscar sua identidade.

Os pacientes que não conseguiram encontrar um brilho no olhar de sua mãe e, portanto, não conseguiram ter um sentimento de existência, como é o caso de Felipe, com frequência, não conseguem ficar deitados no divã, nas sessões de análise, como os pacientes com um nível neurótico. Eles parecem precisar do olhar do analista para poderem se reconhecer e tentar se constituir ao longo da análise.

O pensamento de Aisenstein (2006) vai ao encontro dessa questão. Ela aponta para o fato de que,

quando tratamos de pacientes psicóticos, borderline e não neuróticos, assim como para aqueles que são fisicamente doentes, o modelo clássico da psicanálise não pode ser aplicado na prática clínica ao pé da letra. Mudanças no setting e na técnica interpretativa não implicam afastamento de uma rigorosa prática psica-

> nalítica, centrada na transferência, pois lidar com essas terapias difíceis requer uma longa experiência com a psicanálise clássica. Sendo assim, uma das mudanças é que seja indicado que as sessões sejam face a face, uma vez que facilitam adaptações ao estado afetivo do paciente. (p. 670)

Para o paciente neurótico, a posição face a face pode representar um controle do objeto-analista; no paciente psicossomático, contudo, pode representar a necessidade de descobrir "quem sou eu?" (que é a grande pergunta do narcísico), refletido no olhar do analista.

Conforme mencionei no início deste trabalho, foi por meio das pacientes com neurose histérica – cujos sintomas têm uma representação simbólica – que Freud encontrou o berço da psicanálise. A conversão somática encontrada nelas sofre a mesma deformação dos sonhos. Assim, os sintomas conversivos apresentam um conflito inconsciente com um ou mais significados, por exemplo, a tosse que acometia a paciente Dora. A partir de casos como o dela, Freud (1905/1972) debruçou-se sobre a sexualidade reprimida e o conflito edípico. Diferentemente dessas questões neuróticas, nos pacientes com somatizações graves, os processos de simbolização e da constituição do narcisismo primário estão comprometidos. Com esses pacientes, será função da análise ir construindo representações psíquicas capazes de dar conta das emoções.

Referências

Abram, J. (2000). *A linguagem de Winnicott*. Rio de Janeiro: Revinter.

Aisenstein, M. (2006). The indissociable unity of psyche and soma: a view from the Paris Psychosomatic School. *Internacional Journal of Psychoanalysis, 87*, 667-680.

Dias, E. O. (2003). *A teoria do amadurecimento de D. W. Winnicott*. Rio de Janeiro: Imago.

Freud, S. (1905/1972). Fragmento da análise de um caso de histeria. In *Edição standard brasileira das obras psicológicas completas de Sigmund Freud* (J. Salomão, trad., Vol. 7, pp. 1-119). Rio de Janeiro: Imago.

Freud, S. (1914/1972). Sobre o narcisismo: uma introdução. In *Edição standard brasileira das obras psicológicas completas de Sigmund Freud* (J. Salomão, trad., Vol. 14, pp. 83-119). Rio de Janeiro: Imago.

Marty, P., & M'Uzan, M. (1994). O pensamento operatório. *Revista Brasileira de Psicanálise, 28*(1), 165-174.

Steinwurz, D. A. (2017). Doença de Crohn e retocolite: abordagem psicanalítica dos fenômenos somáticos. In V. R. Béjar (Org.), *Dor psíquica, dor corporal: uma abordagem multidisciplinar*. São Paulo: Blucher.

Winnicott, D. W. (1949/2000). A mente e sua relação com o psicossoma. In *Da pediatria à psicanálise: obras escolhidas* (pp. 332-346). Rio de Janeiro: Imago.

Winnicott, D. W. (1951/1975). O papel de espelho da mãe e da família no desenvolvimento infantil. In *O brincar e a realidade* (pp. 153-162). Rio de Janeiro: Imago.

Winnicott, D. W. (1958/2005). O primeiro ano de vida: concepções modernas do desenvolvimento emocional. In *A família e o desenvolvimento individual* (pp. 3-20). São Paulo: Martins Fontes.

Winnicott, D. W. (1960/1988). Distorção do ego em termos de falso e verdadeiro "self". In *O ambiente e os processos de maturação: estudos sobre a teoria do desenvolvimento emocional* (2a ed., pp. 128-139). Porto Alegre: Artes Médicas.

Winnicott, D. W. (1963/1988). Da dependência à independência no desenvolvimento do indivíduo. In *O ambiente e os processos de maturação: estudos sobre a teoria do desenvolvimento emocional* (2a ed., pp. 79-87). Porto Alegre: Artes Médicas.

Winnicott, D. W. (1963/2005). O medo do colapso. In *Explorações psicanalíticas: D. W. Winnicott* (pp. 70-76). Porto Alegre: Artmed.

Winnicott, D. W. (1965/2005). Uma nova luz sobre o pensar infantil. In *Explorações psicanalíticas: D. W. Winnicott* (pp. 119-123). Porto Alegre: Artmed.

Winnicott, D. W. (1990). Relacionamentos interpessoais. In *Natureza humana* (pp. 54-68). Rio de Janeiro: Imago.

Sobre os autores

Alicia Beatriz Dorado de Lisondo

Analista didata e docente do GEP Campinas e da Sociedade Brasileira de Psicanálise de São Paulo (SBPSP). Filiada à International Psychoanalytic Association. É também analista de crianças e adolescentes.

Ana Maria Stucchi Vannucchi

Nasceu em São Paulo, capital. Desde cedo interessou-se pelo ser humano, desenvolvendo na juventude estudos de Filosofia e Sociologia. Graduou-se em Psicologia pela Universidade de São Paulo, onde também obteve o mestrado em Psicologia Social, com a dissertação "Reflexões sobre a possibilidade do inconformismo". Foi docente de Psicologia Social nas Faculdades São Marcos durante muitos anos. Organizou, junto com outras colegas, um curso de Orientação Vocacional no Instituto Sedes Sapientiae, onde desenvolveu um trabalho clínico na área de Orientação Vocacional durante vários anos. Iniciou sua formação analítica na SBPSP em

1989, tendo desenvolvido sua carreira como psicanalista nesta instituição, onde passou a analista didata em 2015. Dedica-se especialmente à análise de adolescentes, e, nos últimos dez anos, tem se dedicado de forma intensa à formação de jovens analistas. Além de conduzir análises de membros filiados e coordenar seminários e supervisões, coordena o GEF, grupo de estudos sobre a formação psicanalítica na SBPSP. Considera a formação como o coração de uma Sociedade de Psicanálise, necessitando, por isso, de especial cuidado e atenção.

Anne Lise Sandoval Silveira Scappaticci

Formada em Psicologia Clínica pela Pontifícia Universidade Católica de São Paulo em 1987. Morou sete anos na Itália (1990-1996), onde trabalhou em consultório particular e diplomou-se em Psicologia Clínica, na Facoltà La Sapienza di Roma, inscrita na Ordem dos Psicólogos Italianos e dos Psicoterapeutas Europeus (exame público). Estudou psicanálise infantil pela Tavistock (Roma, 1990-1993) e psicoterapia familiar (1990-1996, Andolfi e Saccu). Defendeu mestrado e trabalhou na Facoltà dell'Aquila como assistente de Psicologia e em pesquisas da Seconda Università di Napoli com famílias e crianças. Retornando ao Brasil, fez mestrado e doutorado em Saúde Mental pelo Departamento de Psiquiatria da Escola Paulista de Medicina. Neste departamento, compôs a equipe de coordenação do curso de terapia familiar, responsável por famílias com crianças pequenas (supervisões, docência e assistência), e a equipe de docentes e de terapeutas do Ambulatório de *borderline* (2000-2008). Publicou artigos em revistas internacionais. É analista didata e professora da SBPSP, onde oferece vários cursos sobre as ideias de Wilfred Bion e sua autobiografia. Escreveu e publicou vários artigos sobre o tema. Participa, apresentando casos clínicos dos últimos anos, das Jornadas de Bion promovidas pela Sociedade

Brasileira Psicanálise. Organizou, conjuntamente Luisa Tirelli e psicanalistas italianos e ingleses, o livro *Bion e a psicanálise infantil.*

Antonio Muniz de Rezende

Nasceu no ano de 1928 na cidade de Tupaciguara no Triângulo Mineiro. Fez o curso ginasial e clássico com os dominicanos franceses na cidade de Uberaba. Começou o curso de filosofia também com os dominicanos em São Paulo. Terminou Filosofia e começou Teologia, na França; terminou este na Universidade Angelicum, em Roma, onde defendeu o doutorado em Teologia (1954). De volta ao Brasil, foi professor de Filosofia e Teologia em Belo Horizonte, Juiz de Fora e São Paulo. Em 1969, no contexto da Revolução Militar, exilou-se na Bélgica, onde defendeu um doutorado em Filosofia (em 1974). Em 1971, foi morar no Canadá, onde foi professor de Filosofia no Cegep de Trois Rivières e de Teologia na Universidade da mesma cidade. De volta ao Brasil em 1975, foi professor na Unicamp, na qual foi também diretor da Faculdade de Educação. Ao aposentar-se por tempo de serviço, começou sua formação em Psicanálise na SBPSP. Especializou-se no estudo da obra de Bion, sobre a qual já ministrou cerca de trinta cursos, doze dos quais tiveram o conteúdo já publicado. Atualmente, ministra um curso na SBPSP intitulado "Com Bion, hoje". Em março de 2018 completou 90 anos de idade.

Carmen C. Mion

Membro efetivo e analista didata da SBPSP e da Federação Brasileira de Psicanálise, além de docente e supervisora do Instituto de Psicanálise da SBPSP. Membro efetivo da Federación Psicoanalítica de América Latina e *full member* da International Psychoanalytical Association (IPA). Coordenadora do Grupo de Estudos sobre

Formação Psicanalítica da Diretoria Científica da SBPSP. Também é professora do curso de pós-graduação em Psicoterapia Psicanalítica da Universidade Paulista (UNIP) de São Paulo, onde ministra curso sobre a obra de Wilfred Bion. Teve trabalhos publicados na *Revista Brasileira de Psicanálise*, no *Jornal de Psicanálise* e no *International Journal of Psychoanalysis*, assim como elaborou diversos capítulos de livros. Atende em consultório particular desde 1980, além de coordenar grupos de estudo sobre a obra de Sigmund Freud e de Bion e grupos de supervisão. É pós-graduada em Psiquiatria pelo Mental Health Clinical Research Center, Department of Psychiatry, University of Iowa Hospital, Estados Unidos. Possui formação médica pela Faculdade de Medicina da Universidade de São Paulo (FMUSP), com residência e especialização em Neurologia pelo Hospital das Clínicas da FMUSP.

Célia Fix Korbivcher

Membro efetivo, analista didata e analista de crianças da SBPSP. Um dos seus focos de interesse tem sido o estudo de fenômenos autísticos em pacientes neuróticos. Escreveu diversos trabalhos publicados em livros e revistas nacionais e internacionais. Alguns de seus trabalhos foram premiados tanto no Brasil quanto no exterior. É autora dos livros *Transformações autísticas* e *O referencial de Bion e o fenômeno autístico*, publicados em português pela Imago Editora e em inglês pela Karnac Books.

Cristiane Reberte de Marque

Psicóloga, bacharel e licenciada em Psicologia (Faculdade de Filosofia, Ciências e Letras de Ribeirão Preto da Universidade de São Paulo – USP). Fez aprimoramento em Saúde Mental (Hospital das Clínicas da Faculdade de Medicina de Ribeirão Preto da USP).

É mestre em Psicologia Clínica (Instituto de Psicologia da USP), doutora em Ciências (Faculdade de Medicina de Ribeirão Preto da USP), membro filiado do Instituto de Psicanálise da Sociedade Brasileira de Psicanálise de Ribeirão Preto e participante do grupo de estudos Clínica do Des-Amparo e a Mente do Analista.

Denise Aizemberg Steinwurz

Psicóloga (1984), psicanalista e mestre em Psicologia Clínica (2007) pela Pontifícia Universidade Católica de São Paulo (PUC-SP). Membro filiado do Instituto de Psicanálise Durval Marcondes, da SBPSP. Membro do grupo de estudos Dor crônica e psicossomática psicanalítica, da SBPSP, desde 2009, e do grupo de estudos Clínica do Des-Amparo e a Mente do Analista, desde 2016. Membro associado do Departamento de Psicanálise da Criança do Instituto Sedes Sapientiae. Diretora de psicologia e coordenadora de grupos com pacientes portadores de retocolite e doença de Crohn da Associação Brasileira de Colite Ulcerativa e Doença de Crohn (ABCD). Membro da diretoria da Associação Brasileira de Medicina Psicossomática de São Paulo (ABMP-SP) (2014-2016 e 2017-2019). Estagiou na Margaret S. Mahler Observational Research Nursery (New School for Social Research, Department of Psychology), em Nova York (1987-1988). Em 2012, recebeu o prêmio Avelino Luiz Rodrigues no concurso Psicossomática e Interdisciplinaridade do IV Congresso Paulista de Psicossomática. Docente de psicossomática psicanalítica na Diretoria de Atendimento à Comunidade (DAC) da SBPSP (2011-2014) e membro da comissão organizadora da Jornada de Psicossomática Psicanalítica (DAC, 2014). Coordenadora do grupo Conversando sobre o Emocional nas Doenças Corporais (DAC, 2015-2016). Apresenta trabalhos em congressos nacionais e internacionais e publica artigos em revistas especializadas.

Giovanna Albuquerque Maranhão de Lima

Psicanalista, membro associado da SBPSP. Coeditora do livro *Aproximações: psicanálise e cultura na SBPSP* (2012), coautora e organizadora do livro *Orientação profissional e psicanálise: o olhar clínico* (Vetor Editora, 2018).

Gisèle de Mattos Brito

É membro efetivo da SBPSP e membro efetivo e analista didata e professora no Instituto de Ensino da Sociedade Brasileira de Psicanálise de Minas Gerais, onde coordena grupos de estudo sobre o trabalho de Wilfred Bion. Desde 2009 coordena um grupo de estudos sobre as Supervisões de Bion na SBPSP. Publicou vários trabalhos no Brasil e no exterior.

Ivan Morão

Tem graduação em Medicina pela FMUSP. É mestre em Saúde Mental pelo Departamento de Medicina Preventiva da FMUSP. Possui graduação em Filosofia pela FFLCH da USP. Tem formação em Psicanálise pelo Departamento de Psicanálise do Instituto Sedes Sapientiae. É membro filiado do Instituto Durval Marcondes, da SBPSP, e chefe do serviço de Psiquiatria do Hospital São Luiz, unidades Itaim e Morumbi, em São Paulo.

Leda Beolchi Spessoto

Médica especialista em Psiquiatria pelo Departamento de Psiquiatria da Faculdade de Ciências Médicas da Santa Casa de São Paulo. Psicanalista pela IPA e membro efetivo da SBPSP, onde é coordenadora de seminários do Instituto de Psicanálise.

Maria Cecília Ramos Borges Casas

Psicóloga formada na Universidade Católica de Santos. É membro filiado do Instituto Durval Marcondes da SBPSP. Atua com trabalho clínico desde 1982. Possui título de especialista em Psicologia Clínica e Psicologia Escolar e Educacional desde 2002 pelo Conselho Regional de Psicologia (SP). Foi membro do Núcleo de Psicanálise de Santos e Região até 2017, da Comissão de Trabalhos na Comunidade – Departamento de Responsabilidade Social da Associação Paulista de Medicina – Projeto Menina-Mãe; do Núcleo de Formação da Secretaria da Educação da Prefeitura Municipal de Santos. Participou de trabalhos por indicação na Defensoria Pública de Santos e região: capacitação continuada e humanização do atendimento à população e participa do grupo de estudos Clínica do Des-Amparo e a Mente do Analista, da SBPSP.

Maria Cristina Aoki Sammarco

É psicóloga, possui bacharelado e licenciatura em Psicologia (Instituto de Ciências e Letras da Faculdade de Filosofia, Ciências e Letras "São Marcos"). Possui especialização em "Psicodiagnóstico Infantil" pelo Instituto Sedes Sapientiae, além de aperfeiçoamento em Psicologia do Parto e Puerpério pelo Instituto Sedes Sapientiae. É membro fundador do Núcleo de Estudos Psicanalíticos de Araçatuba (NEPA) e membro filiado do Instituto Durval Marcondes da SBPSP. Participa do grupo de estudos Clínica do Des-Amparo e a Mente do Analista, da SBPSP.

Maria Cristina Hohl

Psicóloga com especialização em Psicologia Clínica e especialização em Psicoterapia Ambulatorial e Cuidados Básicos em Saúde

Mental pela Universidade Federal de São Paulo (Unifesp). É colaboradora voluntária como supervisora no Ambulatório de Medicina Preventiva e Familiar da Unifesp e como psicóloga no Grupo de Apoio aos Pacientes com Alopecia Areata da Sociedade Brasileira de Dermatologia. É, também, psicanalista pelo Centro de Estudos Psicanalíticos, membro filiado do Instituto Durval Marcondes da SBPSP e participante do grupo de estudos Clínica do Des-Amparo e a Mente do Analista, da SBPSP.

Maria Olympia Ferreira França

Graduada em Psicologia pela Universidade Católica de São Paulo em 1975. Membro efetivo e docente didata da SBPSP (2000-2018). Membro da Comissão de Ética da International Psychoanalytical Association (2013-2015). Diretora científica da SBPSP por três biênios – 1996-1998, 1998-2000 e 2004-2006. Implantou, em 2000, o Conselho Consultivo da SBPSP, sendo membro eleito por dois biênios (2000-2004) e atualmente eleita (2015-2018). Em 1998, implantou, também na SBPSP, a Comissão Editorial e Acervo Psicanalítico, sendo editora e coorganizadora de dez livros, alguns deles também editados no exterior, cuja finalidade sempre foi a de apresentar a vida científica da SBPSP. Ganhou o Prêmio Jabuti 2004 – categoria psicanálise, como coautora e organizadora do livro *Freud, cultura judaica e modernidade* (2003). Participou de conferências e trabalhos científico-culturais publicados em livros e revistas nacionais e estrangeiras, dedicados no presente às contribuições que a Psicanálise pode oferecer ao estudo do perfil e sintomas do mundo contemporâneo. Em 1965, foi cofundadora e diretora do *Jornal Brasil Urgente*, com distribuição em vários países europeus. Essa publicação foi interrompida pelo governo militar. Desde 1975 atua em clínica particular de psicanálise, e em 1976 estagiou no Instituto Alfred Binet, em Paris.

Maria Teresa Pires Menicucci

Psicanalista pela International Psychoanalytical Association (IPA) e membro associado da Sociedade Brasileira de Psicanálise de São Paulo (SBPSP). Membro participante dos seguintes grupos de estudos na SBPSP: Clínica do Des-Amparo e a Mente do Analista, da SBPSP, e Clínica Borderline. Ministra aulas e supervisão no curso de psicanálise do Centro de Formação e Assistência à Saúde (CEFAS), da Escola de pós-graduação, em Campinas (SP). Pertence ao corpo docente do Instituto de Psicanálise de Bauru.

Marlene Rozenberg

Psicóloga formada pela USP, membro efetivo e analista didata da SBPSP, é também coordenadora de seminários clínicos e teóricos do Instituto de Psicanálise Durval Marcondes, da SBPSP, e psicanalista em consultório particular. Teve trabalhos escritos em revistas de psicanálise e participação em vários congressos nacionais e internacionais de psicanálise.

Nancy de Carlos Sertorio

É graduada em Psicologia pela UNG, especialista em psicoterapia psicanalítica pela USP, especialista em terapia familiar e de casais pela Escola Silvia Reshulsk e Isabel Cunha Smuk. É especialista em psicoterapia psicanalítica infantil (incluindo autismo infantil). Atuou como orientadora e psicóloga escolar no Colégio Oswaldo de Vincenzo. Atuou em psicoterapia psicanalítica, trabalhando com crianças e como terapeuta familiar e fundando o Centro de Atendimento Familiar na AVAPE, empresa que atendia aos funcionários da Volkswagen. Atualmente, é membro filiado do Instituto Durval Marcondes da SBPSP. Atende crianças, adolescentes e adultos em consultório, supervisiona profissionais e integra o grupo de estudos Clínica do Des-Amparo e a Mente do Analista, da SBPSP.

Neuci Maria Gallazzi

Formada em Psicologia pela Fundação Educacional de Bauru em 1982, atual Universidade Estadual Paulista "Júlio de Mesquita Filho" de Bauru. Atua em consultório desde 1983. Concluiu o curso de Psicanálise em 2016 pelo Instituto Durval Marcondes da SBPSP, da qual é membro filiado. É coordenadora responsável pelo curso de Introdução à Psicanálise na cidade de Botucatu desde 2016, além de professora e colaboradora do Instituto de Psicanálise de Bauru. É colaboradora científica e professora do curso de formação em Psicoterapia Psicanalítica da cidade de Bauru e coordenadora e debatedora da atividade cultural Cinema no Divã na cidade de Botucatu. É representante regional da cidade de Botucatu na diretoria regional da SBPSP e participa do grupo de estudos Clínica do Des-Amparo e a Mente do Analista, da SBPSP.

Plinio Kouznetz Montagna

Médico, psiquiatra, mestre em Psiquiatria, ex-docente da FMUSP. Psiquiatria Social no Institute of Psychiatry, da University of London; análise pessoal com Miss Athol Hughes, da Sociedade Britânica de Psicanálise. Especialista em Psiquiatria e certificação em Psicoterapia pela Associação Brasileira de Psiquiatria. Analista didata e docente da SBPSP; análise didática com Gecel Szterling e, posteriormente, outra experiência analítica com Judith Andreucci. Na SBPSP: foi coordenador do Projeto Memória, membro da Comissão de Ensino, diretor regional, diretor científico e presidente. Também foi presidente da Associação Brasileira de Psicanálise (hoje FEBRAPSI). Membro do *board* da Associação Psicanalítica

Adolescentes com Transtorno do Humor (PROACTH) da Unifesp no período de 2012 a 2014.

Silvana Bressan de Oliveira

É psicóloga, psicanalista e psicopedagoga clínica. Tem experiência como professora, coordenadora e assessora pedagógica de educação infantil e orientação educacional nos fundamentos construtivistas. Tem experiência em gestão, formação e desenvolvimento de equipes pedagógicas e administrativas. Possui uma visão sistêmica, com olhar apurado para identificar potenciais e oportunidades de melhoria. Atua em gestão de parceiros, terceiros, processos, projetos e atendimento a famílias e clientes. É membro associado da SBPSP desde 2017. Possui especialização em Terapia Familiar Sistêmica Breve (2006) no Rio de Janeiro. Possui formação em Psicoterapia de Base Analítica (2006) pelo Instituto Psicanalítico de Campinas (IPCAMP) e especialização em Psicopedagogia Clínica para Graduados (1998) em Buenos Aires, Argentina. É graduada em Psicologia (1997) e Pedagogia (1986) pela Universidade Federal do Espírito Santo (Ufes). É psicóloga, psicanalista, psicopedagoga clínica e terapeuta familiar. Atende crianças, adolescentes, jovens, adultos e famílias nas cidades de São Paulo, Campinas e Valinhos. Desde 2014, é representante regional da SBPSP – representante da seção regional de Valinhos da diretoria regional da SBPSP.

Teresa Rocha Leite Haudenschild

Analista didata e analista de crianças e adolescentes da SBPSP. Trabalha com clínica psicanalítica há 38 anos, tendo se dedicado ao estudo da simbolização inicial e da constituição da identidade, publicando trabalhos sobre o tema em revistas e coletâneas brasileiras, latino-americanas e europeias. Possui formação anterior em

Internacional; participação no Comitê de Ética; de Psicanálise e Sociedade; chair para a América Latina do Comitê IPA 100 anos; chair da América Latina do Outreach Committee; atual chair do Comitê de Psicanálise e Lei. Criador e coordenador inicial dos Grupos de Estudo sobre o Pensamento de Winnicott e Relações Mente-Corpo da SBPSP. Docente da Euro-Latin American Psychosomatics School (EULAPS). Diversos artigos em revistas psicanalíticas e em imprensa leiga. Diversos capítulos em livros; editor do livro *Dimensões* (SBPSP, 2012); co-editor de *Álbum de família* (São Paulo, Casa do Psicólogo, 2004). Palestrante convidado em inúmeras cidades do Brasil, e, no exterior, em Buenos Aires, Lima, México e Moscou.

Raquel Andreucci Pereira Gomes

Psicanalista pela International Psychoanalytical Association (IPA) e membro associado da Sociedade Brasileira de Psicanálise de São Paulo (SBPSP). Formação em Psicanálise Infantil pelo Instituto Sedes Sapientiae e pela Sociedade Rorschach de São Paulo – Aníbal da Silveira. Participante da Clínica de 0 a 3 anos do Centro de Atendimento Psicanalítico da SBPSP e do grupo de estudos sobre o autismo da SBPSP. Participante do grupo de estudos Clínica do Des-Amparo e a Mente do Analista, da SBPSP.

Rita Andréa Alcântara de Mello

Psicóloga. Membro do Departamento de Formação em Psicanálise do Instituto Sedes Sapientiae. Membro filiado do Instituto Durval Marcondes, da SBPSP. Presidente da Organização dos Candidatos da América Latina (OCAL) na gestão 2010-2012. Participante do grupo de estudos Clínica do Des-Amparo e a Mente do Analista, da SBPSP. Colaboradora no Programa de Atendimento a Crianças e

Filosofia e foi jornalista até interessar-se por psicanálise. Foi editora regional da *Revista Brasileira de Psicanálise* e uma das responsáveis pelo departamento de publicações da SBPSP. Em diretoria anterior foi responsável pelo Setor de Formação de Analistas de Crianças e Adolescentes da SBPSP. Atualmente, é representante do Comitê Mulheres e Psicanálise da International Psychoanalytical Association (COWAP), junto à Federação Brasileira de Psicanálise.

Walkiria Nunez Paulo dos Santos

Psicanalista pela International Psychoanalytical Association (IPA) e membro associado da Sociedade Brasileira de Psicanálise de São Paulo (SBPSP) desde janeiro de 2013. Especialista em Psicologia Clínica – título adquirido como psicóloga clínica no Serviço de Tocoginecologia do Corpo Clínico da Santa Casa de Misericórdia de Santos –; trabalho de acompanhamento psicológico às gestantes, pré-parto, sala de parto e centro cirúrgico. Trabalha com psicanálise em consultório desde 1981. Orientadora de grupos de estudos desde 1983. Palestrante e organizadora de palestras e supervisões clínicas por psicanalistas da SBPSP desde 1986, em Santos (Clínica Imago). Atua como supervisora de psicólogos desde 1991. Realizou trabalho de pesquisa apresentado na II Jornada de Pesquisa em Psicanálise da SBPSP e publicou o capítulo "Dores Intestinais substituindo dores psíquicas" no livro *Construções ABC*. Apresenta e coordena trabalhos em congressos da IPA, FEPAL e FEBRAPSI. Dedica-se ao estudo e à escrita sobre o "Prazer no Pensar – Prazer Criativo". Ministrou aula no curso de Introdução à Psicanálise da SBPSP, em Botucatu. Criadora e coordenadora do grupo de estudos Clínica do Des-Amparo e a Mente do Analista, da SBPSP. Participante dos grupos de estudos: Grupo de Estudos das Supervisões de Bion; Conversas Psicanalíticas; e Exercícios Clínicos com a Teoria das Transformações, da SBPSP.